明治・大正の日本論・中国論

——比較文化学的研究——

藤田昌志 著

勉誠出版

はじめに

本書は拙著（二〇一二）『明治・大正の日中文化論』三重大学出版会、同（二〇一五）『日本の中国観Ⅱ――比較文化学的考察』晃洋書房を継ぐ、同種の比較文化学的考察（＝研究）の書である。比較文化学的考察（＝研究）については拙著（二〇一五）の「解題」で述べたので、詳しくはそちらを御覧いただきたい。比較文化学とは要を以ってこれを言えば、従来の「分析」的研究に対する「総合」的研究であり、本書が「日本論・中国論」をワンセットとして「総合」的に明治・大正の日本論・中国論を考察するのも比較文化学的考察（＝研究）の一つである。従来、こうした研究手法は日本では好まれなかったようであるが、研究のための研究ではなく、「総合」的研究を行うのは研究者に対する時代の要請のように思う。時代の要請とは国際化時代の要請という意味である。我々は隣国のことを単色で断定するマスコミの報道に日々、晒されているが、隣国がなぜそう思い、そう発言し、そう行動するのかについての歴史的、文化的背景を知る機会は少ない。また、歴史だけ見ても発言者の価値観や思い込みに左右されて、よくわからないことも多い。そうした呪縛を乗り超えるのが、比較文化学的考察（＝研究）であると思う。本書で言及した吉野作造や石橋湛山、内村鑑三の言説を読んでいただき、自己を相対化する、双方向の比較文化学的考察を理解していただきたい。

米ソ冷戦対立の終結がブッシュ・アメリカ大統領とゴルバチョフ・ソ連最高会議議長兼党書記長によって地中海のマルタ島で確認されたのが一九八九年（平成元）一二月三日である。一九九一年（平成三）一二月二五日、ゴルバチョフがソ連大統領を辞任して、翌二六日、ソ連邦は消滅した。しかし、冷戦終結は世界の平和をもたらしたわけではなく、アメリカは新たな脅威を創り出し、アメリカの軍事戦略に日本は組み込まれ、資金協力のみならず、人的貢献までできる体制（一九九二年（平成四）のＰＫＯ法案「国際連合平和維持活動に対する協力に関する法律」）を採択した日本は、更に二〇一五年（平成二七）には集団的自衛権の行使を可能とする安全保障関連法を安倍晋三内閣が九月一九日未明、参院本会議で賛成多数によって、可決、成立させた。時あたかも一九三一年（昭和六）満州事変の発端となる柳条湖事件を関東軍が起こした九月一八日の翌日であった。集団的自衛権の対象国は隣国であろう。日本人は日清戦争以来の中国観を克服していない。そして、同様に相手がなぜそう言い、そう行動するのか考えようとしない。相手もそうなら悲惨な結果しか待っていない。一九四五年の敗戦から一九五二年までのアメリカの占領支配の影響がとめどもなく大きいということであろう。アメリカの後をついて行くだけの時代ではない。二一世紀は理念として国家を超えた時代にする必要がある。

明治・大正の日本論・中国論をワンセットにして、今一度、近代日本の一級の知識人の日本論・中国論を比較文化学的に再考察し、これからの進むべき道の日本論・中国論を創出するよすがとしたい。内村鑑三は言った。「日本には日本独自の善があつて、それを認めた上で世界にそれを示し、お返しに他国の最善なるものを受け取るのが日本の義務である。わが国の最善を世界に知らせようとするからとて、わが国が他に優つていると主張するわけではない。われわれが主張するのは、わが国の独立と他国との平等のみである。（中略）各民族の最善なるものが寄与されることによつて、世界は完成するということを、われわれは信じている」（一九二六年（大正一五）三月五日「日本の最善」）。「坤輿《こんよ》文明」（世界文明）に寄与する日本、中国と言ったのは内藤湖南であった。明治・大正の日本論・中国論に学ぶべきものはいまだ多い。

著者識《しる》す

目次

はじめに

第一章　明治・大正の日本論・中国論　――比較文化学的研究――　総論

序　7

一　明治・大正時代について　8

二　明治の日本論・中国論　13

三　大正の日本論・中国論　18

四　結語　25

第二章　勝海舟・福沢諭吉・中江兆民の日本論・中国論

序　33

一　明治時代と三人について　33

二　勝海舟の日本論・中国論　36

（一）勝海舟について　36／（二）勝海舟の日本論　39／（三）勝海舟の中国論　41

三　福沢諭吉の日本論・中国論　45
（一）福沢諭吉について　45／（二）福沢諭吉の日本論　48／
（三）福沢諭吉の中国論　51
①福沢の中華思想への批判について　52／
②福沢の中国蔑視について　52／
③福沢の日清戦争等に関する中国論について　53
四　中江兆民の日本論・中国論　55
（一）中江兆民について　55／（二）中江兆民の日本論　59／（三）中江兆民の中国論　63
五　結語　68

第三章　徳富蘇峰の日本論・中国論

序　80
一　徳富蘇峰について　81
二　徳富蘇峰の日本論　84
三　徳富蘇峰の中国論　89
四　徳富蘇峰の評価　94
五　結語　96

第四章　高山樗牛の日本論・中国論

一　高山樗牛について……103
二　高山樗牛とその生きた時代……104
三　高山樗牛の日本論……106
（一）樗牛の感傷主義と日本論　107／（二）樗牛の日本主義・国家主義と日本論　109／（三）樗牛の個人主義・ニーチェ主義・本能主義と日本論　111／（四）樗牛の日蓮主義と日本論　114
四　高山樗牛の中国論……117
五　結語……121

第五章　石川啄木の日本論・対外論

序……127
一　石川啄木について……128
二　石川啄木の日本論……132
三　石川啄木の対外論……137
四　結語……142

第六章　吉野作造の日本論・中国論

序……147
一　吉野作造について——人と時代——……148
二　吉野作造の日本論……154
三　吉野作造の中国論……161
四　結語……169

第七章　内藤湖南の日本論・中国論

序……177
一　内藤湖南について……178
二　内藤湖南の日本論……182
三　内藤湖南の中国論……187
四　結語……192

第八章　北一輝の日本論・中国論

序……199
一　北一輝について……200

二　北一輝の日本論……204
三　北一輝の中国論……208
四　北一輝の評価……213
五　結語……216

第九章　石橋湛山の日本論・中国論

序……222
一　石橋湛山について……222
二　石橋湛山の日本論……227
三　石橋湛山の中国論……233
四　結語……238

第十章　内村鑑三の日本論・中国論・対外論

序……246
一　内村鑑三について　――人と時代――……247
二　内村鑑三の日本論……252
（一）「二つのJ」「理想の日本」と「現実の日本」 252／（二）『代表的日本人』の日本論 257／

（三）その他の日本論　259
三　内村鑑三の中国論・対外論……261
（一）日清戦争をめぐる内村鑑三の言説　262／（二）内村鑑三の中国論　265／
（三）内村鑑三の対外論　269
四　結語……272
あとがき……282
初出一覧……284
索引……(1)

第一章　明治・大正の日本論・中国論
――比較文化学的研究――　総論

序

一八五三年（嘉永六）六月の黒船来航は西洋の衝撃を象徴する一大事件であった。翌年三月の日米和親条約、一八六七年（慶応三）一〇月の大政奉還、一二月の王政復古の大号令を経て、一八六八年（明治元）一月鳥羽・伏見の戦い、三月五箇条の御誓文、四月江戸開城、翌年五月五稜郭《ごりょうかく》陥落と時代は動いていく。

明治という時代は「不羈《ふき》独立」（＝西洋等の他者に束縛されず、独立すること）を目標とした時代であった。当初、国権と民権はその目的のために共存していた。しかし、やがて国権が民権を凌駕し、更に国権の時代へと変化していく。そのような変化とともに日本論・中国論も変化していく。

日清・日露戦争は国権確立の分水嶺で、以後、大日本帝国は大日本主義・膨張主義を推し進め、隣国への侵略を深化させていく。大正時代は、元老批判や閥族打破を標榜する憲政擁護運動、世界的なデモクラシーの高揚を背景とする普通選挙実現の波の高まりの中で進行していく。それらに対して国家権力は異常に警戒心を高めていく。その中での日本論・中国論はどのようなものであったかを考察しようと思う。日本「近代」の問題について日本論・中国論をワンセットとする中で考えたい。そこに本比較文化学的研究のオリジナリティーが存在する。まず、明治・大正時代とはどのような時代であったか考察することから始めよう。

一　明治・大正時代について

明治時代は外圧によって始まった時代である。一八五三年の黒船来航は衝撃的事件であった。「太平の眠りを覚ます上喜撰《じょうきせん》（上等なお茶のブランドの名前＝蒸気船と音をかけている）たった四杯で夜も眠れず」という狂歌は黒船（大きなもので全長八〇メートルに達した）来航に対する人々の不安を端的に表現している。

一八六七年（慶応三）一二月の王政復古の大号令によって神武《じんむ》創業に立ち返ることが宣言された。神武創業時にはなかった総裁・議定《ぎじょう》・参与の三職《さんしょく》が設置された。三職には皇族・公家・有力諸藩が任命され、天皇を頂点とする旧体制下の支配エリートの連携が成立した。[(1)] もっとも古代の天皇親政時代の祭政一致国家モデルでは一九世紀後半の対外的な主権の確立はおぼつかなかった。そのため、五箇条の御誓文、政体書の公布を経て一八七一年（明治四）九月には太政官を正院・左院・右院の三院制に改める官制の大改革を行い、太政大臣（三条実美）・右大臣（岩倉具視）・参議（木戸孝允・西郷隆盛・板垣退助・大隈重信）・卿の仕組みが定められ、ここに万世一系《ばんせいいっけい》の天皇を戴く薩長土肥の藩閥政治が成立した。[(2)]

岩倉使節団（一八七一年（明治四）一一月―一八七三年（明治六）九月）の帰国後に提出された大久保利通や木戸孝允の建言書はいずれも万世一系の国体の下《もと》に憲法を制定し、欧米流の近代国家の「政体」を創ることを主張した。それは維新政権リーダー共通の近代国家構想であった。徳川幕藩体制は解体されたが、太政官制の改革や文明開化の施策、明六社の啓蒙運動は旧武士層の価値観に基づくものであった。また、自由民権運動や西郷隆盛に代表

される士族の反乱の基盤が共に旧武士層の政府関係者（非主流派）であったことは記憶されてよい。(3)

日清戦争までは国権と民権は（思想の虚像＝幻想であれ）共存していた。(4)自由民権運動にしろ、人民の権利、自由自治精神の伸張の必要性を叫んだが、同時に民権の実現のために、何より「国権を張る」必要があり、国権の拡張実現のためにも国会が開設されなければならないという論旨を展開するものであった。(5)

国家（近代）の三大要素は領域、国民、権力である。そして、国家は国民に対して徴兵権と徴税権を行使する。明治政府も一八七二年（明治五）徴兵令を発布した。そもそも近代国家が軍隊を国家権力行使のための必須不可欠な存在として具備していることに異常性を見いだすことができる。明治政府では軍隊、とりわけ陸軍では長州閥が幅を利《き》かせていた。具体的には、山県有朋、桂太郎、寺内正毅が順にその系列の中心に位置した。山県は元老でもあり、明治時代、国家の大事の決定には元老の意見が大きく反映した。たとえば、山県は日露戦争開戦派で、山県の意見は開戦の決断に大きく反映した。

明治維新後、明治政府は「治外法権の撤廃」と「関税自主権の復活」を目標とした。それはより大きくは日清・日露戦争までは国を挙げて、国権・民権共存の中で欧米列強に認められる文明国になることを目指していたことを意味していた。福沢諭吉は『文明論之概略』（一八七五年（明治八））や『学問のすすめ』（一八七二年（明治五））を著し、また、明六社社員となり『明六雑誌』（一八七四年（明治七）―一八七五年（明治八））に寄稿して、文明開化政策を支持した。

日清戦争は「文明」と「野蛮」の戦争ととらえられ、日本は挙国一致で戦争にあたった。東学党の乱鎮圧のために天津条約（一八八五年（明治一八））（＝朝鮮での紛争が起こった際、日清両国は出兵に関して相互通知〈〝行文知照〟〉し、派兵後は速やかに撤退し、駐留しないことが決められた）に基づいて清軍に続いて日本も派兵した。日本は王宮を占領し、大院君《テウォングン》（国王・高宗《コジョン》の実父、強硬な排外主義者）に親日政権をつくらせた。大院君《テウォングン》は清との宗族関係破棄を宣言し、牙山の清国軍を撤退させるよう日本の大鳥公使に依頼した。ここに戦争の口実ができあがった。

日清戦争に至る伏線として、一八七四年（明治七）台湾出兵、一八七六年（明治九）の対朝鮮の不平等条約である日朝修好条規（前年の江華島事件（＝九月。軍艦雲揚が朝鮮から清国の牛荘までの航路を研究するよう日本政府に命令されて長崎を出帆し、朝鮮西海岸の江華島付近にいたところ、九月二〇日、朝鮮砲台から砲撃を受けたので、応戦し、朝鮮側に大きな損害を与えた事件）[6]処理のため結ばれた。武力で脅威を与え鎖国の日本を開国させたペリーのひそみにならったもの。[7]調印文の中に輸出入税を無税とする文言があり、朝鮮は関税自主権を失うこととなった）[8]がある。

日清戦争後、即座に露・独・仏による三国干渉があり、遼東半島を還付した日本は「臥薪嘗胆《がしんしょうたん》」をスローガンに捲土重来《けんどちょうらい》を期した。元来、ドイツのヴィルヘルム二世はフランスの台頭を怖れていた。ヨーロッパでの露仏同盟の効力を弱める必要があり、ロシアの関心をヨーロッパから逸《そ》らすため、ヴィルヘルム二世は黄禍論を唱え、ロシアの任務は黄色人種の大侵入からヨーロッパを防衛することにあるとし、自分はその補佐にあたりたいと述べた。[9]ドイツの支援を受けたロシアは遼東半島の清国からの割譲（一八九八年（明治三一））、義和団事件（一九〇〇年（明治三三））後の満州占領などの積極的極東政策を展開した。それに対して、日本では干渉を操ったドイツよりもロシアを感情的に敵として日露戦争（一九〇四年（明治三七）—一九〇五年（明治三八））が起こる。[10]

一九〇五年八月、ポーツマス条約が締結される。賠償金の放棄等と引き換えの条約締結に群衆は暴徒と化し、日比谷焼き討ち事件を起こし、御用新聞の国民新聞社を襲撃した。もっともこの条約で日本は樺太南半分を取得し、遼東半島の租借権を得た。長春・旅順間の鉄道の譲渡、韓国での特権的地位を承認され、満州経営の拠点を確保して、一九一〇年（明治四三）の韓国併合への道を開いた。[11]

日露戦争後、対外的緊張が弛緩し、目標を失った中で、日本社会では「個」「自我」に閉じこもる傾向が強くなる。文芸上の自然主義の隆盛はその傾向の反映であったと考えられる。政府支配層は戊辰詔書《ぼしんしょうしょ》の発令（一九〇八年（明治四一））や教科書検定の強化によって「軽佻浮華」の世相をいましめ、忠君愛国思想を注入しようとしたが、人心を掌握し思想を統制することに苦慮した。[12]

大正時代は一九一二年（明治四五）七月、明治天皇が没し、皇太子嘉仁が践祚《せんそ》して「大正」と改元することによって始まった。

一九一一年（明治四四）、中国の武昌で辛亥革命が始まる。山県有朋はじめ元老には清朝擁護の声が多かった。翌一九一二年（明治四五）二月一二日、清朝宣統帝が退位して清朝は滅亡する。三月一〇日、袁世凱が臨時大総統に就任し、孫文は四月一日、正式に大統領を辞任する。大正時代、中国との関係で特記すべきは一九一五年（大正四）一月の日本の対華二一カ条要求と一九一九年（大正八）パリ講和会議の際の、日本による山東半島要求問題、それに対する中国北京での五月四日の抗議デモ（＝五四運動）である。

対華二一カ条要求は一九一五年一月一八日、日置駐華公使が袁世凱に五号二一カ条に及ぶ要求を正式に突きつけたものである。中国では軍閥から民衆まで広い階層で反対運動が起こる。日本は外国の反発を考慮して第五号（＝七カ条。中国の中央政府に政治・財政及び軍事顧問として有力な日本人を雇うこと、及び、日本から一定の数量以上の兵器を供給し、日中合弁の兵器工場を設立すること等）[13]は最初、秘密にするように中国に要求していたが、中国は要求に憤って列強に暴露した。アメリカは中国を擁護し、イギリスは第五号要求をあきらめるように通告した。[14]日本は第五号要求は後日、協議することとして撤回し、五月九日を期限とする最後通牒を突きつけ、中国は日本の要求をすべて承認する。

一九一九年（大正八）パリ講和会議の際、日本は山東半島のドイツ利権及び赤道以北のドイツ領諸島を無条件に譲り受ける旨の要求を表明した（一月二七日）。翌二八日、中国代表は即座に山東半島中国返還を要求する。日本は要求が通らない場合は、国際連盟規約調印を見合わせる意向であった。日本の国際連盟脱退を恐れたウィルソンは軟化し、四月三〇日の首相会議で、日本の要求は承認される。五月四日、北京の学生三〇〇〇人余が山東半島問題に抗議してデモを行った。世に言う五四運動である。

このように日本は大正時代、対外的には帝国主義の道を歩んだ。一方、対内的、国内的には大正デモクラシーの高まりがあった。第一次憲政擁護運動（一九一三年（大正二））、第二次憲政擁護運動（一九二四年（大正一三））、普通選挙法（一九二五年（大正一四））の成立がそれである。

第一次憲政擁護運動は山県有朋、西園寺公望、桂太郎（一九一三年（大正二）死去）、伊藤博文（一九〇九年（明治四二）暗殺される）、黒田清隆（一九〇〇年（明治三三）死去）、松方正義、井上馨《かおる》、西郷従道（一九〇二年（明治三四）死去）、大山巌の九人による元老（＝元来、江戸幕府討幕運動のとき、功績を挙げた人物を中心とする）、九人中八人を占める長州藩・薩摩藩出身による（残りの一人は公家の西園寺公望）藩閥政治に対する批判、憲法に基づく民主政治を国民が望んだことによって起こった。上原勇作陸軍大臣が二個師団増設提言を容れられず陸相を辞任し、西園寺内閣が総辞職する。その後、陸軍大将桂太郎が第三次桂内閣を組閣したが、民衆はそれを山県の意を受けた桂の陸軍軍備拡張、推進とみなした。国会も藩閥政治に反発し、議会中心政治を望んだことから「憲政擁護・閥族打破」をスローガンとした第一次憲政擁護運動が起こった。

第二次憲政擁護運動は国民からの運動ではなく政党からの運動で、第一次より小規模であった。普通選挙法（普通選挙とは選挙権を持つ条件として納税（財産）や学歴等の資格を撤廃することである。本来的には男女差別の撤廃も含まれるが現実には普選はまず、男子普選を目指す運動となった）[15]は治安維持法と抱き合わせで成立したものである。大正時代、民衆パワーは政府パワー、国家権力とせめぎ合い、拮抗していたと言えよう。

二　明治の日本論・中国論

明治新政府も最初から文明開化策を採っていたわけではなく、王政復古の後、明治五、六年（一八七二、一八七三年）になって、鎖国を因循なものとみなし、文明開化を礼賛するようになった。一八七三年（明治六）明六社の結成（翌一八七四年正式発足）、『明六雑誌』の創刊は欧米文明を伝え、人々を啓蒙しようとするものであった。明六社の中でも福沢諭吉は文明開化期（一八六八年（明治元）―一八七七年（明治一〇））を代表する思想家であった。

福沢諭吉の歴史観はギゾー、バックルを範とした文明観であり、歴史は野蛮（＝遊牧狩猟の状態から初期の農耕にかけての段階）→半開（＝農耕的な封建の段階）→文明（＝進歩的科学的な近代社会の段階）に進むとする三段階の発展を説くものであった[16]。具体的にはアフリカ等を野蛮、トルコ・中国・日本を半開、欧米諸国を文明の段階と考えた。半開を脱し文明の域に達するのが日本の進むべき道であり、日本は当然「西洋の文明を目的とする」[17]べきであると福沢は考えた。「文明とは人の身を安楽にして、心を高尚にするを云ふなり。…又この人の安楽と品位とを得しむるものは人の智徳なるが故に、文明とは結局人の智徳の進歩と云《ママ》て可なり」[18]。福沢は智徳の進歩が文明であると考えたが、「智」と「徳」を分けて、従来の「智」と「徳」を一体として考える儒教的「智徳」観を批判する。そして「智」と「徳」のそれぞれに公私の別を立てる。「私徳」（＝潔白・謙遜などの心の中の徳）、「公徳」（＝廉恥・公平等の社会における対人関係）、「私智」（＝物理学・化学などの自然科学上の智〈＝知〉識）、「公智」（＝経済学・政治学等の社会を利する知恵）[19]として、「公智」に最高の地位を与え、「智」の進歩が文明をもたらすと考えた。「徳」は人の心のレベルに終始し、成果も外側から確かめようがない無形の教化であるのに対して、「智」の教育は誰もが利用できる客観的な手順と方式を持った有形の教化である、「智」こそは文明的な知識・知性であると[20]福沢は考えた。

こうした福沢が「脱亜論」（一八八五年（明治一八））を書き、「我国は隣国の開明を待《まち》て共に亜細亜を興する猶予あるべからず、寧《むし》ろ其伍を脱して西洋の文明国と進退を共にし、其支那朝鮮に接するの法も隣国なるが故にとて特別の会釈に及ばず、正に西洋人が之に接するの風に従て処分す可きのみ」[21]と述べたのは民権派の国権派への転換を象徴する時代思潮の現れであった。[22] 福沢は国内政治に関しては専制主義・権力主義に反対する民主主義、国民主義であったが、国際関係に関しては富国強兵を説く国家主義者であった。[23] そこに福沢の日本論・中国論の位置がある。日本の内と外の対処の仕方の相違は大正時代にも現れる。

民権派の国権派への転換が福沢の「脱亜論」に顕現していると述べたが一八七七年（明治一〇）から一八八七年（明治二〇）にかけての時期は政治的熱狂時代、自由民権の時代であった。[24] すでに一八七四年（明治七）民選議院設立に関する建言が前年に下野した板垣退助や後藤象二郎、江藤新平によって左院に提出されている。そこには政権が少数の有司（司〈＝担当〉がある。官吏のことを指す。）に帰していると批判する個所がある。この個所は自由民権運動が政府主流派と対立した板垣などによる政府批判によって起こったことを物語っている。政治運動のために自由民権の思想が援用されたのである。[25]

一八七八年（明治一一）八月の竹橋事件の一ヶ月後、大阪で開かれた愛国社再興大会は成功したとは言え、士族中心のものであった。しかし、翌七九年一一月の第三回大会は東日本の県議・豪農を中心とした結社も参加し、運動は一気に拡大した。国会開設を天皇に請願するという方針を確定し、各結社は全国遊説を行い、士族だけでなく地方の有力者が主体的に参加することによって自由民権運動の本格的な展開が始まった。[26] 民権派は国家と政府を混同してはいけないと力説した。「国家を愛するからこそ今の政府を批判しているのだ」という民権家の言辞は説得力を持ち、客分意識や反政府感情の根強かった一八八〇年前後の時期、民衆は民権派を支持した。[27] 地租減額と西南戦争（一八七七年（明治一〇））後のインフレは農民に二五パーセントの大減税という思いがけない恩恵をもたらし、七九、八〇年の豊作もあいまって、豪農が余財があっても使い道がないというほど豊かとなった。[28]そのことも自由民権運動の高まりを支えた。

農民の富裕を苦々しい思いで見ていた大蔵卿松方正義は強力なデフレ政策を実行する。酒税等の間接税を増額・新設し、地方税の税率を地租の五分の一から三分の一に引き上げ、富農・豪商はそのため打撃を受ける。政府による改正新聞紙条例（一八八三年（明治一六）四月。発行保証人制度の新設、法的責任者の範囲拡大等）、改正出版条例（同年六月。発行一〇日前の届出が義務化された）も効を奏し、民権運動は下火になっていく。

民権派は政府批判をしたが国家批判の視点はなく、基本的に東アジアの植民地化を推し進めようとした。もっとも中江兆民が『三酔人経綸問答』（一八八七年（明治二〇））で「洋学紳士」に非武装・小国主義を語らせたという面も存在するには存在した。しかし、加藤弘之の『人権新説』（一八八一年（明治一四））に代表される適者生存、優勝劣敗社会を正当化する社会進化論（＝社会ダーウィニズム）が大勢を占め、国内的には学力主義（一八八七年（明治二〇）文官試験試補及見習規則公布等により帝国大学を頂点とする官公立学校卒業生が官員になる道筋が確立されていった）が優勢となっていく。対外的には三田演説会で福沢諭吉が「今は競争社会なり、ゆえに理非にも何にも構うことはない」、「遠慮には及ばぬ、（支那の土地を）サッサと取って」しまえと公言する[29]中国論が幅をきかせるようになる。一八八四年（明治一七）の甲申事変（＝一二月四日、朝鮮の京城で親日派クーデターが起こり、日本軍が一端、王宮を占拠したが、六日清国軍が反撃に出て王宮に進み、日本軍は敗退し、八日竹添公使は済物浦《サイモッポ》〈仁川《インチョン》の旧称〉へ退去する）後、民権派の志士達が先頭に立って清国征討の論陣を張り、自由民権運動に見られた亜細亜への連帯感も変質していくことになる。[30]

井上馨が条約改正交渉のために企てた欧化主義は一八八四年（明治一七）から一八八七年（明治二〇）までの鹿鳴館時代を現出した。欧化主義への反発は日本の再発見、日本固有の伝統文化を保持しようとする思想の潮流を生んだ。この中で、中心的役割を果たしたのは志賀重昂《しげたか》、三宅雪嶺ら政教社同人の国粋主義と『新聞日本』を主催した陸羯南《くがかつなん》の国民主義及び『国民の友』『国民新聞』を拠点に活躍した徳富蘇峰の平民主義であった。(31) いずれも自由民権運動が下火になった間隙《かんげき》を埋める思想潮流であった。

政教社同人と陸羯南には共通点も多く、彼らには天皇崇拝はなく、昭和期の狂信的日本主義とも異なっていた。日本独自の伝統を重んじ、それによって世界に貢献しようとする考えを持っていた。その国粋主義、日本主義は（少なくとも当初、すなわち明治二〇年代前半は）東洋主義とも言うべき背景を持ち、西洋の資本主義的帝国主義に対して日本、東洋を守り高めることに主眼を置いていた。(32) また、政府と結びつく資本主義を否定した政教社の三宅雪嶺は主宰する『日本人』で「高島炭坑問題」(33) を摘発した。

徳富蘇峰は一八八六年（明治一九）七月『将来の日本』を自費出版し、自由民権運動が下火になる時点で当時の読者に広くアピールした。同書で蘇峰は「人民」を中心とした平和主義、生産主義、平民主義の日本論を展開している。「緒言」で「其議論ノ標準ナルモノハ唯ダ一ノ茅屋中ニ住スル人民是レナリ」と「人民」中心主義を鮮明に述べている。(34) また、一八八〇年代が西欧社会では帝国主義支配確立時期であるにもかかわらず、スペンサー流の軍事型社会から産業型社会への進化を下敷きにして、アダム・スミスとその俗流のマンチェスター主義による、自愛心と自由貿易を強化の根拠として(35) 世界の大勢が武備社会から生産主義、更には平和主義へ移るという論を展開し、当時の青年に将来への夢と希望を与えた。この書は一世を風靡した。

日本、東洋の美術を再発見しようとした岡倉天心は狩野芳崖を見いだし、一八九〇年（明治二三）東京美術学校心得を命じられる。中国旅行調査（一八九三年（明治二六）七月―一二月）を行い、中国をアジアの一員、日本へ大きな影響を与えた隣国とした。同時に、日本の独自性も探究し、美の使徒としてインドを含めた東洋主義、日本主義を標榜した。

一八九四年（明治二七）から一八九五年（明治二八）の日清戦争を日本人は「文明」と「野蛮」の戦争ととらえ、

その後、日本の中国への蔑視は明瞭なものとなる。同時に漢詩文が日本人の教養から欠落していった。勝海舟のような東アジア連合論を唱えた人もいたが、極めて少数であった。

日清戦争後の三国干渉に対して、日本は「臥薪嘗胆《がしんしょうたん》」をスローガンとして一〇年後、日露戦争に辛勝する。「日露戦争を境として、自我こそ究極の存在であり、最高の権威であるべきだという個人主義の要求が起こり、自我以外のすべての権威に反抗しその束縛から自己を解放しようとする。自然主義はこうした個人主義の発展だと解釈しうる面もある」[36]という識者の言辞がある。文芸上の自然主義は一般に一九〇六年（明治三九）から一九一〇年（明治四三）までとされるが、先立つ明治三〇年代（一八九七年―一九〇六年）は知識人が国家の問題に正面から触れず、それを避けようとし、国家と思想の分裂が生じた時期であった。[37]国家は国家主義、帝国主義を標榜し、膨張政策を採り、個人は自我の世界に閉じこもっていく。高山樗牛はその時代を象徴する典型的人物である。国家主義、帝国主義と個人主義の間で振幅大きく揺れ動き、国家を超えるものを希求したが、惜しくも夭折した。

高山樗牛を最初の自然主義と考えた石川啄木は二七才で夭折したが、国家＝強権こそが時代を閉塞させる元凶であると主張し、国家との対決姿勢を鮮明にした。同時に啄木は日本人特有の自虐性、哀感を歌いあげ、その歌は今も人々に愛され続けている。啄木は日本を痛烈に批判したが、中国や朝鮮、ロシアに対して蔑視する考えは持っていなかった。

民権論と国権論の密接不可分な関係は、日清戦争の勝利と三国干渉によって三つの潮流に分化・対立することになる。三つの潮流とは①民権論を切りすてた帝国主義的発展という意味における国権論の立場（国家主義的帝国主義思想）②民権論と国権論の結合の重要性を力説し、帝国主義論との関係で内政＝立憲主義、外交＝帝国主義との統一的促進という図式で再構成した、立憲主義的帝国主義思想③非戦・反帝国主義の立場を明確にしていった急進的デモクラット・内村鑑三や堺利彦、幸徳秋水らの社会主義者のグループ――のことである。[38]日本論・中国論も①②③によってそれぞれ異なる。それらの混合もある。日本論と中国論はメダルの裏表のように、不即不離の関係にある。

三　大正の日本論・中国論

大正時代は一九一九年（大正元）から一九二六年（大正一五・昭和元）までの期間である。大正時代のキーワードは「都市化」と「大衆化」である。第一次世界大戦に日本は日英同盟を理由に強引に参戦し、戦勝国の一員となった。大戦景気で工業化や資本主義化を推し進めた。その結果、農村から都市部へ人口流入が進み、都市化が加速する。新たな都市文化が登場し、大衆文化が浸透していく。反面、大戦景気が終わると戦後恐慌や金融恐慌に見舞われ、労働争議が各地で起こる。民衆パワーは「閥族打破・憲政擁護」を掲げる憲政擁護運動（一次）となって盛り上がり、一九二五年（大正一四）の普通選挙法成立へつながった。[39]そうした時代背景のもとに吉野作造、内藤湖南、北一輝、石橋湛山らによって展開された日本論・中国論はとりわけ重要である。以下、それらの人々の日本論・中国論について概略、考察してみることにする。

大正デモクラシーの旗手、吉野作造は一九一六年（大正五）『中央公論』一月号に論文「憲政の本義を説いて其有終の美を済《な》すの途を論ず」を発表した。吉野はこの論文の中で「民本主義」を主張した。その政治概念には（一）国民主権を意味する「民主主義」や「平民主義」とは異なる、つまり天皇主権の大日本帝国憲法の枠内でも充分に成立しうる政治方針であること（二）それゆえ危険思想を回避しようとしたこと（三）しかし弱者が強者からの物質的、精神的解放を目指す世界的な思想潮流の政治的表現であること[40]——という三つの意味が存在した。民本主義は一種、現実と理想の妥協の産物であった。吉野のそうした傾向は対華二一カ条要求と五四運動の際にも現れている。一九一五年（大正四）六月の『日支交渉論』で吉野作造は二一カ条要求を日本の立場から見れば「大体に於て最少限度の要求」である、「極めて機宜に適した処置であったと信ずる」と述べている。しかし、同時に「帝国の支那に対する理想的の政策」は「何処迄も支那を助け、支那の力となって、支那の完全な且つ健全な進歩を図るに在」り、「将来支那の事物に対しては、大いに同情と尊敬とを以て接せんことである」[41]とも述べている。五四運動の際にも反侵略主義・反官僚軍閥という精神に対して深い同情と理解を示す一方で、国際法の慣例を理由にパリ講和会議での中国全権による山東権益直接還付の要求を斥けている。[42]

「中国ナショナリズムとの提携」と「帝国日本のナショナル・インタレストの確保」を「同時に模索」[43]したのが吉野作造の日本論・中国論であった。吉野は誠実な人柄で、「支那の排日的騒擾と根本的解決策」[44]で「今日の日本」を「侵略の日本」と「平和の日本」に分け、自らを「平和の日本」に立ち中国民衆と連帯する側の人間と位置づけ、日本国内で逮捕された中国人留学生を救援する活動を行った。一九二〇年（大正九）には北京大学の学生五人を日本に一カ月呼び（「北京大学游日学生団」）交流も行った。この訪問に対して、日本側でも渡中計画を立てていたが、吉野の日中知識人交流計画は中絶する。理由の一つには吉野自身にワシントン体制内でのみ中国ナショナリズムを理解するという枠組みがあったためだとする考えもある。[45]

内藤湖南は京都大学支那学、東洋史学の基礎を創った人である。一八六六年（慶応二）旧南部藩、秋田県鹿角《かづの》郡毛馬内《けまない》町に生まれた。一八五〇年代生まれの人々（＝明治青年の第一世代）は明治初年代に青少年期を迎え、啓蒙主義の洗礼を受け、明治政府の有能な官僚や自由民権運動の第一線活動家になった。それに対して一八六〇年代生まれの人々（＝明治青年の第二世代）は自由民権運動の後退期（＝明治十年代の後半）に思想と教養の形成期を持ち、共通したモチーフとしてナショナリズムを持った。彼ら第二世代は鹿鳴館時代の軽佻《けいちょう》な事態に反発するうち「文化創造の分野におのが使命を見いだしていった」[46]夏目漱石・森鷗外・岡倉天心・志賀重昂・三宅雪嶺といった人々であり、湖南もその一人として同じ時代の空気を吸っていた。

湖南は日本歴史と中国歴史を別個のものとは考えていなかった。個別的な眼とともに普遍的な眼で両歴史・文化を考察していたようである。「日本文化とは何ぞや（其二）」（一九二一年（大正一〇））では日本文化は「豆腐が出来るやうに」「豆腐になるべき成分」がある所へ「にがりを入れる」と「成分がその為に寄せられて豆腐の形になる」というようにして、中国文化という「にがり」によって出来あがったものであると言う。[47] 明治以後、史学が盛んになったと言っても「本国中心主義」が依然として国史界を支配していると偏狭性を批判し、中国との関係で見なければ日本の歴史・文化は理解できないとした。曰く「日本文化といふものは、詰り東洋文化、支那文化の今日の言葉で云へば延長である、支那の古代文化からズッと継続して居るのである。それだから日本文化の起原《ママ》とその根本を知る為にはどうしても先づ支那文化を知らなければならぬ。今、歴史といふものを日本の歴史だけで打切つてしまって、その以前の支那の事を知らぬといふと、日本文化の由来を全く知らぬことになる」[48]。湖南にあっては中国文化の理解は日本文化理解の大前提であった。また、湖南には中国近世の始まりを宋代としたり、今日の日本を知るには応仁の乱以後の歴史を知っていたら充分であるという独自の歴史の見方があった。湖南が学究の世界にいただけでなく二〇年に及ぶジャーナリストとしての修業を積み、その間、明治期を代表する人々と出会ったこと（たとえば小村寿太郎、高橋健三、犬養毅、原敬〈湖南は親友で野党のこの政友会党首原敬や国民党党首犬養毅に説いて対華二一カ条要求の反対決議を行わせようとした〉、志賀重昂、三宅雪嶺等）、八回に及ぶ中国旅行による調査などによって湖南の独創性が育まれたものと考えられる。

湖南には当時の時代風潮とは異なり、中国への尊敬の念が根底に存在した。湖南の（文化的に）「世界の国民生活に支那より先へ進んだものがなくて」[49]、「支那人は自己の優秀性を認めて」[50]という言辞にそのことは現れている。

北一輝（一八八三年（明治一六）―一九三七年（昭和一二））は民権と国権、個人主義と国家主義、個人と「臣民」＝

「国民」、個人主義と社会主義、そうした二項対立的な図式に対して、どちらか一方を捨象するのではなく、両者の共存、並行的進化を標榜した。国家と社会を同一視し、国家主義と社会主義の一体化を目論んだ北は皮肉なことに二・二六事件で国家権力によって「首魁」（＝首謀者）の罪で銃殺刑に処せられる。国家権力は北の国家社会主義に不穏さ、不遜さを察知し、有無を言わさず断罪し、世の見せしめとしたのであろう。

北の日本論は法律上の民主制は明治維新によって達成された、次に必要なのは法律、経済両面における完全な民主制を実現することである、それが第二維新革命であるとするものである。

北の中国論は中国革命を日本革命の呼び水として位置づけるところに特徴がある。民族主義にしてマルクス主義という新潮流の台頭によって、それまで中国革命を支援してきていた北を含めた日本人は革命の局外に振り落とされることになる。

石橋湛山は日本が日清・日露戦争を通して大日本主義の道をひたすら歩む時代状況の中で、小日本主義を掲げた希有のジャーナリスト・言論人である。

大日本主義に対する小日本主義は日本近代史上、主流ではありえなかったが、三つの系譜からなっていた。第一は幸徳秋水を代表とする社会主義者の系譜。第二は内村鑑三らキリスト教者たちの系譜。そして第三は『東洋経済新報』の三浦銕《てつ》太郎（天野の弟子）や湛山など自由主義者の系譜である。[51]東洋経済新報社の骨格を作り上げた天野為之《あまのためゆき》は明治の三大経済学者の一人と称され、ミルの経済思想を継承しその思想を日本に生かそうとした。ミルの思想上の母体はアダム・スミスである。アダム・スミスは自由経済放任論と反帝国主義を初めて明確に結びつけ、植民地放棄の必要性を唱え、マンチェスター学派から小英国主義の開祖とみなされた。同学派は「本国の過剰人口のはけ口としての植民地の現実的価値」を否定し、小英国主義を確立する。[52]『東洋経済新報』の三浦銕《てつ》太郎は対外政策面で小英国主義を小日本主義に転化した。その三浦が後継者として育成したのが湛山であった。[53]

湛山は対華二一カ条要求に対して「隣り同志が互に親善でなければならぬ、礼節を守らなければならぬと云うは、決して個人間のみの事ではない。国と国との関係に於いては亦之れと同様の態度を取らなければ、各国民の生活は永遠に幸福なるを得ない。……我輩は此の点から見て、大隈内閣が先頃支那に対して取った態度は明かに自国の利益を無視し、阻害したものと思う」(54)と述べ、大隈内閣の交渉結果を否認した。一九一九年(大正八)一月から六月まで開催された、第一次世界大戦処理のためのパリ平和会議で山東ドイツ権益の継承、赤道以北のドイツ領諸島の割譲を要求した大日本主義の日本を湛山は批判した。日本の立場を「袋叩き」と酷評し、同年三月の朝鮮独立運動や五四運動を支持した。

国内的には第一次、第二次憲政擁護運動に関与し、民主主義(当時は「民衆主義」と呼ばれた)・自由主義思想に基づいて普通選挙の早期実現を主張した。湛山は一九一九年(大正八)、一九二〇年(大正九)頃に普選論に踏み切っていたなら、一九三一年(昭和六)以後に軍部、官僚勢力が盛り返すような不幸な事態は回避できたかもしれないと指摘している。(55)

石橋湛山のような人が一〇人いれば日本の近代史は異なったものになっていたであろう。日蓮の宗教的精神、田中王堂を通して学び得たプラグマティズム、自由主義、民主主義が湛山の思想の根底に存在する。

内村鑑三(一八六一年(万延二)―一九三〇年(昭和五))は「二つの中心」=「二つのJ」(=「日本」と「イエス」)を信条とし、「イエス」を中心としつつ、日本の台木《だいぎ》(=土台)として、武士道、西郷隆盛、中江藤樹、日蓮、法然、親鸞等を称揚した。内村鑑三も湛山同様、小日本主義の系譜に属する。日清戦争の際には、最初その戦争を「義戦」としてとらえ「日清戦争の義」を書いて支持したが、利欲の戦争であったことがわかると、支持したことを深く恥じ、一九〇三年(明治三六)頃からは戦争絶対反対論者となった。

儒教的エトスの中で育った内村は一六歳の札幌農学校入学以来、儒教的教養を離れ、西洋思想、中でもキリスト教信仰が心の中心となった。しかし、儒教は内村の中で意識的に復活される。一八九四年一一月の『代表的日本人』（英文著作）はその意識的な儒教の復活、学び直しから生じた著作であった。内村は儒教の中の「匿名的キリスト教」[56]的な部分を『代表的日本人』で顕現したのであった。それは内村の中国論の顕現と言えるものであった。具体的には①陽明学②儒教一般に共通する「個人的倫理と国家倫理の相互的連関」[57]として『代表的日本人』に表現されているものである。陽明学については『代表的日本人』で取り上げられた五人の人物のうちの二人、西郷隆盛と中江藤樹がその学派、学統に一致する。陽明学の要諦は「良知」＝人間に固有な道徳的直観力の生々溌剌《はつらつ》たる働きが「万物一体の仁」を実現するところにある。[58]西郷は「敬天・愛人」を宗《むね》としたが、「天」は「至誠」を尽くして到達せらるべきものであり、[59]内村はそれを「進歩的、前望的」と呼び、キリスト教に似ている（＝匿名的キリスト教）と述べている。

今一つの儒教一般に共通する「個人的倫理と国家倫理の相互的連関」は「上杉鷹山」と「二宮尊徳」の章で表されている。前者では「東洋の学問の一つの美しい特徴は、道徳から離れて経済を扱わなかったことである。富は、東洋の哲学者にとりては、必ず徳の結果である。[60]」と表現されている。個人の道徳、倫理を正しくすることによって（国家倫理も正しくなり）国も栄えるという思想である。

内村は日中間の一体性を必然と考えていた。「日本は支那を離れて考ふべからずである、支那あつての日本である、支那を離れて日本は存在することができない、地理的にさうである、経済的に、政治的に、道徳的にさうである」[61]と内村は言う。『孟子』巻第一で「王何ぞ必ずしも利を曰はん、亦仁義ある而已矣《のみ》」と言ったことに対して、「利よりも仁義を貴んだ所はたしかに偉大である」とし、自分の一生で患難に際して幾たびか『孟子』の言は自分を慰めてくれたと述べている。[62]内村は「愛」とともに「義」の人であった。それは中国の古典から得たものでもあった。

大正時代の日本論、中国論は資本主義の発展を背景とした「都市化」「大衆化」をキーワードとする大正時代の教養主義・文化主義・世界市民主義[63]との関係で考える必要がある。この時期の日本論・中国論をそれらと切り離して論じるのは適切ではない。

以下の日本論は中国論とワンセットで考えるという本書の基本的スタンスとは異なる。西洋論との親和性が高い。しかし、それがまた、大正時代の一側面でもある。中国、中国論は前面に出てこない。本書では詳しくは述べないが、概略を知っておく必要はある。

日清戦争以後、日本人の教養から中国古典の教養（＝漢文）が脱落し、その間隙《かんげき》を埋める形でドイツ観念論が有力になった。中国論の非前面性がドイツ観念論の前面性と大きく関係している。

大正教養主義に見られる日本論には注意しておきたい。夏目漱石は文明開化が内発的でなく外発的であることを問題とした。日本の膨張主義政策を批判することはなかったが、「私の個人主義」（一九一四年（大正三）一一月、学習院「輔仁会」で講演。一九一五年（大正四）三月、『輔仁雑誌』に発表した評論）では「自己本位」の個人主義が自己の個性とともに他人の個性を尊重するものであり、「個人主義」が利己主義に陥らないためには「人格のある立派な人間」になることが大事であるとした。これが漱石の目指す「道義上の個人主義[64]」であった。「幅広い知識や造詣が人格および理解力、想像力に基づくものである時」に「教養」と呼ばれるが、大正時代に教養人とされた夏目漱石に師事していた阿部次郎、寺田寅彦らの人格を重視する思潮は大正教養主義と呼ばれた[65]。資本主義の発展を基礎として、大正教養主義や文化主義、世界市民主義といった思潮が台頭した。白樺派の自己主張、和辻哲郎、内藤湖南の「日本文化史」研究、新カント派の哲学、とりわけ西南ドイツ学派の価値哲学の導入など[66]がその具体的顕現であった。これらは「世界へと開かれた日本文化の肯定にたつ文化上の「世界市民主義」や「文化的」な日本の伝統――の追憶と賛美の試み[67]」であった。

そのほかでは、厨川白村、津田左右吉、柳田国男の業績も記憶に留めておきたい。

結語

以上、総論としての「明治・大正の日本論・中国論」について論じてきた。国民国家（ネーション　ステイト）は日本の場合、人的部分として、国民のアイデンティティー確立の過程で、富国強兵策、言文一致運動、マスメディアの発達、義務教育の整備等とともに、当然、「日本」の統一イメージと「外国」（「中国」を含む）の統一イメージの確立を伴った。福沢諭吉の「外国」イメージは社会ダーウィニズム的、上下差別的であった。それは近代国家、日本の採用したイメージであった。明治・大正の日本論・中国論もその大枠の中に存在する。しかし、一方、石橋湛山のような人もいたし、北一輝のような人もいた。内藤湖南のような人もいた。明治・大正の日本論・中国論はその意味で福沢諭吉的な大枠の中にありつつも一様ではない。その過去の一様でない日本論・中国論を探究する中から、これからの新しい日本論・中国論が生まれることを期待したい。私の研究はそのために存在すると言っても過言ではない。

【注】

（1）西田毅（二〇〇九）「序章　近現代における政治思想の軌跡」西田毅（二〇〇九）所収　一一頁。
（2）西田毅（二〇〇九）「序章　近現代における政治思想の軌跡」西田毅（二〇〇九）所収　一一頁。
（3）西田毅（二〇〇九）「序章　近現代における政治思想の軌跡」西田毅（二〇〇九）所収　一一頁。

（4）色川大吉（昭和五一）もっとも民権から国権への時代思潮全般の大きな変化は明治二〇年代に入って（明治一〇年代より）より顕著になり、それは徳富蘇峰、陸羯南などの言説によって窺い知れる。西田毅（二〇〇九）一三頁。
（5）西田毅（二〇〇九）「序章　近現代における政治思想の軌跡」西田毅（二〇〇九）所収　一二頁。
（6）川崎庸之等（一九九八）八三五頁。
（7）川崎庸之等（一九九八）八三五頁。
（8）川崎庸之等（一九九八）八三六頁。
（9）鳥海靖（二〇〇七）「二五　三国干渉と黄禍論」一四一－一四三頁。
（10）鳥海靖（二〇〇七）「二五　三国干渉と黄禍論」一四四－一四五頁。
（11）西田毅（二〇〇九）「序章　近現代における政治思想の軌跡」西田毅（二〇〇九）所収　一五頁。
（12）西田毅（二〇〇九）「序章　近現代における政治思想の軌跡」西田毅（二〇〇九）所収　一五頁。
（13）伊藤之雄（二〇一〇・四）七〇頁の二一カ条の要求をまとめたもののうち第五号七カ条に関するもの。
（14）伊藤之雄（二〇一〇・四）七一頁。
（15）伊藤之雄（二〇一〇・四）一二五頁。
（16）高坂正顕（一九九九）九四頁。
（17）時事新報社編纂（一九二五・一二－一九二六・九）『文明論之概略』『福沢全集』國民圖書　時事新報社　第四巻　一〇頁。高坂正顕（一九九九）九四頁。
（18）時事新報社編纂（一九二五・一二－一九二六・九）『文明論之概略』『福沢全集』國民圖書　時事新報社　第四巻　四一－四二頁。高坂正顕（一九九九）九四頁。
（19）高坂正顕（一九九九）九五頁。
（20）子安宣邦（二〇〇五）一八四－一八五頁。
（21）慶應義塾大学出版会（二〇〇二－二〇〇三）『福沢諭吉著作集』第八巻　二六四－二六五頁。
（22）姜克實「第四章　アジア主義と日清・日露戦争」西田毅（二〇〇九）所収　九三頁。

(23) 高坂正顕（一九九九）一〇四頁。
(24) 高坂正顕（一九九九）一六〇―一六一頁。
(25) 高坂正顕（一九九九）一六四頁。
(26) 牧原憲夫（二〇〇六）七頁。
(27) 牧原憲夫（二〇〇六）二八―二九頁。
(28) 牧原憲夫（二〇〇六）六〇頁。
(29) 牧原憲夫（二〇〇六）一二一頁。
(30) 姜克實「第四章　アジア主義と日清・日露戦争」西田毅（二〇〇九）所収　九三頁。
(31) 姜克實「第四章　アジア主義と日清・日露戦争」西田毅（二〇〇九）所収　九二頁。
(32) 高坂正顕（一九九九）二四三―二四四頁。
(33) 政商三菱経営下の高島炭坑における、主として八五年より八八年までの奴隷労働的な坑夫の苛酷な状況を逐一暴露報道したことによって引き起こされた明治前半期の最大の労働問題。この問題の火付け役は現地に近い福岡の『福陵新報』であった。「Ⅲ　国粋主義の代表作とその周辺　四　高島炭坑と吉本襄」佐藤能丸（一九九八）一八三―二〇六頁。
(34) もっとも蘇峰は「人民」中心主義、「平民」主義とは言うが、「民主」主義とは絶対、言わない。なぜなら蘇峰は天皇崇拝主義者で「君主」と「民主」は共に天を戴くものではないと考えるからである。
(35) 隅谷責任編集（昭和四六）二〇頁。
(36) 高坂正顕（一九九九）四六五頁。
(37) 高坂正顕（一九九九）三三〇頁。
(38) 栄沢幸二（昭和四六）「六九　蘇峰と帝国主義」橋川文三、鹿野政直、平岡敏夫編（昭和四六）『近代思想史の基礎知識』有斐閣所収　二二一―二二二頁。
(39) 渡邉澄子（二〇〇九）『大正の名著　浪漫の光芒と彷徨』自由国民社　三―四頁。

(40) 田澤晴子（二〇〇六）一一二―一一三頁。

(41) 吉野作造（一九九六）『選集』第八巻　一五四―一五五頁。尾崎護（二〇〇八）一七三頁。

(42) 銭昕怡（二〇〇九）「第七章　大正期知識人と中国ナショナリズムの展開――吉野作造の日中提携論を中心に――」西田毅（二〇〇九）所収　一七八頁。

(43) 銭昕怡（二〇〇九）／西田毅（二〇〇九）所収　一六九―一七〇頁。

(44) 『東方時論』一九一九年七月号、吉野作造（一九九五）『選集』第九巻　所収。田澤晴子（二〇〇六）一八二頁。

(45) 銭昕怡（二〇〇六）『近代日本の知識人と中国ナショナリズムの展開――辛亥革命から満州事変へ』田澤晴子（二〇〇六）一八四頁。

(46) 色川大吉（昭和五二）『明治精神史（下）』講談社　講談社学術文庫　七四―七五頁。

(47) （一九二二）「日本文化とは何ぞや（其二）」『日本文化史研究』『全集』第九巻　所収　一八頁。

(48) （一九二二）「日本文化とは何ぞや（其二）」『日本文化史研究』『全集』第九巻　所収　二一頁。

(49) （一九二四）「六、支那の文化問題」「新人の改革論の無価値」『新支那論』『全集』第五巻　所収。

(50) （一九二八）「近代支那の文化生活」『全集』第八巻。

(51) 中野好夫（一九八〇・三）「小英国主義の系譜」『新沖縄文学』第四四号　所収。増田弘（一九九五）六三頁。

(52) 増田弘（一九九五）六三頁。

(53) 増田弘（一九九五）四〇頁。

(54) 一九一五年六月五日号　東洋経済新報社社説「日支親善の法如何」『全集』第一巻　増田（一九九五）四〇頁。

(55) 増田弘（一九九五）石橋湛山『湛山回想』一五七―一五八頁。（一九五一）『石山湛山全集』第一五巻　毎日新聞社所収。

(56) アグネシカ・コズイラ（二〇〇二）五一―五二頁。キリスト教を受け入れるための大事な役割を果たす伝統的要素。

(57) 澁谷浩（一九八八）一二七―一三〇頁。

(58) 澁谷浩（一九八八）一二八頁。

(59) 鈴木範久訳（昭和一六）四三頁。
(60) 鈴木範久訳（昭和一六）六九―七〇頁。
(61) 内村鑑三（一九八三）『全集』三四　五五頁。一九二二年（大正一一）六月一〇日の日記。
(62) 一九二六年（大正一五）一一月「孟子を読む」。内村鑑三（一九八三）三〇　一五九頁。
(63) 宮川透（一九九六）五六頁。
(64) 渡邉澄子編（二〇〇九）三頁。
(65) 渡邉澄子編（二〇〇九）九三頁。
(66) 宮川透（一九六六年第一刷、一九七三年七刷より引用）五六頁。
(67) 宮川透（一九七三）五六頁。

【引用文献・参考文献】


「序章　近現代における政治思想の軌跡」西田毅（二〇〇九）所収。

西田毅（二〇〇九）『概説 日本政治思想史』ミネルヴァ書房。

色川大吉（昭和五一）『明治精神史』（下）講談社学術文庫。

川崎庸之等（一九九八）『読める年表・日本史』自由国民社。

鳥海靖（二〇〇七）『近代日本の転機　明治・大正編』吉川弘文館。

伊藤之雄（二〇一〇・四）『日本の歴史　二二　政党政治と天皇』講談社　講談社学術文庫。

高坂正顕（一九九九）『明治思想史』燈影舎。

時事新報社編纂（一九二五・一二―一九二六・九）『福沢全集』國民圖書　時事新報社。

（一八七五）『文明論之概略』時事新報社編纂（一九二五・一二―一九二六・九）第四巻 所収。

子安宣邦（二〇〇五）『福沢諭吉『文明論之概略』精読』岩波書店　岩波現代文庫。

福沢諭吉（二〇〇二―二〇〇三）『著作集』慶應義塾大学出版会。

姜克實「第四章　アジア主義と日清・日露戦争」西田毅（二〇〇九）所収。

牧原憲夫（二〇〇六）『シリーズ日本近現代史②　民権と憲法』岩波書店　岩波新書。

佐藤能丸（一九九八）『明治ナショナリズムの研究――政教社の成立とその周辺――』芙蓉書房出版。

「Ⅲ　国粋主義の代表作とその周辺　四　高島炭坑と吉本襄」佐藤能丸（一九九八）所収。

隅谷責任編集（昭和四六）『日本の名著四〇　徳富蘇峰　山路愛山』中央公論社。

橋川文三、鹿野政直、平岡敏夫編（昭和四六）『近代思想史の基礎知識』有斐閣。

栄沢幸二（昭和四六）「六九　蘇峰と帝国主義」橋川文三、鹿野政直、平岡敏夫編（昭和四六）有斐閣　所収。

渡邉澄子編（二〇〇九）『大正の名著　浪漫の光芒と彷徨』自由国民社。

田澤晴子（二〇〇六）『吉野作造―人世に逆境はない（ミネルヴァ日本評伝選）』ミネルヴァ書房。

吉野作造『吉野作造選集』（『選集』と略す）（一九九六）『選集』第八巻、（一九九五）『選集』第九巻。

尾崎護（二〇〇八）『吉野作造と中国』中央公論新社　中公叢書。

銭昕怡（二〇〇九）「第七章　大正期知識人と中国ナショナリズムの展開――吉野作造の日中提携論を中心に――」西田（二〇〇九）所収。

『東方時論』一九一九年七月号（一九九五）『選集』第九巻　所収。田澤晴子（二〇〇六）。

銭昕怡（二〇〇六）『近代日本の知識人と中国ナショナリズムの展開―辛亥革命から満州事変へ』田澤晴子（二〇〇六）所収。

（一九二一）「日本文化とは何ぞや（其二）」『日本文化史研究』『内藤湖南全集』（『全集』と略す。）筑摩書房　第九巻所収。

（一九二四）「六、支那の文化問題　新人の改革論の無価値」『新支那論』『全集』第五巻　所収。

（一九二八）「近代支那の文化生活」『全集』第八巻　所収

中野好夫（一九八〇・三）「小英国主義の系譜」『新沖縄文学』第四四号所収　増田弘（一九九五）所収。

増田弘（一九九五）『石橋湛山』中央公論社　中公新書　一二四三。

一九一五年六月五日号　東洋経済新報社社説　「日支親善の法如何」『全集』第一巻　増田弘（一九九五）所収。

石橋湛山『湛山回想』（一九五一）『石橋湛山全集』第一五巻　毎日新聞社　所収。

アグネシカ・コズイラ（二〇〇一）『日本と西洋における内村鑑三――その宗教思想の普遍性』教文館。

澁谷浩（一九八八）『近代思想史における内村鑑三――政治・民族・無教会論』新地書房。

内村鑑三著　鈴木俊郎訳（昭和一六）『代表的日本人』岩波書店　岩波文庫　昭和四九年　第三〇刷。

内村鑑三（一九二二）六月一〇日の日記　内村鑑三（一九八三）三四　所収。

内村鑑三（一九八三）『内村鑑三全集』（『全集』と略す。）三四　岩波書店。

内村鑑三（一九二六）「孟子を読む」。内村鑑三（一九八三）三〇　所収。

内村鑑三（一九八三）『全集』三〇　岩波書店。

徳富蘇峰（二〇〇七）『徳富蘇峰　終戦後日記Ⅲ――『頑蘇夢物語』歴史篇』講談社。

梅原猛（一九七六）解説　岡倉天心（一九七六）所収。

岡倉天心（一九七六）『近代日本思想大系　岡倉天心集　編集／梅原猛』筑摩書房。

宮川透（一九六六）第一刷）（一九七三）第七刷を使用。『日本精神史への序論』紀伊國屋書店　紀伊国屋新書B―21。

中村光夫（昭和三八）『明治文学史』筑摩書房。

高山樗牛（昭和五五）『改訂註釈樗牛全集』（『全集』と略す。）日本図書センター。

橋川文三（一九七五）『高山樗牛《挫折した明治の青春》朝日ジャーナル編集部（一九七五）所収。

朝日ジャーナル編集部（一九七五）『新版　日本の思想家　中』朝日新聞社　朝日選書四五。

丸山照宏編（一九八一）『近代日蓮論』朝日新聞社　朝日選書一九二。

石川啄木（一九八〇）『石川啄木全集』（『全集』と略す。）第四巻　評論・感想　筑摩書房。

石川啄木（一九七八）『全集』第六巻　日記Ⅱ　筑摩書房。

石川啄木（一九七九）『全集』第七巻　書簡　筑摩書房。
石川啄木（一九七九）『全集』第八巻　啄木研究　筑摩書房。

〔付記〕
【引用文献・参考文献】の提出順序はほぼ【注】の提出順序になっている。以下の章も同じ。

第二章　勝海舟・福沢諭吉・中江兆民の日本論・中国論

序

幕末から明治維新へ、そして内地整備から富国強兵へ、更に日清戦争後、三国干渉を受け、「臥薪嘗胆」のスローガンのもとに忍従の一〇年を経て日露戦争に辛勝する。それが日本から見た日本近代の姿であった。一八八二年（明治一五）七月には壬午《じんご》事変（＝朝鮮の首都漢城《ソウル》で軍隊が反乱を起こして、日本人軍事教官を殺害し、日本公使館を焼き打ちした事件。一八七六年（明治九）日朝修好条規（江華条約）以来の日本の朝鮮進出への反感が事件の底流にあった）[1]が起こった。壬午事変を契機として明治政府は内地整備の方針を変更した。焦点を清国との戦争（朝鮮の制圧）を目標とする軍事力増強に定め「富国強兵」路線を採るようになる。[2]こうした明治の歴史の中で本章で扱う三人はどのように対応し、どのような日本論・中国論を展開したか、今一度、検証し、二一世紀の今、日本近代を問い直してみたいと思う。

一　明治時代と三人について

勝海舟と福沢諭吉は旧幕臣である。もっとも明治維新（一八六八年（明治元））のとき勝は四六歳、福沢は三五歳であるから、二人には一〇歳以上の年の開きがある。

一八二三年（文政六）に生まれた勝は一六歳から一九歳まで、ほとんど寝ないような日々を送り剣道修行と座禅に打ち込んだ。剣道の指導をした島田虎之助の薦めで二〇歳からオランダ語の学習を始める。ペリー来航（一八五三年（嘉永六））の際、海防意見書を提出し、翌々年、蕃書翻訳勤務を命じられる。その頃、福沢諭吉は大坂の適塾に入っている。一八六〇年（万延元）勝三八歳の時には咸臨丸でサンフランシスコに行っているが、福沢も軍艦奉行並木《なみ》村喜毅《よしたけ》の従僕として同乗している。艦長の海舟がひどい船酔いで自分の船室に引きこもり、人に当たりちらしたりしたことから諭吉の海舟への印象は良くなかったようであるが、(3)同乗のアメリカ人ブルック大尉の手を借りず日本人の手だけで太平洋を横断したと言い張るプライドの高さは両者に共通している。(4)

一八六八年（慶応四）海舟四六歳の年には、三月一四日に田町で前日に続き再度、西郷隆盛と会見し、江戸城無血開城を実現する。勝の事跡で最も有名な事柄であるが、諭吉は「瘠《やせ》我慢の説」（一八九一年（明治二四）一一月脱稿）を書いて、勝に送り付け、勝が反応しないと、返事を催促した。福沢は「敵に対して勝算がない場合でも力の限り抵抗すること」を「瘠我慢」と呼び、瘠我慢の精神が「立国の大本《おおもと》」とまで言い切る。(5)徳川家康を支えた三河武士の「士風の美」こそ瘠我慢の精神がもっとも顕現されたもので、それが武士道精神であり、福沢の「独立自尊」の精神も、こうした武士道精神が基盤になっていた。(6)その視点から福沢は勝が佐幕派の諸藩と連携して抗戦せず、無血開城したことを非難する。勝は相手にしない。福沢を「学者」と呼び、臆病者と言わんばかりのところもある。(7)

勝と福沢には幕末以来の共和政治論と将軍絶対君主論の対立、幕末の外国借款政策をめぐる対立、日清戦争、東アジアへの考えの相違（協力と侵略の相違）も存在する。

福沢諭吉と中江兆民の関係はどうであろうか。中江兆民は一八四七年（弘化四）一二月八日、土佐高知城下の生まれで、福沢より一二歳年下である。明治維新の時には二一歳。中江の出発点は日本が一応、独立を確保して以後であり、いかなる国家をつくり、いかなる近代化を進めるか、その内実を争うことが課題であった。[8]その点が福沢とは異なる。福沢は幕末の動乱期を成人として体験し、攘夷・開国、佐幕・倒幕勢力の抗争の中で自身の生きる道を選択していった。明治維新以前に、自らの人格、思想の形成を一応終え、塾を開き、職業と一定の地位を確保している。[9]

福沢と中江はともに塾を開いた。しかし、内容は非常に異なる。福沢は塾を西洋文明の案内者と位置づけ、実学中心で、数学を含む自然科学を重視した。儒学を無用の学とみなし、漢書講義も実用的役割を期待して行っただけで、道徳や精神修養の面を考えることはなかった。それに対して、中江は塾でフランス語学習を基礎に歴史、法律、哲学、ルソーの「民約論」等を教授し、同時に和漢書の学習を重視した。中江には教養重視、古典重視の姿勢があり、漢学も教養の一つと位置づけ、西洋、東洋の「普遍」性に優劣をつけることはなかった。

福沢は人間の欲望を肯定し、欲望が社会の進歩に役立つと主張する功利主義（Utilitarianism）[10]の信奉者であった。しかし、中江は「義」を「利」より重視し、「義」を根本に置くことを主張し功利主義を批判した。福沢は世界の国を文明、半開、未開の三つの国に分類し、半開の日本は西洋の文明国に学び、その仲間入りをすべきで、いつまでも未開のままの朝鮮、中国は悪友であり「亜細亜東方の悪友を謝絶」[11]すべきであると公言した。中江は「文明」と「野蛮」を優劣で見ず、「文明」は「野蛮」を侵略するものであることを見抜き、人間社会では何よりも道義が尊重されるべきであると考えた。

勝海舟と中江兆民の関係はどうであろうか。海舟と兆民はともに日本の西洋近代化への懐疑心を持っていた。海舟は台湾出兵（一八七四年〈明治七〉）に反対し、日清戦争に反対した。日本、朝鮮、中国が「三国合従連衡《がっしょうれんこう》して西洋諸国に抗すべし」[12]という考えを維新前から持ち、幕末の一八六一年（文久元）から一八六四年（元治元）頃にかけてこのために神戸海軍操練所を設立しようとして奔走している。[13]一八九六年（明治二九）足尾鉱毒事件の際には、それを黙過した明治政府を似非《えせ》文明と罵った。

兆民は「策論」で「彼レノ我レニ賢ル所ノ者ハ只技術ト理論ト有ル而已《のみ》」と述べ、西洋が勝れているのは「技術」（＝自然科学）と「理論」（＝社会科学）だけで、人文学は同等であると言う。[14]海舟が神戸海軍操練所を幕臣として設立、江戸無血開城を実現し、明治維新後も御意見番的風格を持っていたのに対して、兆民は「億兆の民」から名付けたというその名の示すように、基本的に政府と対抗する在野の位置に自らを置いた。

しかし、西郷をめぐって海舟と兆民は考え方が異なるところもある。海舟は一八七三年（明治六）五参議下野の後、参議兼海軍卿になったとき、征韓論の西郷を捨てて大久保側についた。しかし、翌年の台湾出兵には反対し、海舟は参議と海軍卿の両方の辞意を繰り返す。一八七五年（明治八）一一月、辞意を貫徹し政府と完全に縁を切る。[15]一八九〇年（明治二三）に刊行した『追賛一話』で西郷は征韓論にあらずと強調したが、それは明治二〇年代の海舟がある種の西郷論を最も警戒したからであった。大久保利通ら「凡派の豪傑」が「非凡派の豪傑」西郷隆盛の征韓論の邪魔をしたため、日本は「都て是れ蛆虫《うじむし》、糞塵、幻影、泡沫」といった姿に成り下がったと言う兆民の「凡派の豪傑　非凡派の豪傑」（一八九一年（明治二四））のようなアジア侵略に通じる西郷論を海舟は最も警戒した。[16]ここに海舟と兆民の大きな相違がある。

以上のような三人の関係を前提として、以下、個別にその日本論、中国論を考察していくことにする。

二　勝海舟の日本論・中国論

（一）勝海舟について

勝海舟は一八二三年（文政六）江戸本所亀沢町に勝小吉《こきち》の長男として生まれた。父小吉は御家人だったが、生涯無役で何ヶ月も家を空けることがあった。一八三八年（天保九）、勝一六歳の年には島田虎之助の道場に住みこみ、剣術修行を始め、夜は寒稽古をした。それは一八四一年（天保一二）まで続き、牛島の弘福寺で座禅も修めた。[17] 勝自身はこの間の「修行」について次のように述べている。「島田の塾へ寄宿して、自分で薪水の労を取って修行した。寒中になると、島田の指図に従うて、毎日稽古がすむと、夕方から稽古衣一枚で、王子権現《おうじごんげん》に行つて《ママ》夜稽古をした。いつもまづ拝殿の礎石に腰をかけて、瞑目沈思、心胆を錬磨し、しかる後、起つて《ママ》木剣を振りまはし、かういふ風に夜明まで五、六回もやつて、それから帰つて直ぐに朝稽古をやり、夕方になると、また王子権現へ出掛けて、一日も怠らなかつた」[18]。一日中、寝なかったと言うのである。修行を積むに従って、深更（＝深夜）の神社の静けさの中で、かえって「寂しい中に趣がある」ように思うようになり、老年になっても「身体も達者で、足下《もと》も確かに、根気も丈夫なのは、全くこの時の修行の余慶だヨ」[19]と述べている。この四年の修行と座禅について総括して次のように言う。「この座禅と剣術とがおれの土台となつて《ママ》、後年大層ためになつた《ママ》。瓦解の時分、万死の境を出入して、つひに一生を全うしたのは、全くこの二つの効であつた。ある時分、沢山剣客やなんかにひやかされたが、いつも手取りにした。この勇気と胆力とは畢竟この二つに養はれたのだ。危難に際会して逃れられぬ場合と見たら、まづ身命を捨てゝかゝつた。しかして不思議にも一度も死なゝかつた。こゝに精神上の一大作用が存在するのだ」[20]。剣術と禅学の二道によって「小にして刺客・乱暴人の厄《やく》を免れ、大にして瓦解前後の難局に処して、綽々《しやくしやく》として余地を有《たも》」[21]つことができたと言う海舟には胆力が存在する。

一八四二年（天保一三）、二〇歳の年には秋、オランダ語の学習を（島田虎之助に薦められて）始める。一八四七年（弘化四）の秋に蘭日辞書ヅーフハルマを写し始め、翌年八月に二組の写本を完成する。一組を損料（借料）に当て、一組を売って生活費としたのは夙に有名である。当時の海舟は、縁側板を「破り」、柱を削り飯を炊くという赤貧洗うが如き中で写本を行った。[22]

一八五三年（嘉永六）六月三日、ペリーが浦賀に来航する。海舟は海防に関する建言二通を提出している。短い上書では幕府の房総警備体制の無力さの露呈を指摘した。幕閣の問い合わせに対する箇条書きの上書では①海防の基本は政治改革だと言い切り②貿易により資金を得て軍艦を揃え、海防を斉備《ママ》すること③敵が上陸する前の艦砲射撃の必要性④西洋式教練学校（陸軍士官学校）の開設と諸藩の人材の登用⑤火薬、武具の製造体制の確立――を進言した。[23] 翌年、ペリーが再来航して日米和親条約締結。更にその翌年一月、海舟は蘭書翻訳勤務を命じられる。海舟三五歳の年である。

一八六〇年（万延元）三八歳の年には一月一三日、咸臨丸で品川を出帆している。勝は艦長であったが軍艦奉行並《なみ》木村喜毅《よしたけ》も遣米使節副使として同乗する。日米修好通商条約締結に伴うアメリカへの批准使節の派遣であった。木村の従者という形で福沢諭吉も同乗している。勝は風邪に加えて船酔いで何日も起き上がれなかった。時には癇癪《かんしゃく》も起こした。先に述べたように福沢の勝への印象はよくなかったようである。一八六三年（文久三）四一歳の時には四月二三日に将軍家茂を順動丸で摂海《せっかい》（＝大阪湾）を案内し兵庫和田岬に上陸、海軍操練所設立許可を得ている。家茂は勝の良き理解者で勝は日・朝・中連合論を実現しようとしていた。同年四月二七日、神戸に海軍私塾運営の許可が得られる。同日、木戸孝允と対馬藩の大島友之丞が来訪する。李氏朝鮮との交易を存立基盤としていた対馬藩は二年前のロシア軍艦の対馬侵入、対馬住民射殺のこともあり先行きに不安を感じ内紛状態にあり、木戸が大島の相談に乗っている。木戸、大島は攘夷のエネルギーを朝鮮方向に向けることを臭わせたが勝はヨーロッパのアジア侵攻に対し「今我邦より船艦を出だし、弘く亜細亜各国の主に説き、横縦連合共に海軍を盛大し、有無を通じ学術を研究せずんば、彼が蹂躙を遁がるべからず。先ず最初、隣国朝鮮よりこれを説き、後支那に及ばんとす」と回答する。[24] アジア連合論である。海舟にはこれから最晩年の日清戦争期まで、アジア侵略的要素は皆無であると[25]の識者の言辞がある。重要な指摘である。

一八六八（慶応四）三月一四日、西郷隆盛との二回目の会談で江戸城無血開城を決める。西郷は征韓論者にあらずと一八九〇年（明治二三）の『追賛一話』で強調する。西南戦争で西郷が亡くなった七ヵ月後の一八七八年（明治一一）四月には『亡友帖《ちょう》』（＝海舟が「亡友」を追悼した遺墨集）を完成し、西郷を弔っている。日清戦争には反対の意を表明し、足尾鉱毒問題では田中正造に深い理解を示した。一八九九年（明治三二）勝家を徳川家に渡し(26)一月一九日、勝海舟は七七歳の生涯を閉じた。

（二）勝海舟の日本論

勝海舟は日本の幕末から維新へ、そして明治を生きた人である。日本をどのように見ていたのであろうか。勝には江戸城無血開城のように実を取るというか、無駄な争いはしない、いい意味でのリアリストの面がある。足利義満について、明の皇帝から日本国王に封ぜられた（＝日明貿易に際して、明の冊封《さくほう》体制に入り「日本国王」として朝貢形式を採った）ことを非難せず、

　これによりて、実際の利益を採らうといふ考へだつた《ママ》ことを忘れてはいけないヨ。彼が明に頭を下げてどしどし永楽銭の恵与を請うたところを見ると、彼もなかなか喰へない（筆者注：油断できない）男サ。(27)

と言うのなど、その面を物語っている。また、勝にとって軍事と財政は別物ではなく、不可分のもので、軍事と財政を媒介するものとして外交があると考えた。(28)日清戦争について反対したのも戦争をするには外債に依存せざるをえず、それは国家の財政的、経済的な独立ひいては政治的独立をも危うくするという認識が勝にあったから(29)であった。勝はいい意味でのリアリストであった。

勝の外国借款反対論は日清戦争時に始まるのではなく、幕末の時からのものであった。幕末の時、勝は共和政治論者であったのに対して、福沢諭吉や小栗忠順《ただまさ》は将軍絶対君主論者であった。小栗忠順ら親仏派官僚は対仏提携論者として慶喜の周辺にいて、第一次長州戦争（一八六四年（元治元））、第二次長州戦争（一八六六年（慶応二））をフランスからの銀六百万両と軍艦数艘を借り受けることで、[30]つまりフランスの外債で乗り切り、長州、薩摩を倒し、将軍絶対君主制を日本に打ち立てようとした。フランスの同意を得られず、その話は御破算になったが、勝や当時の薩長両藩を始めとする反幕府派の大久保利通などの活動家たちは外国借款には反対で、それは後年の明治政府の官僚たちにも共通する認識となったと考えられる。[31]

勝が西郷は征韓論にあらずという主張をしたことは既に述べた。それは勝が近代西洋のまねをしてアジアを侵略することに反対であったことに由来する。次に、「近代」「近代文明」について、「近代」「近代文明」と日本の関係について勝がどう考えていたかについて述べてみたい。

一八九六年（明治二九）九月の『国民新聞』に三回にわたって、「海舟翁茶話」が掲載された。趣旨は旧幕府時代の治山治水の方が明治以後よりずっとしっかりしていて、堤防も明治以後の西洋に学んだ博士や技師が作ったものよりずっと堅固であったというものである。旧幕の堤防は、たとえば利根川は堤防と堤防に挟まれた土地は公租免除で、百姓はその無料の土地を守ろうと一生懸命になった。しかし、明治になると、この挟まれた土地の田畑から税金を取るようになり、堤防を守るための楊の木などもみんな切り倒してしまった。そして、明治以後の堤防は高い費用をかけてつくったのに少しの出水で直ちに壊れてしまう。西洋文明、西洋近代の書物を読んで肩書きは博士、技師とか付いている「先生」方のつくった堤防は、生活に裏付けられた知恵に拠って素人がつくった旧幕時代の堤防にかなわないと海舟は言う。[32]これは一八九六年九月、風水害が全国を荒れ狂ったときの海舟の談話筆記であるが、少し前の三陸の津波に際しても『国民新聞』の七月に二回、小林万吉署名の「海舟翁の被害救護談」が掲載されている。海舟はそこで「津波のような天災の時に徳川時代の救護体制が文明の今と比べて、いかに整っていたか」を何度も強調している。[33]

一八八七年（明治二〇）五月、自由民権運動などで伊藤博文体制からはずれていた大隈重信、板垣退助、後藤象二郎と同時に海舟は伯爵を授けられている。初めは断ったが受爵の儀式に出席しないという条件で受けることにする。事務手続きが一段落した同月二五日に、海舟は伊藤宛に政治全般にわたる長文の意見書を提出した。中国を尊重せよというのが意見書の力点の一つであった。もう一つの力点は「旧慣尊重論」である。そのままでよいことは無理に手をつけるな、新政府は徳川時代に積み重なった弊害だけを取り除けばよいと言う。これが維新変革に対する海舟の基本姿勢[34]であった。なんでもかんでも新しいもの（＝西洋のもの）にすればいいというものではないと言う。海舟には悪しき進歩主義はない。

海舟は足尾銅山鉱毒事件でも、近代「文明」への疑問を投げかけている。「山を掘ることは旧幕時代からやつ《ママ》て居た事だが、旧幕時代は手のさきでチョイチョイやつ《ママ》て居たんだ。海へ小便したつて海の水は小便にはなるまい。手の先でチョイチョイ掘つて居れば毒は流れやしまい。／今日は文明ださうだ。文明の大仕掛で山を掘りながら、その他の仕掛はこれに伴わぬ、それでは海で小便したとは違はうがね……わかつたかね……元が間違つてるんだ」。海舟を訪れた田中正造に、海舟は百年後に浄土か地獄で総理大臣にしてあげようと戯れの証文を書いて与える。曰く「田中正造／百年之後、浄土又地獄江罷越候節は、屹度惣理に申付候也／請人　半死老翁　勝安芳／阿弥陀　焔魔　両執事　　御中　」。この時、海舟はあと半年の生命《いのち》であった。[35]

（三）勝海舟の中国論

勝海舟は中国をどのように見ていたのか。次に海舟の中国観、中国論について考察してみたい。

まず『氷川清話』から勝の中国観、中国論を見てみることにする。海舟は日清戦争に反対であった。曰く「日清戦争はおれは大反対だつたよ。なぜかつて、兄弟喧嘩だもの犬も喰はないヂやないか。たとへ日本が勝つてもドーなる」。「一体支那五億の民衆は日本にとつては最大の顧客サ。また支那は昔時から日本の師ではないか。それで東洋の事は東洋だけでやるに限るよ」(36)。海舟には中国を尊敬し、兄弟として見る視点があった。既に述べたように日清朝三国合縦《がっしょう》策を主唱していた。

日清戦争の時、宣戦の詔勅が出ているのに「名分」(＝理由)のない戦争と非難し次のような詩を作っている。

隣国交兵日　　隣国兵を交えるの日
其軍更無名　　其の軍《いくさ》　更に名無し
可憐鶏林肉　　憐れむ可し　鶏林の肉
割以与魯英　　割きて以て魯英に与う

「鶏林」とは朝鮮のこと、「魯英」とはロシアと英国のことである。日清戦争とは一体、何であったのか。実は日本は清国に戦争をしかけるために出兵したのである。清軍が挑発に乗らないので、開戦の糸口がなかなかつかめない。困惑する日本。日清共同で朝鮮の内政改革を要求することを清国に提案する。予想通り清国が拒絶すると、日本は単独で朝鮮に改革を申し入れる。そして、改革促進の最後通牒を突きつけて、期限切れと同時に王宮を占領、朝鮮政府を武力によって制圧し、清国と切り離す。そうやって清国軍駐屯の根拠を失くし、清国軍に全面攻撃をかける。(37)清国軍もそれに応じる。しかし、海舟はそれは「清国軍」ではなく「李鴻章の関係の兵」が動いたまでだから、(38)清国正規軍とみなして戦争をしかけてはいけないと言った。日本政府は聞こうともせず、「外交上において常に被動者の地位を執らむとするも一旦事あるの日は軍事上において総て機先を制せんとしたる」[39]という方針で、日清戦争を行う。外交上はやむを得ないように見せて、軍事上は機先を制しようというのであるからかなり狡猾である。かつて一八七一年（明治四）の日清修好条規では相互に領事裁判権を持ち合う「相互不平等条約」であった。しかし、中国は日清戦争に負けたため、一八九六年（明治二九）七月、日清通商航海条約に調印させられる。それは日本が一方的に領事裁判権や最恵国待遇を確保する片務的不平等条約であった。[40]日本の中国軽侮の念は日清戦争以来、根強く存在する。日本は日清戦争を「文明」（日本）と「野蛮」（中国）の戦争だと考えた。具体的には伊藤博文や陸奥宗光がその図式を実現しようとした。福沢諭吉も熱烈に支持した。

　琉球問題の際、一八八二年一〇月から翌年まで松方正義と私的会議を行った黎庶昌公使は日本による琉球の実質的支配は譲っても、琉球の清朝への朝貢国家としての名分だけは残して欲しいと切望したが、松方との議論はすれ違いのままだった。[41]黎庶昌としては共に欧米の侵略に抵抗しないといけないのだから、それくらいは協力してもらいたいという気持ちがあった。しかし、徳川期から明治初めにかけての日本知識人は「唐」「支那」には恩義があるが、「満清」とは関係がない（筆者注：徳川時代、日本は清朝に朝貢しなかった）という一般的認識を持っていたこともあり、日本は無視した。日清戦争の下関講和会議でも遼東半島をめぐって李鴻章が同種の訴えをするが、日本、具体的には伊藤、陸奥はそれを無視した。[42]「支那を懲らすのは、日本のために不利益があつ《ママ》た、といふ事を世間の人はいま悟つたのか。それは最初から分つて居た事だ」[43]と海舟は一八九七年（明治三〇）一一月二八日の『朝日新聞』で言っている。日清戦争での遼東半島の獲得が三国干渉を生み、更にこの記事の直前のドイツによる膠州湾の占領が生じた事を言っているのである。一二月にはロシアが旅順を占領し、フランス艦隊の海南島占領説も流れ、イギリス艦隊の三国に対する動きも報じられる。海舟の日清戦争への一貫した反対が正しかったのである。

　勝海舟は他に中国について次のように言う。「支那人は、一国の帝王を差配人《さはいにん》（筆者注：管理者）同様に見てゐるヨ。（中略）戦争に負けたのは、ただ差配人ばかりで、地主は依然として少しも変わらない[44]」中国は「一つの帝室が滅んで、他の帝室が代らうが、誰が来て国を取らうが、一体の社会は依然として旧態を存して居るのだからノー。国家の一興一亡は、象の身体《からだ》を蚊か虻《あぶ》が刺すくらいにしか感じないのだ[45]」、「支那は国家ではない。あれはただ人民の社会だ。政府などはどうなつ《ママ》ても構はない、自分さへ利益を得れば、それで支那人は満足するのだ[46]」。海舟は中国は国家と社会が分離していることを見抜いていた。「国家ではない」「人民の社会だ」というのは軽んじて言っているのではない。中国の独自性を尊重しているのである。その証拠に康有為（日本に倣《なら》って立憲政体を布《し》き、日本の援助で中国の改革を謀ろうとした）に対して「日本はあなたの思つ《ママ》たやうな善政の国ではない、支那には支那の長所がある、ソレを発達させなさいと言つてやつた（までサ）[47]」と言っている。では中国の長所とは何かと言うと「支那は流石《さすが》に大国だ。その国民に一種気長く大きなところがあるのは、なかなか短気な日本人などは及ばないよ。」と述べ、丁汝昌が中国は「万事につけて進歩は鈍いけれど、その代わり一度動き始めると、決して退歩はしないといつたが、支那の恐るべきところは、実にこの辺にあるのだ。」と言っている[48]。

朝鮮についても「昔は日本文明の種子は、みな朝鮮から輸入したのだからノー。特に土木事業などは、尽《ことごと》く朝鮮人に教はつたのだ」、「数百年も前には、朝鮮人も日本人のお師匠だつたのサ[49]」と言う。西郷は征韓論にあらずと言う言辞もアジア侵略ではなく日中朝連合（三国合従）主義から出たものであった。勝海舟は歴史と現実から三国連合を標榜していた。

三　福沢諭吉の日本論・中国論

(一) 福沢諭吉について

福沢諭吉は一八三四年（天保五）、豊前《ぶぜん》中津藩下級藩士（下士）福沢百助《ひゃくすけ》（当時四三歳、廻米方《かいまいがた》〈年貢米として納められた米を現金に換え、国や江戸屋敷に送金する仕事〉として大坂に勤務していた）の二男として、大坂堂島の中津藩蔵屋敷に生まれた。父百助は漢学に詳しい好学の士で、愛書家であった。かねてからの念願であった清朝法令の書『上諭条例』（一八世紀の清朝乾隆帝の治世（雍正一三年―乾隆一五年）の法令を編年体に記録したもの）を入手した日に生まれたことから「諭」の一字を取って諭吉と名づけた。[50]「上諭」とは「君主が臣下に諭《さと》し告げる文書」という意味である。母はお順（当時三一歳）。諭吉には一兄三姉があり、諭吉は末っ子であった。諭吉の生まれた天保五年は天保の大飢饉の最中《さなか》であった。三年後の一八三七年（天保八）には大塩平八郎の乱が起き、アメリカのモリソン号が浦賀に入港して、浦賀奉行は異国船打払令によって砲撃を行った。その三年後にはアヘン戦争が起こる。日本が一国ではいられない状態に陥る、アジアに対する西洋の侵略が始まった時代に諭吉は生を享《う》けた。

諭吉三歳の時、父が病死し、母、兄とともに中津に帰り、少年時代をそこで送る。父親の影響がなかった諭吉は兄がストイックな自虐趣味の持ち主であったのとは異なり、「女性的な、あるいは動物的なリアリズムをはやばやと体得し、男親のロマンチシズムの悪い影響を免れたからこそ後年の超人諭吉の誕生があったのかもしれない」[51]という識者の言辞もある。女性的云々は別として、確かに諭吉にロマンチシズムはない。

一八五四年（安政元）、兄三之助の勧めで蘭学を志して長崎へ行く。それ以前、一四、五歳で入塾（貧困のため遅れた）し、漢学を学び始めている。詩文ではなく経史に重点を置いた白石常人《しらいしつねと》を漢学の師とした。詩文に遠かった傾向は儒学を離れた後も続いた。(52) 翌年、兄の意見で江戸行きをとりやめ大坂に留まり、緒方洪庵の適塾に入門した。次年、兄の夭逝で一旦、帰郷するも一八五七年（安政四）には適塾に戻り砲術修行の名目で内塾生になる。そして、塾長になる。一八五八年（安政五）には藩命で江戸に出府、中津藩中屋敷内に蘭学塾を開いた。

一八五九年（安政六）横浜に行った際、店の看板も商品のレッテルもすべて英語で、オランダ語が全く通じないことにショックを受けた。英学に転じ、独学で英語を習得する。当時、日本の洋学は蘭学から英学への転換期にあった。(53) 世界では一九世紀中頃にはヨーロッパ語の中で英語を話す者が第一位を占めるようになっていた。(54)

諭吉は三度、欧米に赴いている。一回目は一八六〇年（万延元）一月、軍艦奉行木村摂津守喜毅《よしたけ》の従僕として咸臨丸に乗っての渡米（サンフランシスコに約二カ月滞在）である。勝が艦長であったことは既に述べた。アメリカ初代大統領の子孫のことをアメリカ人がよく知らないことに諭吉は驚いている。帰国後、幕府外国方に雇われ、翻訳の仕事を担当した。第二回目は一八六一年（文久元）一二月から一八六二年（文久二）一二月にかけてで、幕府遣欧使節随員として通訳の一員として約一年間、渡欧した。英仏、オランダ、プロシア、ロシア、ポルトガルなどを巡り、帰国後、幕府直臣となる。第三回目は一八六七年（慶応三）一月で、幕府の軍艦受取委員の一行に翻訳局一員として加わり渡米、同年六月に帰国。アメリカの学校教科書同一版を多数購入して持ち帰った。受取委員長小野友三郎に逆らったため、帰国後三カ月の謹慎処分を受けている。福沢らしからぬと思われる事柄である。

一八六八年（明治元）四月、塾を芝新銀座に移し慶応義塾と命名した。同年八月には幕臣を辞して以後、終世、在野を通した。福沢にはある種の臆病さがあったのではないかと思われる。「公」や「官」の持つ権力への恐怖心である。だからそれに迎合する。一八七二年（明治五）『学問のすすめ』初編刊行。空前のベストセラーとなる。

一八七三年（明治六）、森有礼《もりありのり》の発案で学術の研究と普及のための結社である明六社が結成される。福沢は初代社長に推されるが固持している。政府関係者（官）と一定の距離を置きたかったのであろう。明六社制規（筆者

注：制度や規定のこと）が制定された一八七四年（明治七）二月が明六社の実質的スタートであったが、この年には民選議院設立建白の運動が起こり、自由民権（士族民権）運動がにわかに燃え上がる。それに対して政府は言論弾圧策として一八七五年（明治八）新聞紙条例と讒謗律《ざんぼうりつ》を発布する。前者一三条は政府批判をした者を「禁錮一年以上三年に至るまで」の刑に処し、後者は「事実の有無を論ぜず」人を批判した者に「罪を科す」という内容のものであった。この悪法に対して猛烈な反対が起こったが、反対すること自体が法令に触れるとみなされた。森有礼は明六社の運動を主として文化面に限り、政治面に触れないようにすることによって継続を計ろうとする。しかし、福沢は政府に追従し学者の良心を枉《ま》げるのも罪を得てまで政府の意見に反抗するのも「両者共に行ない得ない」として社誌『明六雑誌』を休刊とすることを主張し、明六社は活動を停止することになる。ここにも権力への恐怖心が見られる。それが言い過ぎなら、私へのこだわりとでも言うべきものが福沢には強くある。一八八一年（明治一四）のいわゆる明治一四年の政変前後には「民間にあくまでとどまりながら、しかし政府首脳部との高度な政治的な接触、両者のあいだでの「官民調和」推進という姿勢」[55]を採る。福沢の機会主義者《オポチュニスト》としての面がよく出ている。後述のキリスト教への態度の変容が鹿鳴館時代であったことや「瘦我慢の説」の書かれたのが天皇制強化へと向かいつつあった当時の社会情勢を背景としていることなどから考えて福沢は機会主義者としての面を濃厚に持っていたと言えるのではないだろうか。

一八八二年（明治一五）には官民調和と国権皇張（＝「盛んにし拡大する」こと）を展開する『時事新報』を発刊する。一八八五年（明治一八）「脱亜論」を書く。一八九一年（明治二四）には「瘦我慢の説」を脱稿。一八九四年（明治二七）日清戦争では献金運動に奔走し、戦勝に際しては「愉快とも難有《ママ》りとも云ひやうがない」[56]と述べている。

一八九八年（明治三一）九月には脳溢血の発作を起こす。三年後の一九〇一年（明治三四）二月三日脳溢血のため死去。福沢は（たとえそれが相対的なものだとしても）文明対野蛮という価値基準を立て、日本は西洋文明を受容し、東洋へ西洋文明を普及する先導役であると考えた。隣国が西洋文明を受容しないと隣国の「悪友」を「謝絶」し、「脱亜」を唱えた。明治以後の日本の歩みは福沢にとって是認できるものであった。晩年の福沢は満足した心境であったと言ってよい。(57)

（二）福沢諭吉の日本論

福沢諭吉の父親、百助は終世、下士であった。そのこともあったのであろう。福沢は「私のために門閥制度は親の敵《かたき》で御座る」(58)と述べている。しかし、既に本章「（二）勝海舟の日本論」で述べたように福沢は小栗忠順等と同様に将軍絶対君主論者でもあった。「私」＝自分のことと日本＝国のことは違うと言うのだろうか。「忠」は認めて門閥制度を否定するのだろうか。両者を分けて、都合のいいところだけ採ると言うのは福沢的である。

福沢は前節で述べたように一八八二年（明治一五）に『時事新報』を発刊したが、官民調和、国権皇張をはかるのが発兌《だ》の趣意であった。それは伊藤博文、大隈重信、井上馨など明治政府首脳に前年の一二月末に国論指導のために政府の機関新聞発行を大隈宅で打診された話がもとにあり、明治一四年の政変で大隈が追放された後、民間の新聞として発刊されたものであった。『時事新報』は民間とは言え、決して不偏不党の出版物ではない。もっとも福沢は大隈、岩崎弥太郎（三菱）とともに民権派の煽動をしているのではないかと政府当局から疑われ、危険人物として目をつけられていたのであるから、単純に政府のプロパガンダを出版発行していたわけではない。大隈派、民権派と疑われたとき、福沢は緊張した面持ちでいたと言う。明治一四年の政変を境に、諭吉は政治と距離を置くようになり、政治問題への発言には慎重になったきらいがある。政治の怖さを改めて思い知らされたのであろう。(59)福沢の日本論は政府のお先棒をかつぐものではなかった。しかし、結果として政府よりもより一歩先を行くか、政府を補強した感がある。

一八八四年（明治一七）の鹿鳴館時代、福沢は時代に合わせ従来の反キリスト教を捨て、キリスト教援用論に転向している。[60]また、一九九一年（明治二四）一一月執筆の「瘠《やせ》我慢の説」について天皇制強化に向かいつつある当時の社会情勢を「敏感な諭吉」が見のがしはしないはずだからと、執筆動機の一つとして（機会主義者としての）諭吉の傾向を挙げる識者の言辞もある。[61]

福沢の一八七二年（明治五）『学問のすすめ』初編は空前のベストセラーとなり、一八七六年十七編まで四年あまりの間に一編ずつ刊行されたが、単に「天は人の上に人を造らず、人の下に人を造らず」と言っただけではなく、その後に「と云えり」と言う言葉が続き、更に現実には貧富の差や「貴人」「下人」の差がある、それはなぜかと言うと「賢人と愚人との別は、学ぶと学ばざるとに由て出来るものなり。……唯学問を勤て物事をよく知る者は貴人となり富人となり、無学なる者は貧人となり下人となるなり」[62]とする、儒教イデオロギーのリニューアル版的な内容のものであった。福沢は平等などというものをあまり信じていない。

『学問のすすめ』の前半では「一身の独立」が強調されている。しかし、『文明論之概略』（一八七五年（明治八）。以下、『概略』と略す。）の執筆中に書かれた『学問のすすめ』の第九編から第十四編までの中の第九編では一身の独立は誇るに足らずと言い、第十一編では「人間の交際」（society の訳）の概念が福沢の問題意識の中心になる。[63]第十一編では「人間交際」（＝全体としての社会）が親子関係と異なり、すなわち「治国平天下」は「修身」「斉家」と全く異質な次元の問題だと言い、儒教のテーゼになぞらえた「一身独立して一国独立する」のテーゼは否定される。[64]一八世紀的な自然法思想の影響下にあった福沢の思想は大転回する。それはギゾー『ヨーロッパ文明史』、ハックスレ『イングランド文明史』[65]の二者が契機となったのであるが、『概略』によって福沢は自然法的な個人主義の思想を放棄したのであった。ギゾーから「文明」は「人間交際」の進歩だと学んだ福沢は『概略』第八章で非ヨーロッパ諸国文明はヨーロッパ文明のように多元性を特徴とせず、単一性あるいは一つの原理の圧倒的な優越（preponderance）を特徴とするとし、福沢はこの'preponderance'を「偏重」と訳し、「権力の偏重」こそ日本の文明の最大の欠陥であるとした。「権力の偏重」こそ日本の「人間交際」の根本的欠陥だと言う。[66]

福沢は日本の「権力の偏重」を批判した。しかし、敗北や死を厭わず一途に徳川家に尽くすという三河武士の特色[67]である「瘦我慢の精神」を「瘦我慢の説」で高く評価している。そして、その精神を損なったとして江戸城を無血開城した勝海舟を批判した。

　不幸にもこの大切なる瘦我慢の大義を害したることあり。即ち徳川家の末路に、家臣の一部分が早く大事の去るを悟り、敵に向て曾《かつ》て抵抗を試みず、只管《ひたすら》和を講じて自《みず》から家を解きたるは、日本の経済に於て一時のれえきを成したりと雖も、数百千年養い得たる我が日本武士の気風を傷《そこな》うたるの不利は決して少々ならず。[68]

「家臣の一部」とは海舟や榎本武揚のことを指し、旧幕臣でありながら、いわば敵であった明治政府に仕えていることを批判し、福沢は「断然政府の寵《ちょう》遇を辞し、官爵を捨て利禄を抛《なげう》ち、単身去ってその跡を隠すこと」＝隠棲《いんせい》せよと迫る。勝は「批評は人の自由、行蔵（筆者注：行動）は我に存す」と福沢に迫られた返書で述べ、「福沢は学者だからネ。おれなどの通る道と道が違ふよ。」つまり「徳川あるを知つて日本あるを知らざるの徒《ともがら》は、まさにその如くなるべし。唯百年の日本を憂ふるの士は、まさにかくの如くならざるべからずサ」[69]と言う。福沢は「瘦我慢の説」の冒頭で「立国は私なり、公に非ざるなり」と述べているが、現実主義によって開き直り、「私」としての立国を容認し、中心とする。

「公」への不快感は「丁丑公論」にも見られ、西郷の行動を大義名分にもとり人民の道徳品性を危うくするものだと非難する当時流行の議論に対して、大義名分は公で表向きである、廉恥節義は「私」で「一身」にある、「一身」の品行が集まって一国の品行になる、今の大義名分は政府の命令に従うことのみに在る、そんな大義名分を一身の品行を測る「器」＝道具にすることはできない、西郷の批判は「公私を混同したる不通論」だと福沢は言う。[70] 福沢には「公」に対する「私」の重視という思考上の特質があり、それは価値意識の中での政治的価値に対する相対的低さ、個としての存在のみが実在性をもつとする二つの理由によるとする識者の言辞がある。[71] 福沢の日本論は「私」重視から「日本重視」＝日本一国の独立を中心として展開された。「先ず当今の急務は富国強兵に御座候」[72] と早くも幕末の一八六二年四月に述べている。『概略』で自然法的な個人主義思想を放棄した福沢は日本の「権力の偏重」は否定するが、三河武士の瘠我慢の精神は賞賛する。すべてが日本一国の独立と伸展のためである。福沢が功利主義の信奉者であるのは十分、首肯できることである。

（三）福沢諭吉の中国論

福沢の中国論の前提には福沢の世界観がある。福沢は『概略』で世界の文明を三つに分けている。「欧羅巴《ヨーロッパ》諸国並びに亜米利加《アメリカ》の合衆国を以て最上の文明国と為し」、トルコ、中国、日本等アジア諸国を「半開の国」とし、アフリカ及び墺太利亜《オーストラリア》等を「野蛮国」としている。[73] また、「文明」については「抑《そもそ》も文明は相対したる語にてその至る所に限あることなし。唯野蛮の有様を脱して次第に進むものを云うなり」[74] と述べている。問題は文明が善、正義、力の名のもとに「野蛮」に対してどのようなことをするか、どのように対処するかにあった。西洋文明を目標とする日本は文明化を進める。その文明化を目指す日本に敵対し遅れたままでいる「野蛮」の朝鮮、中国は「文明の敵」であり、一掃されても仕方がないというのが福沢の考えであったと言っても過言ではない。以下、福沢の①中国の中華思想への批判②中国蔑視③日清戦争等に関する中国論——を年代を追って考察してみることにする。

①福沢の中華思想への批判について

㋐一八六九年四月「清人(中略)曽て英国の強豪を知らず、猥に之を藐視して勁敵とも思はず、自ら誇て華夏と云ひ、英を称して夷戎と為し……」(『清英交際始末』第二巻　五三九頁)(75)

㋑一八六九年八月「(支那)徳を修めず知をみがかず、我より外に人なしと世間知らずの高枕、暴君汚吏の意にまかせ……」(『世界国尽』第二巻　五九四頁)

㋒一八七二年二月「支那人などの如く、我国より外に国なき如く、外国の人を見ればひとくちに夷狄々々と唱へ、(中略)自国の力をも計らずして妄りに外国人を追払はんとし、却て其夷狄に窘めらるるなどの始末は、実に国の分限を知らず……」(『学問のすすめ』初編　第三巻　三一頁~)

㋐㋑については一八七〇年(明治三)の日清修好条規(清の李鴻章が対日外交を対欧米外交と自覚的に区別して、「条規」とし、日清ともに協力して西洋列強に対抗しようとして結んだ条約)(76)締結以前のものであるが、すでに中国の中華思想への批判が見られる。㋒については一八七二年一一月、徴兵令発布の前の(同年)二月のものであるが、やはり中国の中華思想への批判が甚だしい。

②福沢の中国蔑視について

㋐一八七六年一一月「台湾蛮人(中略)は禽獣と殆ど択ばざるものにて、人の二人や三人を喰ひ殺すは通常」(「要知論」第一九巻　三〇五頁)

㋑一八八二年八月二一日「支那（中略）の所望に応じて戦を開き、東洋の老大朽木を一撃の下に挫折せんのみ」
（「日支韓三国の関係」第八巻　三〇五頁）

㋒一八八四年一二月二三日「今回京城に於て我日本国の名誉、権理、利益に大侮辱大損害を加へたる其主謀は支那人なり」
（「朝鮮事変の処分法」第一〇巻　一五〇頁）

㋓一八九四年七月一四日「彼の老大国も最早や老朽の極に達し、」
（「外国の勧告……」第一四巻　四五八頁）

㋔一八九五年二月二四日「支那（中略）上下ともに腐敗の中に棲息する其有様は、溝に孑孑（ぼうふら）の浮沈するが如し」
（「清朝の覆滅……」第一五巻　八〇頁）

㋐は一八七四年（明治七）の台湾出兵の二年後の言辞である。㋑は一八八二年七月二三日の朝鮮の壬午事変の一ヶ月後の言辞である。㋒は一八八四年一二月三日の甲申事変（朝鮮での親日派クーデター）の二〇日後の言辞である。裏で手を引いていたのが日本であるのにこのように言う。㋓は七月二三日、日本軍による朝鮮王宮武力占拠の九日前の言辞である。㋔は三月二〇日、日清戦争休戦条約調印前の言辞。厳密には日清戦争に関する言辞であるが、中国論と言うより、中国を孑孑（ぼうふら）の浮沈するが如しと言うのであるから、蔑視も甚だしいからここで取りあげた。

③福沢の日清戦争等に関する中国論について

㋐一八九四年八月五日「今度の戦争は（中略）文野明暗の戦（中略）世界の文明の為めに戦ふもの」
（「直に北京を衝く可し」第一四巻　五〇〇頁～）

㋑一八九七年一二月二一日「支那分割論（中略）独逸が（中略）膠州湾を（中略）露国艦隊は（中略）英国艦隊も（中略）仏国（中略）大津事件の如き（中略）危機存亡の秋と云うも可なり」（「当局者……」第一六巻　一八一頁〜）

㋒一八九八年一月一三日「支那専制（中略）政府（中略）文明と古風との競争、勝敗は明白（中略）其方法は先ず教育より入らざる可らず。（中略）今後と雖も文明教育を以て支那の人民を度するの望みは到底覚束なかる可し」（「支那分割……」第一六巻　二〇八頁）

㋓一九〇〇年六月二一日（義和団事件について）「支那兵の如き、恰も半死の病人にして、之と戦うて勝ちたりとて固より誇るに足らず。（中略）実は豚狩の積りにて……」（「国の為に……」第一六巻　六二一頁〜）

㋐は日清戦争を「文野」の戦争とする当時の日本の日清戦争観である。「世界の為めに戦ふもの」と言うのは都合のいい言葉である。㋑には本章二の「(三) 勝海舟の中国論」で述べた、勝のような「支那を懲らすのは日本のために不利益であった」というような反省は微塵もない。㋒は中国への絶望を表し㋓は義和団事件の日本の出兵を「豚狩の積り」でと言う。中国論と言うより浅薄な蔑《さげす》みの言辞である。「②福沢の中国蔑視について」と同質のもので貫かれている。

福沢の中国論は『概略』の世界を文明国、半開国、未開国に三分類する上に成立していた。その中国論は中国論と言うより自らが文明国に入り半開の国を植民地にして一国（＝私）の独立を成し遂げようという考えの上に展開された中国蔑視論であったと言えよう。一八八五年（明治一八）三月発表の「脱亜論」は前年の甲申事変の結果への失望の反映のみならず、福沢の朝鮮観、中国観を象徴的に表したものと言ってよいであろう。

我国は隣国の開明を待て共に亜細亜を興《おこ》すの猶予あるべからず、寧《むし》ろ其伍を脱して西洋の文明国と進退を共にし、その支那、朝鮮に接するの法も隣国なるが故にとて特別の会釈に及ばず、まさに西洋人が之に接するの風に従て処分すべきのみ。悪友を親しむ者は共に悪名を負かるべからず。我れは心に於《おい》て亜細亜東方の悪友を謝絶するものなり。(77)

勝海舟の「三国合縦《がっしょう》連衡して西洋諸国に抗すべし」という考えの微塵も見られない。福沢にとっての文明開化とは半開、未開の国への侵略を意味していたのである。そこには強者の論理しか見られない。

四　中江兆民の日本論・中国論

(一) 中江兆民について

中江兆民は勝海舟より二四歳年下、福沢諭吉より一二歳年下である。中江は一八四七年(弘化四)一二月八日に土佐高知城下に生まれている。(78)幼名竹馬《たけま》。長じて篤助《とくすけ》または篤介と称する。父元助は土佐藩足軽で母柳は土佐藩士族青木銀七の二女であった。足軽は下級士族(下士)で戦時には歩兵として働き、平時には運搬、山仕事、警察などの仕事に従事した。(79)

篤助は一五歳で父を失い(病死)、家督を相続する。翌一八六二年(文久二)四月、藩校・文武館開館(吉田東洋によって創られた)とともに入学する。藩校では漢学・蘭学を学んだ。この年三月には坂本龍馬が脱藩しており、前年には八月に土佐勤王党が結成されている。翌年、篤助は六月八日、土佐勤王党の平井収二郎らの切腹をのぞき見しているが、尊攘派の多くは郷士で特有のプライドを持ち、下士の篤助はそれに従うのを好まなかったようである。(80)

一八六五年(慶応元)、藩から英学修行のため長崎に派遣されるが、長崎ではフランス語を学ぶことになる。長崎時代、坂本龍馬を知り、その人柄に魅せられ、龍馬に「中江の兄さん、タバコを買うてきておうせ」と言われると篤助は喜んで買いに走ったと言う。[81]

一八六七年（慶応三）、長崎で一年余りを過ごした篤助は江戸に出ることを考え、留学生の監督岩崎弥太郎に相談するが、岩崎は旅費を出そうとしない。藩の用務できた後藤象二郎に嘆願し「周歳不登花月楼　一年郭に行っていない」という結句を含む漢詩を見せると、後藤は二五両を篤助に貸し与え、篤助は外国船で江戸に向かう。江戸ではフランス学の大家、村上英俊の塾達理堂に学ぶも、禁を破りたびたび娼楼に行き、塾を破門となる。[82]のち、兵庫開港の際、フランス公使レモン・ロッシュの通訳を務める。江戸に帰った篤助は箕作麟祥《みつくりりんしょう》の塾に入り、福地源一郎の日新社の塾頭となり、フランス語を教えた。

一八七一年（明治四）、岩倉具視が右大臣に転じて特命全権大使となり、木戸孝允、大久保利通、伊藤博文等政府首脳は一一月一二日、横浜を出帆し欧米視察に出発する。篤助は大久保利通に直接交渉して、フランス留学生（司法留学生）となり、五九人の留学生の一人として同行した。（中には津田梅子など五人の女性も含まれていた。）翌年一月、フランス着。リヨン、パリに滞在した。リヨンでは普通学（語学及び哲学、史学、文学等の教養科目で大学入試のための準備教育）を弁護士パレーに就いて学んだが、中江の教養重視、古典重視の姿勢は、こうした留学時代の経験に根ざしていた。[83]留学中に西園寺公望《さいおんじきんもち》や井上毅《こわし》、九鬼《くき》隆一等と親しくした。

一八七四年（明治七）四月、政府の留学生悉皆《しっかい》帰朝命令によってマルセイユを出航し、六月に二年ぶりに帰国。司法省出仕であるから留学目的は法律修行であったが、中江は哲学、史学、文学を中心に学んだ。同年一〇月、東京麹町に仏蘭西学舎（のち仏学塾）を開校する。最盛期の一八八二年（明治一五）九月の仏学塾規則によると、教旨は「本塾ハ仏蘭西書和漢書ヲ以テ法学文学ノ二科ヲ教授ス」となっている。[84]和漢書とは明清律《みんしんりつ》、大宝令《たいほうりょう》、文章規範等のことを指すが、仏学塾が漢学にかなり力を入れていたことは疑いえない。[85]一八七五年（明治八）、中江は東京外国語学校校長となり、徳性の涵養のために孔孟の書を教えようとしたが「福沢派の即ち物質的教育」が一世風靡していたので行えず、辞職している。(86)

一八八〇年（明治一三）、訳文に熟達するためには漢文を学ぶべきであると考え、岡松甕谷《おうこく》等の塾に入門した。一八八二年（明治一五）の『民約訳解』が漢文で書かれる伏線がここにある。(87) 中江は概念、道徳を表すには漢文によらねばならず、西洋の概念も漢文によってしか表しえないと考えていた。

一八八一年（明治一四）三月、西園寺公望と『東洋自由新聞』を興し、主筆となる。中江はこの新聞で自由の原理や国家・憲法の本質とは何かといった原則論を展開するが、社長の西園寺公望が勅命（＝天皇の命令）により退社せざるをえなくなり、(88) 新聞は一ヶ月余りで廃刊となる。兆民は「天の説」を書いて天（＝天皇）とその刻暴凶戻人（＝官僚）の圧力を風諭した。(89)

一八八二年（明治一五）二月『政理叢《そう》談』（後『欧米政理叢談』と改題）を仏学塾から発刊する。第二号から『民約訳解』（ルソーの『社会契約論』を漢文訳したもの）を連載し「東洋のルソー」と呼ばれるようになる。「漢訳」のゆえの呼称である。同年六月、自由党の機関誌として『自由新聞』が創刊されると、中江は「論外交（外交を論ず）」等十数篇の論説を発表した。一八八三年には中江訳の『非開化論』（ルソーの『学問芸術論』）その他を出版した。『非開化論』を通して中江は「文明の進歩が決して人間の善・美と対応していないこと」を「承知」していた。(90)

一八八五年（明治一八）この年の頃、長野県出身の松沢ちの（弥子）と結婚。一八八七年（明治二〇）五月『三酔人経綸《けいりん》問答』を出版。帝国主義者の豪傑君（国権論）、民主共和主義者の洋学紳士君（民権論）、両者とは少し異なる南海先生を描いた。この書が出た当時、井上毅外相が秘密裡に進めていた条約改正案について内閣法律顧問ボアソナードが現行条約よりはるかに不利であると批判し、廃案を政府に勧告した。それに政府部内の国権主義者が民間同志とともに反対の声をあげる。沈滞していた民権運動が再開され、言論集会の自由・条約改正中止・地租軽減を求める三大事件建白運動が展開された。(91) 兆民は積極的にこの運動に参加し一二月二日、後藤象二郎が天皇に差し出した内閣大臣解任の意見書の代作などをした。政府は一二月二六日、保安条例を公布し、兆民は二年間、皇居外三里の地へ退去を命じられ、一二月三〇日、大阪へ向かう。

一八八八年（明治二一）一月、『東雲《しののめ》新聞』を創刊し主筆となる。同月、幸徳秋水（兆民が名を付け、『荘子』の秋水篇に由来する）、中江家の学僕になる。この年、仏学塾廃校。

一八八九年（明治二二）大日本帝国憲法発布。兆民は「下らない憲法」と批判する。二月一一日、憲法発布恩赦で保安条例の退去処分解除。七月『政論』主筆となり東京の言論界に復帰する。「恩賜の民権」を「恢復の民権」へ進めることが主要な関心事であった。

一八九〇年（明治二三）七月、大阪四区から被差別部落民を含む人々から圧倒的支持を受けて衆議院議員に当選する。自由党系諸派と改進党の合同に尽力するが、両党の対立が厳しく、旧自由党系中心の立憲自由党が九月に成立する。立憲自由党と立憲改進党の二政党が民党として第一議会に臨むこととなる。

一八九一年（明治二四）二月、第一議会で政府提出の予算案に対して、兆民らの予算大幅減額案は立憲自由党内の一部が政府に妥協したため敗れる。これに兆民は激怒し「無血中の陳列場」を発表し衆議院議員を辞職する。七月下旬には北海道へ移っている。

一八九二年（明治二五）、札幌で紙問屋高知屋を開く。一八九三年（明治二六）北海道山林組を設立。翌年、鉄道事業に携わる。一八九七年（明治三〇）中央清潔株式会社設立、社長となる。一八九八年（明治三一）群馬県に遊郭設置のため、運動する。

一九〇〇年（明治三三）八月、立憲政友会成立。九月、それに対抗し、近衛篤麿《あつまろ》らの結成した国民同盟会に参加する。一九〇一年（明治三四）四月、喉頭ガンと診断され、余命一年半と告げられる。同年九月二日エッセイ

『一年有半』出版。一〇月一五日、哲学書『続一年有半』出版。ともにベストセラーとなる。一二月一三日死去（無葬式・解剖を遺言）。一四日、解剖の結果、食道ガンと判明。一七日、青山会葬場で無宗教の告別式が行われる。遺骨は東京青山墓地の母柳の隣に埋葬された。

（二）中江兆民の日本論

兆民の日本論の前提として兆民が西洋と東洋をどのように捉えていたかを考察、認識する必要がある。福沢諭吉は前に述べたように『概略』で世界の国々を「文明国」「半開の国」「野蛮の国」と三分し、「半開の国」日本が「文明国」のヨーロッパやアメリカのように文明化することを主張した。福沢にとって文明は善であり、正義、力であった。日本の文明化を妨げる落後した朝鮮、中国は「文明の敵」であるから植民地化してもいいというのが福沢の考えであった。兆民はどうか。西洋文明が他の文明より優れているとは考えていなかった。ルソー『学問芸術論』の訳書、『非開化論』（一八八三年（明治一六））には兆民の秘められた意図がある。学問芸術の発展が道徳の堕落を招いたとルソーが論じている個所に「茲ニ云ふ所ハ正サニ方今文明開化ノ風習ナリ」と解説を添えていることによって、当時の文明開化の風潮をルソーの書にこと寄せて兆民が批判していることがわかる。[92] また、同書で兆民は蛮夷はむしろ自然で純朴、文明は人為で邪悪だとの見方があることを学んでいた。[93]

兆民には民族・人種にかかわらず、同質性・同権性を認める思想がある。日本社会を見る際にも新平民やアイヌの側から発言している。[94]「開化とは晴着を衣《き》たる社会の謂にはあらずや、野蛮とは褻衣《せつい》のままの社会の謂にはあらずや、彼れ無情無残の日本人どもは、その泥に塗《まみ》れたる絹服もて彼れ土人（筆者注：アイヌのこと）の無垢の褻衣を汚し去りてしかして得々然たり」。[95]「褻衣」とは普段着のことである。兆民は、野蛮をむしろ平常＝自然状態だとする認識を持っていた。[96] それにはルソーの影響もあったであろう。日本・東洋と西洋には「技術」と「理論」以外、人文学には差はないと兆民は考えていた。[97] 漢文は西洋のものを日本、東洋に紹介する際の最も適した用具であったから兆民は磨きをかけた。その根底には人文学の洋の東西における平等性の考えが存在していた。

兆民は文明と侵略を一体と見て、文明化した日本が近隣の国を侵略していくことを認識していた。しかし、福沢のように道義を捨てて、個人の道徳と国家の行動を分離することはなかった。[98] 道義を優先した。「人の道義の何者たることを明知することはその才知あるがためなり。既に人の道義の何者たるを知るときは必ずこれを行はざるべからず」。「人の道徳を愛好して凶暴を疾悪することもまたその常情なり」。「道義のある所は大国といへどもこれを畏れず、小国といへどもこれを侮らず」[99]。一八八二年（明治一五）七月末に朝鮮の京城（現ソウル）で起こった壬午事変に触発されて書いた「論外交」の一節である。兆民は富国強兵策や文明優越意識を批判し、道義外交論を展開している。[100]「道義」とは「義」である。「義」の反対は「利」である。兆民は功利主義を批判している。一八八〇年（明治一三）に「論公利私利」を書いて功利主義を根本から直接、批判した。曰く「近世学士頗る利を唱うる者あり、利の中に公利の目を立つ、其の説英人勉撒《ベンサム》、弥児《ミル》より出ず、曰く、利の汎く人に及ぶは公たり、独り一身に止まるは私たり、と、吁嗟何ぞ思わざるの甚だしき、夫れ利苟しくも義より生ずれば、其の一身に止まるも亦た公にして、未だ必ずしも汎く人に及ばずんばあらざるなり、若し義よりせざれば、即ち利の汎く人に及ぶも亦た私にして、適《まさ》に以て人を害するに足る」[101]。兆民は民権派に多大な影響を与えたベンサム、ミルなどの功利主義者の「公利」と「私利」の理解を批判し、[102]「義」から生じたものは一身に止まっても「公」であり、「義」から生じない（＝「利」から生じた）ものは、広く人に及んでも「私」であり、人を害するに十分であると言う。行為の価値は「義」＝「道徳性」に在り、行為が生み出す「利益の多寡」にはない[103]と言うのである。『孟子』巻第一梁恵王章句上の「王亦た仁義を曰わんのみ。何ぞ必ずしも利を曰わん[104]」を想起する。事実、『孟子』は『荘子』などとともに兆民の愛読書であった。

一八八一年（明治一四）三月一八日、『東洋自由新聞』創刊、主筆となった兆民は創刊号で、当時、日本で流行していた「自由」という語を取り上げた。兆民は「自由」を「リベルテー・モラル（心神の自由）」と「リベルテー・ポリティック（行為の自由）」に分ける。後者は生命の安全や身体の自由、言語、出版、結社の自由など「実体的内実を持った自由」「実体的な自由」であるのに対して、前者は「精神的な働き、力」「機能的な自由」[105]である。『孟子』巻第三公孫丑章句上の「自ら反《かえり》みて縮《なお》ければ、千万人と雖も吾往《ゆ》かん」[106]という気持ちを「浩然の気」[107]と『孟子』は呼ぶが、兆民はリベルテー・モラルを『孟子』の「浩然の気」のような道徳的充実感として説明し、それがすべての自由の「根基」であると主張する。[108]リベルテー・モラルは「自省の能」[109]、自己抑制力のある自由である。功利主義は自由＝外在的に、結果によって、利益の多寡によって価値判断される自由で、リベルテー・モラルの対極にある自由である。西洋の東洋に対する「技術」の優位とは科学技術の優位であり、それを実証主義的精神が根底で支えていた。しかし、この実証主義精神は天賦人権論と調和することは容易ではない。前者は後者の基礎となる規範意識を突き崩す方向に働くからである。[110]実証主義の持つ陥穽＝欲望自然主義＝功利主義の危うさを兆民は見抜いていたから、リベルテー・モラルの重要性を指摘したのではないだろうか。

「論外交」（一八八二年八月一七日）は既述のように七月二三日、朝鮮の京城で壬午事変が起こった直後に書かれたものである。兆民は富国強兵策を批判し、「文明」の野蛮に対する差別意識を問題にする。「一事心に慊《したが》はざることあれば杖を揮ふてこれを打ち、もしくは足を挙げ一蹴して過ぎ、視る者恬《てん》としてこれを怪しまず」というサイゴンで目撃したトルコ人、インド人への「英法諸国の民」の傲岸さを批判し、「己れの開化に矜伐《きょうばつ》（筆者注：伐（＝功）を矜する（＝誇る）こと）して他邦を凌蔑するが如きは、豈真の開化の民と称すべけんや」と述べている。壬午事変を意識してであろう、日本の外交の道について次のように指し示す。「隣国内訌あるも妄りに兵を挙げてこれを伐たず。いはんやその小と弱の国の如きは宜しく容れてこれを愛し、それをして徐々に進歩の途に向はしむべし。外交の道唯これあるのみ」(111)。

一八八四年(明治一七)甲申事変の三年後、一八八七年(明治二〇)の五月に兆民は『三酔人経綸問答』(112)を出版している。この出版の意義は、自由民権期を生きてきた兆民が、国会開設を前にして、日本の進路をどう定めるかという問題について世論を喚起しようと試みたところにあると言えよう(113)。

登場人物は三人いる。一人は洋服姿の「鼻目俊爽」「言辞明弁」な学者風の「洋学紳士君」。洋学紳士君は政治には「進化の理法」があり、野蛮専制から立憲専制へ、更に民主制へ向かうという「進化」の法則があり、それが貫徹すること、そして民主制になって自由、平等が実現されると軍備や戦争は必要でなくなることを説く。自由平等の実現される民主制の下でのみ、学芸や道徳も栄え、平和に暮らせる、社会進歩の真の原因は精神の自由にあるがそれに必要なのが制度の発展＝民主制の実現である、というのが洋学紳士君の考えで、彼は民主主義者、民主共和主義者である。

もう一人は「飛白」＝「かすり」(筆者注：小さい十文字や井げたなどのたくさんある模様の織物)の羽織と短い袴《はかま》を着け「丈高く、腕太」い「豪傑社会の人種」の「豪傑君」である。豪傑君は「理論」ではなく「実際」を見よと言う。日本のような後進国は先進国になるために政治・文化の急激な変革が必要である、その際、国民の中に「恋旧家」と「好新家」の対立が生じる。三〇歳以上は「恋旧家」で三〇歳以下は「好新家」である。「恋旧家」は社会の「癌種」だから、それを取り除くために彼等によって軍隊を編成し、アジア、アフリカの大国に侵略戦争をしかけたらいい、「紳士君、紳士君、君は筆墨をもって楽しみと為せ。僕は戎馬(筆者注：軍馬)をもって楽と為さん」(114)と豪傑君は言う。

主の南海先生は洋学紳士君の説は「将来の祥瑞」であり、豪傑君の説は専制制度にふさわしい「過去の奇観」であるとし、両者とも現在実行することはできないと言う。「進化の理法」は直線的な「歴史の必然」ではない。

（その意味でこの著を当時、ベストセラーとなった徳富蘇峰の『将来の日本』〈一八八六年（明治一九）刊。武備社会から生産社会への転換と歴史の必然を説いた〉のパロディである、蘇峰への批判の書であるとする識者の言辞があるが興味深い考えである。）[115]「国民の意嚮《こう》」や「国民の智識」にふさわしくない制度は行えない、「民権」にも英仏のような「恢復的な民権」もあるし「恩賜の民権」もある。後者も「善く護持し、善く珍重し、道徳の元気と学術の滋液とをもってこれを養う」[116]なら、前者に匹敵するようになるだろう[117]というのが南海先生の考えであった。

三人の登場人物についてはモデル説（南海先生は兆民で、紳士君は馬場辰猪をモデルとする）と分身説（三人それぞれが兆民の一面を代表しているとする。紳士君は「理想家」の面、豪傑君は「権略家」の面、南海先生は「実際家」の面を代表している）がある。[118]

(三) 中江兆民の中国論

兆民と漢学・中国の関係は深い。前に述べたところでも次のような関係がある。仏蘭西学舎での和漢書（明清律、大宝令、文章規範等）の教授、東京外国語学校校長となった際、徳性の涵養のために孔孟の書を教えようとしたこと、『民約訳解』を漢文で書いたが、その前に漢文力を錬磨するために岡松甕谷《おかまつおうこく》等の塾に入門していること等。

兆民の儒学、とりわけ『孟子』と兆民の思想的関連性についても先学による次のような検討、考察がなされている。兆民の「リベルテー・モラル」「心思の自由」は孟子の「浩然の気」になぞらえて把握され、「気の思想」としての側面において共通性を持つこと、兆民の自由の「涵養」で説かれたある無形の力についてはそれを支えるものとしてまず感情の果たす機能に注目し、道義的感情や痛覚に活力の根源を見る考えがあったが、そこにもやはり『孟子』の「四端」（「惻隠」「羞悪」「恭敬」「是非」）とその「拡充」という道徳的修養についての発想と方法において類似したものを感じさせること[119]などが注目される。西洋近代の新しい観念を受け取るにあたって主体の側で、儒学、特に『孟子』が受け皿の構造として、一定の役割を果たしたのではないか。[120] 日清戦争以前の日本の知識人には漢学の素養があった。その素養の下に西洋のものを理解したということは当然あったであろう。岡倉天心はそうであったし、すべてでなく部分的であっても漢学の素養が西洋理解の基礎となった場合は少なくなかったであろう。もっとも森有礼《ありのり》や福沢諭吉のように漢学を実質的に否定し、西洋「文明国」の言語や「実学」を中心にすることを主張する人もいた。それはとりもなおさず、中国をどうとらえ位置づけるかということと表裏の関係にあり、日清戦争が分水嶺をなした感があるということは何度、強調しても強調しすぎることにはならない。

『三酔人経綸問答』(一八八七年(明治二〇)五月刊)は沈滞していた自由民権運動の再開と蘇峰の「武備」社会から「生産」型社会への「歴史的必然」=バラ色の未来への手放しの賛美が「交錯するはざま」[121]で著された書である。洋学紳士君の進化論=蘇峰的「歴史的必然論」への批判の意が込められているとする論があることは既に述べたが、兆民はもっと足の地に着いた、地道な変革を人間の努力によって勝ち取ることを南海先生の言として述べていた。中国についても南海先生はそれと戦争するのではなく、日本は協調していかなければならないという。曰く、

> 若其れ支那国の如きはその風俗習尚よりして言ふもその文物品式より言ふも其の地勢よりして言ふも、亜細亜の小邦たる者は当《まさ》に之と好《よしみ》を敦《あつ》くし交《まじわり》を固くし務《つとめ》て怨みを相嫁することなきことを求む可きなり、国家益々土産を増殖し貨物を殷阜《いんぷ》にするに及では、支那国土の博大なる人民の蕃庶《はんしょ》なる実に我れの一大販路にして混々尽ること無き利源なり、是《ここ》に慮《おもんぱか》らずして一時国体を張るの念に徇《したが》ひ瑣砕《ささい》の遺言を名として徒に争競を騰《あぐ》るが如きは僕尤も其の非計を見るなり。[122]

「国体を張るの念に徇《したが》」うこと、「争競を騰る」ことを否定する南海先生=兆民は「我れ縦令《たと》ひ礼を厚くし好《よしみ》を敦《あつ》

くして相結ぶことを求むるも他の小邦の関係よりして彼れ常に憤々の念を懐《いだ》く有るが故に、一朝機会に遭遇するときは彼れ或は欧洲強国と謀《はかりごと》を協《かな》へ約を通じて以て我を排擠《はいせい》し強国の餌《えじき》に供して自ら利することを計るも未だ知る可らず」[123]という疑心暗鬼について「僕を以て之を考ふるに支那国の心を設《もうく》ること未だ必ずしも此《かく》の如きに至らず」と否定する。そもそも国と国が「怨を結ぶ」のは「実形」ではなく「虚声」（筆者注：嘘の噂、風聞）に依るのであり、「各国の相疑ふは各国の神経病なり」、色ネガネで見るからそう見えるのであって「僕常に外交家の眼鏡の無色透明ならざることを憫《あわ》れむなり」と南海先生＝兆民は言う。新聞も「実形」「虚声」をないまぜにして報道する、それも問題だとする。

清朝は老朽し腐敗しているが、しかし西洋のことを知り「弁髪社会の枢軸を執る者皆賢俊の才」であり、「意を海陸軍備に留《とど》め」「兵制も亦将《まさ》に一変して欧洲強国の法に倣《なら》はんとす」、「此れ豈遽《にわか》に侮り易《やすか》らん哉《や》」と言う兆民に中国蔑視はない。「外交の良策」は「世界孰《いず》れの国を論ぜず与《とも》に和平を敦《あつ》くし」、やむを得ないときは「防禦の戦略」を守り、「懸軍出征の労費を避けて務て民の為めに肩をのぶること」、是である、「我れ若し徒《いたずら》に外交の神経病を起すこと無きときは支那国も亦豈《あに》我を敵とせん哉[124]」。疑心暗鬼にならずにいればどうして中国が日本を敵視するようなことが有ろうかと兆民は言う。兆民が中国敵視論、中国蔑視論に陥らなかった理由の一つとして漢文の素養、錬磨が基礎にあったことが挙げられよう。

翻って、次に兆民の対外論を再検討してみたい。それは中国論の基礎をなすものであり、より広く兆民の対外的思考、気質を明らかにすることに通じる。そこには『三酔人経綸問答』（一八八七年（明治二〇））以外の対外論が浮かび上がってくる。それは自由民権派の持つ危うさとオーバーラップする。

一八七五年（明治八）、兆民は八月頃、勝海舟の紹介で海江田信義を介して島津久光に会い、「策論」を献じている。東京外国語学校校長を短期間（二週間か三カ月）で辞職した[125]のが五月、同月、元老院権少書記官となり、六月、勝のところへ出入りを始めている。西南戦争は一年半余り後の一八七七年(明治一〇)二月に起こる。兆民の構想は島津久光と西郷隆盛の二人を柱として兆民流に効率のよい政府を再構成することにあったと思われる。[126] 久光が実行が難しいと断ると、兆民は「何の難きことか之有らん、公宜しく西郷を召して上京せしめ、近衛の軍を奪ふて直ちに太政官《だいじょうかん》を囲ましめよ、事一挙に成らん、今や陸軍中乱を思ふ者多し、西郷にして来《きた》る、響《ひびき》の応ずるが如くならんと」[127] と言ったとする幸徳秋水の述懐がある。久光が西郷が命に応じないとどうするかと言うと、兆民は勝を遣わしたら応じると言ったと言う。結局、話はまとまらなかったが、秋水は「先生の過激の策を好む、概《おおむ》ね此類《このたぐい》也」と兆民を評している。これは一種のクーデターの誘いのようなもので、兆民の持つ過激性を象徴的に物語っている。

一八九一年(明治二四)「凡派の豪傑　非凡派の豪傑」では大久保利通ら「凡派の豪傑」が「非凡派の豪傑」西郷隆盛の征韓論を邪魔したため、日本は「蛆虫、糞塵、幻影、泡沫」といった姿に成り下がったと兆民が考えていたことは既に述べたが、西郷について述べた部分からは兆民が征韓論支持者であったことが明瞭に見て取れる。曰く「南洲翁は非凡派の豪傑なり、曩きに翁の志伸び、数万精鋭の兵を率いて、朝鮮に入り、更に深く入らしめしならば、亜細亜の大勢今如何、南洲翁非凡の業を打消して、翁の八千子弟を兎域の蛟竜と成らしめずして、内地の蝘蜓と成らしめて、我日本を凡殺して、今日の日本をして今日の如くならしめたるは誰れの罪否功ぞや」[128]。こうした西郷論を勝は最も警戒して、西郷は征韓論にあらずと強調したのであった。

帝国主義者近衛篤麿らが一九〇〇年(明治三三)九月、国民同盟会を結成し、兆民はこれに参加している。国民同盟会は「露国を討伐するを目的となす者、所謂《いわゆる》帝国主義の国体」[129] である。兆民の参加は「自由平等の大義に戻《もと》る所なき乎《か》」と秋水が問うと兆民は笑ってこう言ったと言う。「露国と戦はんと欲す。勝てば即ち大陸に雄張して、以て東洋の平和を支持すべし、敗るれば即ち朝野困迫して国民初めて其迷夢より醒む可し。能く此の機に乗ぜば、以て藩閥を剿滅し内政を革新することを得ん、亦可ならずやと」[130]。これは明らかに豪傑君的発想、帝国主義的発想である。もっとも国民同盟会参加の本意は「ひとえに宿敵伊藤博文とその奴僕に身売りした政友会（旧自由党）に一泡吹かせるためであった」[131]とする説もある。以上、見てきたことから兆民が「洋学紳士君」や「南海先生」だけでなく、場合によっては「豪傑君」的な考えも持っていたことがうかがい知れる。

最後に本章で考察してきた勝海舟、福沢諭吉との対比で兆民の中国論について述べてみたい。勝海舟には明確に日清戦争反対論、日中朝三国連合論があった。何より勝は中国に尊敬の念を持っていた。それは朝鮮に対してもそうであった。海舟には最晩年の日清戦争期までアジア侵略的要素は全くない。海舟には民衆、「人民」への深い共感があったように思われる。それは日本、中国、朝鮮と国で区別する考えとは無縁であった。

福沢諭吉は勝と対照的に、西洋「文明」化しない中国、朝鮮を「半開」「野蛮」とみなし、西洋「文明」化した日本が中国、朝鮮を植民地化することに反対しなかった。「脱亜論」は福沢の一部分でしかないと言う考えもあるが、基本的に福沢が「文明」化しない、できない朝鮮、中国を見限り蔑視していたことは疑い得ない。

兆民はどうであろうか。兆民には漢学の教養があり、西洋の人文学を日本に紹介するのには漢文を用いるしかないという考えがあった。漢学の教養は中国への尊敬を生み、兆民はまた『荘子』『孟子』、孔孟の教えを尊重し、「義」を「利」より重視した。もっとも他の自由民権派同様、「豪傑」君的侵略主義を肯定するようなところもあった。しかし、（西洋）「文明」が必ずしも「野蛮」よりすぐれたものではないと考え、「進化」も歩んだ跡なのであるから、それぞれの「進化」があると考えた[132]。兆民に中国を蔑視する考えはなかった。基本的に協調、友好を志向していたものと考えられる。

五　結語

以上、勝海舟、福沢諭吉、中江兆民の日本論、中国論について考察してきた。それは二一世紀の今、日本の近代を再度、検証し問い直してみたいと思ったからである。三人には一つの共通点がある。みな外国語に堪能なのである。勝は人に薦められ、福沢は砲術の習得のため、兆民はフランス法学の修得のためという建前上の目的を持っていたが、それぞれ外国語を習得した。勝は（西洋）「文明」をそれほど優れたものとは考えておらず、日本は幕府のよくなかったところを改めるぐらいでいいと考えていた。また、日中朝連合論を一貫して持ち、日清戦争には終始反対した。福沢は「文明」を相対的なものと考えたが、その時点では西洋「文明」に追いつくことを至上のものと考え、そのための「実学」の修得を実践し、人にも薦めた。「文明」化できない中国、朝鮮は日本の植民地になっても仕方がないと考えていた。

兆民は中国を基本的に尊敬し友好関係を築くべきであると考えた。もっとも自由民権派特有の侵略主義的側面も併せ持っていたが、全体としては中国との協調を重視していた。

兆民の「三酔人経綸問答」は次のような文で終わる。曰く「二客竟《つい》に復《ま》た来らず、或は云ふ、洋学紳士は去りて北米に游《あそ》び豪傑の客は上海に游べりと、而《しこうし》て南海先生は依然として唯酒を飲むのみ[133]」。この文章を「一種予言的な意味を持っている[134]」とする識者の言辞がある。なぜなら、兆民の洋学紳士君的側面を継承した幸徳秋水はアメリカに渡り、秋水らの平民新聞を通して社会主義の目を開かれ、豪傑君的な現実主義に基づいて帝国主義を肯定する国家社会主義を編み出した北一輝は上海に渡ったからである。幸徳秋水はアメリカのアナーキストの影響を受けて直接行動主義に転じ、北一輝は中国革命に学び、軍事革命の構想を持つに至った。二人は日本に帰り、左右両翼の革命運動を指導し、理想の実現を見ずして逮捕され、死刑に処せられた。南海先生の側面を逸脱しなかった兆民は政府批判を堅持しながら天寿を全うする。[135]同じ識者は大正デモクラシーの先頭に立った吉野作造を兆民の政治思想における南海先生的側面の継承者と見る。なぜなら、吉野の「民本主義」は「恩賜の民権」を容認しながら漸次その内容を「恢復の民権」へ近づけていこうとする南海先生の漸進的改良主義の原理を踏襲するものと言えるからである。[136]

歴史は民衆中心の時代に動いていったのか。次にどのような日本論、中国論が展開されたのか。日本論、中国論の考察、研究を続けたいと思う。

【注】

（1）松永昌三（二〇〇一）一八一―一八二頁。

（2）松永昌三（二〇〇一）一八七頁。

（3）安藤優一郎（二〇一一）三四―三五頁。

（4）松浦玲（二〇一〇）一四八―一五四頁。安藤優一郎（二〇一一）六四―六七頁。

（5）安藤優一郎（二〇一一）二一五頁。

（6）安藤優一郎（二〇一一）二一六頁。

（7）「福沢は学者だからネ。おれなどの通る道と道が違ふよ。」勝海舟／江藤淳・松浦玲（二〇〇〇）一五二頁。（維新の時、福沢は）「何でも本所辺にかくれておったそうナ。弱い男だからネ。それで、あとから何んとかかとか言うのサ」巌本善治編　勝部真長校注（一九八三）八一―八二頁。

（8）松永昌三（二〇〇一）二〇九頁。

（9）松永昌三（二〇〇一）四頁。
（10）松永昌三（二〇〇一）七四頁。
（11）（一八八五）「脱亜論」福沢諭吉（二〇〇三）二六四―二六五頁。
（12）勝海舟／江藤淳・松浦玲（二〇〇〇）二一九頁。
（13）勝海舟／江藤淳・松浦玲（二〇〇〇）二七〇頁。
（14）松永昌三（二〇〇一）一五五―一五六頁。
（15）松浦玲（二〇〇一）井田進也（二〇〇一）所収　八三―八四頁。
（16）松浦玲（二〇〇一）井田進也（二〇〇一）所収　八八―八九頁。
（17）以下の勝の伝記的記述は　鵜澤義行　東都よみうり編集部（二〇一〇）「勝海舟略年表」。松浦玲（二〇一〇）【勝海舟年表】等を参考にした。
（18）勝海舟／江藤淳・松浦玲編（二〇〇〇）二九二―二九三頁。
（19）勝海舟／江藤淳・松浦玲編（二〇〇〇）二九二―二九三頁。
（20）勝海舟／江藤淳・松浦玲編（二〇〇〇）二九四頁。
（21）勝海舟／江藤淳・松浦玲編（二〇〇〇）二九五頁。
（22）松浦玲（二〇一〇）四六―四七頁。
（23）松浦玲（二〇一〇）六二―六三頁。
（24）松浦玲（二〇一〇）二一四―二一五頁。
（25）松浦玲（二〇一〇）二一五頁。
（26）松浦玲（二〇一〇）六六七頁。
（27）勝海舟／江藤淳・松浦玲編（二〇〇〇）一二四頁。
（28）坂野潤治　三谷太一郎著　藤井裕久　仙石由人監修　日本の近代史調査会編（二〇〇六）二〇三頁。
（29）坂野潤治　三谷太一郎著　藤井裕久　仙石由人監修　日本の近代史調査会編（二〇〇六）二一五頁。

(30) 勝海舟／江藤淳・松浦玲編（二〇〇〇）八七頁。
(31) 坂野潤治　三谷太一郎著　藤井裕久　仙石由人監修　日本の近代史調査会編（二〇〇六）二一五頁。
(32) 松浦玲（一九八七）一八四—一八五頁。勝海舟／江藤淳・松浦玲編（二〇〇〇）一七三—一七四頁。
(33) 勝海舟／江藤淳・松浦玲編（二〇〇〇）一八五—一八六頁。
(34) 松浦玲（一九八七）八〇—八一頁。
(35) 松浦玲（一九八七）一八一—一九一頁。
(36) 勝海舟／江藤淳・松浦玲編（二〇〇〇）二六九頁。
(37) 松浦玲（一九八七）一六二頁。
(38) 松浦玲（一九八七）二八三頁。
(39) 陸奥宗光著　中塚明校注（一九八三）四一頁。
(40) 松浦玲（一九八七）一五七頁。
(41) 松浦玲（一九八七）一二二—一二三頁。
(42) 松浦玲（一九八七）一二一—一二三頁。
(43) 勝海舟／江藤淳・松浦玲編（二〇〇〇）二七〇—二七一頁。
(44) 勝海舟／江藤淳・松浦玲編（二〇〇〇）二七四頁。
(45) 勝海舟／江藤淳・松浦玲編（二〇〇〇）二七六頁。
(46) 勝海舟／江藤淳・松浦玲編（二〇〇〇）二八四頁。
(47) 勝海舟／江藤淳・松浦玲編（二〇〇〇）一四五頁。
(48) 勝海舟／江藤淳・松浦玲編（二〇〇〇）三五三頁。
(49) 勝海舟／江藤淳・松浦玲編（二〇〇〇）二四八頁。
(50) 岩崎允胤（二〇〇二）上　二三九頁。
(51) 和田正弘（一九七三）芳賀徹等編（一九七三）所収　九頁。

(52) 岩崎允胤（二〇〇二）上　二四〇頁。
(53) 岩崎允胤（二〇〇二）上　二四二頁。
(54) 松永昌三（二〇〇一）一九頁。
(55) 岩崎允胤（二〇〇二）上　二四六頁。
(56) （二〇〇三）第一二巻『福翁自伝』四〇五頁。
(57) 松永昌三（二〇〇一）六—九頁。
(58) （二〇〇三）第一二巻『福翁自伝』一〇頁。
(59) 安藤優一郎（二〇一一）二一一—二一四頁。
(60) 和田正弘（一九七三）芳賀徹等編（一九七三）所収　五—六頁。
(61) 和田正弘（一九七三）芳賀徹等編（一九七三）所収　一八頁。
(62) 福沢諭吉（二〇〇二）第三巻『学問のすすめ』六—七頁。
(63) 米原謙（昭和六二）宮本盛太郎編（昭和六二）所収　二四頁。
(64) 米原謙（昭和六二）宮本盛太郎編（昭和六二）所収　二五頁。
(65) 米原謙（昭和六二）宮本盛太郎編（昭和六二）所収　二八頁。
(66) 米原謙（昭和六二）宮本盛太郎編（昭和六二）所収　二七—二八頁。
(67) 安藤優一郎（二〇一一）二一六頁。
(68) （一九〇一）「瘦我慢の説」　福沢諭吉（二〇〇二）第九巻　所収　一一六頁。
(69) 勝海舟／江藤淳・松浦玲編（二〇〇〇）一五二頁。
(70) 松本三之介（一九九六）一一九頁。
(71) 松本三之介（一九九六）一二二頁。
(72) 慶應義塾編（一九五八—一九六四）「ロンドンからの島津祐太郎宛書簡」第一七巻　八頁。
(73) 福沢諭吉（二〇〇二）第四巻　『文明論之概略』二二二頁。

(74) 福沢諭吉（二〇〇二）第四巻『文明論之概略』五七頁。
(75) この出典及び巻数、頁は安川寿之輔（二〇〇〇）資料「福沢諭吉のアジア認識の軌跡」（安川寿之輔（二〇〇〇）所収）二四二―三二五頁の（一九五八―一九六四）『福沢諭吉全集』の巻数と頁数である。
(76) 毛利敏彦（一九九六）一九二―一九四頁。
(77)（一八八五）「脱亜論」福沢諭吉（二〇〇三）第八巻　所収　二六四―二六五頁。
(78) 中江の伝記の記述については飛鳥井雅道（一九九九）の「略年譜」、米原謙（昭六二）三六―三七頁、松永昌三（一九九三）の「中江兆民略年譜」等を参考にした。
(79) 河野健二責任編集（昭和四五）一二頁。
(80) 河野健二責任編集（昭和四五）一三頁。
(81) 河野健二責任編集（昭和四五）一四頁。
(82) 河野健二責任編集（昭和四五）一五頁。
(83) 松永昌三（二〇〇一）六六頁。
(84) 松永昌三（二〇〇一）六一頁。
(85) 松永昌三（二〇〇一）六二頁。
(86) 松永昌三（二〇〇一）六四頁。
(87) 河野健二責任編集（昭和四五）二〇頁。
(88) 松永昌三編（一九九三）四〇七―四〇八頁。
(89) 松永昌三編（一九九三）五三頁。
(90) 松永昌三編（一九九三）一三九―一四〇頁。
(91) 松永昌三（一九九三）四一〇頁。一八八七年（明治二〇）八月『平民の目さまし』を文昌堂から出版し、兆民と号する。飛鳥井雅道（二〇〇五）略年譜、二六九頁。
(92) 米原謙（昭和六二）四九頁。

(93) 松永昌三（二〇〇一）一四〇頁。
(94) 松永昌三（二〇〇一）一四二―一四三頁。
(95) 「西海岸にての感覚」中江篤助（一九八五）『全集』第一三巻　所収　四二一―四二九頁。
(96) 松永昌三（二〇〇一）一三〇頁。
(97) （一八七五？）「策論」『全集』第一巻　一九―六四頁の中で次のように言う。「彼レノ我レニ賢ル所ノ者ハ只技術ト理論ト有ル而已《のみ》」
(98) 松永昌三（二〇〇一）一四九頁。
(99) （一八八二）「論外交」『全集』第一四巻　所収　一二五―一三六頁。松永昌三編（一九九三）一一二―一二五頁。
(100) 松永昌三編（一九九三）一一二頁。
(101) （一八八〇）「論公利私利」（一九八四）『全集』第一一巻　所収　二二一―二二五頁。
(102) 米原謙（一九八六）二〇二頁。
(103) 米原謙（一九八六）二〇二頁。
(104) 小林勝人（一九六八）三三―三四頁。
(105) 松本三之介（一九九六）一四九頁。
(106) 小林勝人（一九六八）一一六頁。
(107) 小林勝人（一九六八）一二二頁。
(108) 米原謙（昭和六二）四六頁。
(109) （一八八三）『続一年有半』『全集』第一〇巻　所収　二八八頁。
(110) 米原謙（一九八六）一九二―一九三頁。
(111) （一八八二）「論外交」『全集』第一四巻　所収　一二五―一三六頁。
(112) （一九八四）『全集』第八巻　所収　一七五―二七二頁。
(113) 河野健二責任編集（昭和四五）四九頁。

(114)（一八八七）「三酔人経綸問答」（一九八四）『全集』第八巻　所収　二三二頁。
(115)米原謙（昭和六二）五五頁。
(116)（一八八七）「三酔人経綸問答」（一九八四）『全集』第八巻　所収　二六二頁。
(117)河野健二責任編集（昭和四五）四八頁。
(118)米原謙（昭和六二）五四頁。
(119)松本三之介（一九九六）一六〇―一六一頁。
(120)松本三之介（一九九六）一六一頁。
(121)松沢弘陽　井田進也「解題」（一九八四）（一九八四）『中江兆民全集』第八巻　所収。
(122)（一八八七）「三酔人経綸問答」（一九八四）『全集』第八巻　所収　二六八頁。
(123)（一八八七）「三酔人経綸問答」（一九八四）『全集』第八巻　所収　二六八頁。
(124)（一八八七）「三酔人経綸問答」（一九八四）『全集』第八巻　所収　二七〇頁。
(125)飛鳥井雅道（一九九九）略年譜　飛鳥井雅道（一九九九）所収　二六六頁。
(126)松浦玲（二〇〇一）井田進也（二〇〇一）八一頁。
(127)幸徳秋水（昭和四七）「兆民先生」　幸徳秋水等（昭和四七）所収　六頁。
(128)「凡派の豪傑　非凡派の豪傑」（一八八五）『全集』第一三巻　所収　四五頁。一八九一年（明治二四）四月『自由平等経綸』四号　社説。
(129)幸徳秋水（昭和四七）「兆民先生」　幸徳秋水等（昭和四七）所収　一一頁。
(130)幸徳秋水（昭和四七）「兆民先生」　幸徳秋水等（昭和四七）所収　一一頁。
(131)井上清（一九九六）「第六章　兆民と自由民権運動」桑原武夫編（一九九六）所収　一七四頁。
(132)「凡そ世界人類の経過せし所の跡は皆学士が所謂進化神の行路なり、欧州諸国或は死刑を廃せし者有り、是れ自《おのずか》ら欧州諸国の進化なり、阿非利加《アフリカ》種族或は人肉を食とする者有り、是自ら阿非利加種族の進化なり」（一八八七）「三酔人経綸問答」（一九八四）『全集』第八巻　所収　二五七―二五八頁。

(133)（一八八七）「三酔人経綸問答」（一九八四）『全集』第八巻　所収　二七二頁。
(134) 上山春平（一九九六）「第二章　兆民の哲学思想」桑原武夫編（一九九六）所収　五九頁。
(135) 上山春平（一九九六）「第二章　兆民の哲学思想」桑原武夫編（一九九六）所収　五九頁。
(136) 上山春平（一九九六）「第二章　兆民の哲学思想」桑原武夫編（一九九六）所収　六〇頁。

【引用文献・参考文献】

松永昌三（二〇〇一）『福沢諭吉と中江兆民』中央公論新社　中公新書。

安藤優一郎（二〇一一）『勝海舟と福沢諭吉　維新を生きた二人の幕臣』日本経済新聞出版社。

松浦玲（二〇一〇）『勝海舟』筑摩書房。

勝海舟／江藤淳・松浦玲（二〇〇〇）『氷川清話』講談社　講談社学術文庫。

巌本善治編　勝部真長校注（一九八三）『新訂海舟座談』岩波書店　岩波文庫。

福沢諭吉（一八八五）「脱亜論」福沢諭吉（二〇〇三）『福沢諭吉著作集』第八巻　所収。

福沢諭吉（二〇〇三）『福沢諭吉著作集』第八巻　慶應義塾大学出版会。

松浦玲（二〇〇一）「兆民と勝海舟」井田進也（二〇〇一）所収。

井田進也（二〇〇一）『兆民をひらく――明治近代の〈夢〉を求めて』光芒社。

鵜澤義行　東都よみうり編集部（二〇一〇）『勝海舟　戦わなかった英雄』ごま書房「勝海舟略年表」、松浦玲（二〇一〇）【勝海舟年表】。

米原謙（昭和六二）「第一章　啓蒙の政治思想――福沢諭吉」　宮本編（昭六二）所収。

宮本盛太郎編（昭和六二）『近代日本政治思想の座標』有斐閣　有斐閣選書。

坂野潤治　三谷太一郎著　藤井裕久　仙石由人監修　日本の近代史調査会編（二〇〇六）『日本の近現代史　述講　歴史

をつくるもの　上』中央公論新社。

松浦玲（一九八七）『明治の海舟とアジア』岩波書店。

陸奥宗光著　中塚明校注（一九八三）『蹇蹇録』岩波書店　岩波文庫。

岩崎允胤（二〇〇二）『日本近代思想序説　明治期前篇上』新日本出版社。

和田正弘（一九七三）「諭吉と海舟」　芳賀徹等編（一九七三）所収。

芳賀徹等編（一九七三）『講座比較文学　第五巻　西洋の衝撃と日本』東京大学出版会。

福沢諭吉（一八九九）『福翁自伝』福沢諭吉（二〇〇三）『福沢諭吉著作集』第一二巻　慶応義塾出版会　所収。

福沢諭吉（二〇〇三）『福沢諭吉著作集』第一二巻　慶応義塾出版会。

福沢諭吉（一八七二）『学問のすすめ』福沢諭吉（二〇〇二）『福沢諭吉著作集』第三巻　慶応義塾出版会　所収。

福沢諭吉（二〇〇二）『福沢諭吉著作集』第三巻　慶応義塾出版会。

福沢諭吉（一九〇一）「瘦我慢の説」福沢諭吉（二〇〇二）『福沢諭吉著作集』第九巻　所収。

福沢諭吉（二〇〇二）『福沢諭吉著作集』第九巻　慶應義塾大学出版会。

松本三之介（一九九六）『明治思想における伝統と近代』東京大学出版会。

慶應義塾編「ロンドンからの島津祐太郎宛書簡」慶應義塾編（一九五八―一九六四）『福沢諭吉全集』第一七巻　所収。

慶應義塾編（一九五八―一九六四）『福沢諭吉全集』第一七巻　岩波書店。

福沢諭吉（一八七五）『文明論之概略』福沢諭吉（二〇〇二）『福沢諭吉著作集』第四巻　慶應義塾大学出版会　所収。

福沢諭吉（二〇〇二）『福沢諭吉著作集』第四巻　慶應義塾大学出版会。

安川寿之輔（二〇〇〇）資料「福沢諭吉のアジア認識の軌跡」安川寿之輔（二〇〇〇）所収。

安川寿之輔（二〇〇〇）『福沢諭吉のアジア認識　日本近代史像をとらえ返す』高文研。

毛利敏彦（一九九六）『台湾出兵』中央公論社　中公新書一三一三。

福沢諭吉（一八八五）「脱亜論」　福沢諭吉（二〇〇三）『福沢諭吉著作集』慶應義塾出版会　第八巻　所収。

福沢諭吉（二〇〇三）『福沢諭吉著作集』慶應義塾出版会　第八巻。

中江篤助「西海岸にての感覚」『中江兆民全集』（『全集』と略す。）岩波書店　第一三巻　所収。

中江篤助（一九八五）『全集』岩波書店　第一三巻。

中江篤助（一八七五）「策論」『全集』第一巻。

中江篤助（一八八二）「論外交」『全集』第一四巻　所収。

松永昌三編（一九九三）『中江兆民評論集』岩波書店　岩波文庫。

中江篤助（一八八〇）「論公利私利」（一九八四）『全集』第一一巻。

小林勝人（一九六八）『孟子（上）』岩波書店　岩波文庫。

中江篤助（一九〇一）「続一年有半」『全集』第一〇巻　所収。

河野健二責任編集（昭和四五）『日本の名著三六　中江兆民』中央公論社。

中江篤助（一八八七）「三酔人経綸問答」『全集』第八巻　所収。

中江篤助（一八八七）「三酔人経綸問答」『全集』第八巻　所収。

松沢弘陽　井田進也「解題」（一九八四）（一九八四）『全集』第八巻　所収。

飛鳥井雅道（一九九九）略年譜　飛鳥井雅道（一九九九）『中江兆民』吉川弘文館　人物叢書　所収。

幸徳秋水（昭和四七）「兆民先生」幸徳秋水等（昭和四七）『現代日本文学大系二二　幸徳秋水等集』筑摩書房　所収。

幸徳秋水等（昭和四七）『現代日本文学大系二二　幸徳秋水等集』筑摩書房。

中江篤助「凡派の豪傑　非凡派の豪傑」（一八九五）『全集』第一三巻　所収。一八九一年（明治二四）四月『自由平等経綸』四号　社説。

井上清（一九九六）第六章　兆民と自由民権運動　桑原武夫編（一九九六）所収。

桑原武夫編（一九九六）『京都大学人文科学研究所報告　中江兆民の研究』岩波書店。

「凡そ世界人類の経過せし所の跡は皆学士が所謂進化神の行路なり、欧州諸国或は死刑を廃せし者有り、是れ自《おのずか》ら欧州諸国の進化なり、阿非利加《アフリカ》種族或は人肉を食とする者有り、是自ら阿非利加種族の進化なり」「三酔人経綸問答」（一九八四）『全集』第八巻　所収。

上山春平（一九九六）「第二章　兆民の哲学思想」桑原武夫編（一九九六）所収。
米原謙（一九八六）「終章　日本近代思想と中江兆民」米原謙（一九八六）所収。
米原謙（一九八六）『日本近代思想と中江兆民』新評論。

第三章　徳富蘇峰の日本論・中国論

序

徳富蘇峰は平民主義から国家主義へ、更に超国家主義へと転変し、日本ナショナリズムを時代の推移とともに体現した感がある。その転変は果たして変節なのか、それとも自然な推移であるのか。日本人には、己の属する世界、場で「所を得る」ことを価値判断の基準にするところがある。ルース・ベネディクトはそのことを鋭く見抜いて『菊と刀』を書いたのであるが、徳富蘇峰は世界をどのように見、日本をその中でどのように位置づけようとしたのであろうか。それを知ることは蘇峰の日本ナショナリズムを読み解く鍵となるのではないだろうか。

蘇峰にとって日本とはどういうものとして把握されていたのであろうか。そして中国とはどう考えられていたのであろうか。本稿では蘇峰の生きた時代との関係で蘇峰の日本論・中国論を明らかにし、そのナショナリズムの姿を考察してみたいと思う。まず、蘇峰の生涯について、生きた時代との関係で考察してみることにする。

一　徳富蘇峰について

徳富蘇峰は一八六三年（文久三）熊本に生まれた。徳富家は熊本の名だたる郷士《ごうし》で、一六三九年（寛永一六）、肥前島原の役に肥後国主細川忠利の軍に従い、その戦功により若干の高地《たかち》を肥後国葦北《あしきた》郡水俣《みなまた》郷（現在の熊本県水俣市）に永世賜った(1)ことに始まると言う。蘇峰の父である一敬（一八二二―一九一四）は徳富家八代目で、祖父美信が豪胆な性格であったのと違い、小心者で、(2)「今少し父が大胆者であり、横着気があり、山気があったら、必ず世間的に成功者として今少し幅をきかしたであろうと思う」(3)と蘇峰は述べている。一敬は横井小楠（一八〇九―一六九）の高弟であったが、殖産興業を重視した小楠に一敬及びその一門が惹《ひ》かれたのは、一敬らが「自身で開墾した田畑や山林を所有し、農業や養蚕にも従事した」(4)郷士という社会的位置にあったことと深い関係がある。母、久子は、郷士矢島家の出身で、父親同士が決めた結婚であった。二〇才で結婚後、男の子供（即ち蘇峰）が生まれるまでの一四年間は久子にとって忍従の年月であったと言う。蘇峰は徳富家の相続者として父に次ぐ地位にあって、特別待遇のもとに育った。一八七一年（明治四）、兼坂止水の塾に入り歴史、漢学、国文を学んだ。ここでの漢学の学習は蘇峰の中国への崇敬の念をはぐくんだと考えられる。

熊本藩政の刷新の一環として創設された熊本洋学校で学び、そのキリスト教の関係で同志社英学校に入学し（一八七六年（明治九））、新島襄を知り傾倒する。クラス合併問題に端を発し、上級クラスのストライキにまで発展した事態の紛糾は蘇峰に同志社退校とキリスト教離脱を決意させ、新島から離れた蘇峰は、東京に向かい、自らの「名利の欲」を満たすために新聞記者を志す。しかし、めどがつかず熊本へ帰り、私塾大江義塾を六年近く経営する（一八八二年（明治一五）―一八八六年（明治一九））。私塾経営の間、『明治二十三年後の政治家の資格を論ず』（一八八四年（明治一七））、『第十九世紀日本の青年及びその教育』（一八八五年（明治一八））を自費出版し、前者では学者の主張する「立憲政治家」や壮士の唱える「東洋流の創業家」をともに否定して、「改革政治家」が必要だとし、後者では知識、文化の表面のみならず、その精神も含めて、西欧文化を全面的に導入すべきだと主張している。(5)

一八八六年（明治一九）七月『将来の日本』を出版し、その年の一二月に一家で上京、翌一八八七年（明治二〇）二月に民友社を設立し、『国民の友』を創刊した。『将来の日本』は田口卯吉の経済雑誌社から蘇峰が自費で出版したもので、予想以上の大成功を収め、蘇峰は一躍ジャーナリズムの脚光を浴びることになる。(6)「自由民権論」のような理念論が破産してしまったあとで、それを社会的進化というニュー・モードの論理で武装しなおした点(7)が当時の読者に広くアピールした。

一八八八年（明治二一）二月には井上馨の条約改正の失敗を受けて、大隈重信が外相となり、秘密裏に条約改正交渉を行うが、大隈の改正案をめぐって、明治二〇年代前半、ジャーナリズムの両雄であった政教社と民友社は正面から対立する。政教社が原理主義的に欧米の事物を無理に採用することに反対する立場に立ったのに対して、民友社は便宜主義的に現行条約より改正されている事実を評価して賛成に回った。この便宜主義《オポチュニズム》が蘇峰の生涯にわたる長所であり短所でもあった(8)とする識者の指摘がある。

蘇峰には単なる平民主義にとどまらない精神的貴族主義とでも言うべきものが内在しており、それは山路愛山の希求した、「サムライ」精神に代わる国民的理想を具現する英雄像と類似したものであり、それを蘇峰は『吉田松陰』（一八九三年（明治二六））で描こうとした(9)のであるが、同時にそのことは精神的貴族主義への圧倒的傾斜を意味し、ナショナルなものへの関心の移動が起こっていた(10)と言える。具体的に言えば、日清戦争とともに蘇峰は挙国一致のために邁進し、日本ナショナリズムを宣揚するようになる。

多くの日本の知識人が日清戦争を文明と野蛮の戦争と位置づけ、福澤諭吉は「日清の戦争は文野の戦争なり」

を発表し、日本は世界文明の妨害者たる清を打倒するのみと論じ、内村鑑三も「日清戦争の義」で「支那は社交律の破壊者なり、人情の害敵なり、野蛮主義の保護者なり」と論じた。[11]内村の「人情」はヒューマニティーであり、日本が文明の普遍性を代表していると自己主張したものであるが、蘇峰も「人情」「人道」という言葉をある時期まで好んで使い、「世界の公敵」(『国民新聞』(一八九〇年(明治二三)二月、蘇峰によって創刊)一八九四年(明治二七)九月九日)では清は「文明の敵」「人道の敵」だから、これを討つのは「義戦」だと主張している。[12]日清戦争を「義戦」とすることに対して欧米の言論機関から疑問や批判が現れたが、それへの反論を意図した「世界の公敵」と同日の『国民新聞』に掲載された「何の権か」では国民の幸福を阻害し、野蛮状態に置く国家(清、朝鮮)を征伐するのは「文明の権」であると言い、それは英国がエジプトを保護国としたのと同じだと言う。[13]「文明の権」という語は欧米文明のやり方を逆手にとっての言葉であるが、欧米文明には、それとは別の普遍性があることも認識されており、それを福澤諭吉は『文明論の概略』で論じた。(そのことは否定できない。)蘇峰と民友社にも同様の認識があり、日清戦争の勝利を手放しには喜ばず「孤立を否定す、排斥を否定す。国民的驕傲《きょうごう》を否定す。満足を否定す。」(「日清戦争の真義」一八九四年(明治二七)一一月七日)と語り、「世界の文明」と協調した謙虚な姿勢こそ「大なる日本」への道だとした。[14]その意味で蘇峰のナショナリズムは世界との関係を意識して展開されたものであったと言えるが、ナショナリズムの基盤が国民から国家へと変化していったことは否定し難い事実である。

日清講和条約が一八九五年(明治二八)四月一七日、下関で調印され、朝鮮に対する清国の宗主権は否定され、日本は遼東《りょうとう》半島、台湾、澎湖《ほうこ》列島を獲得した。しかし、同月二三日、ドイツ・フランス・ロシアの三国が朝鮮の独立とその地域の安定を損なうとして遼東半島の返還を日本に勧告してきた。世に言う三国干渉である。三国干渉に対する反発・危機感を契機として蘇峰は「平和の福音」から「力の福音」に転換した。[15]

三国干渉の一年後、一八九六年(明治二八)五月から翌年の六月まで蘇峰は欧米巡歴を行い、念願の国際情勢の実地研究を実行に移した。旅費は大隈重信の口利きで銀行から借金して調達した。同行の深井英五と二人の出費の合計は六三〇〇円余りであった（『国民新聞』社員の一ヶ月平均給与が一〇円に満たない時代であるから、実に、社員一ヶ月平均給与の六三〇倍以上、年間平均給与の五〇倍（＝五〇年分）以上ということになる）と言う。[16]

欧米巡歴後、第二次松方内閣の内務省勅任参事官に就任し、「変節」したと批判されるが、「三国干渉を契機として、世界の帝国主義的現実に目を開かれ、力の福音の信者となった」蘇峰にとって、政治の世界でそれを実践すべく勅任参事官となって藩閥政権に協力したことを非難されるのは理解しがたいことであった。[17]

一九〇二年（明治三五）、ロシアの脅威に対抗するため、同じくロシアの満州、朝鮮半島への進出を牽《けん》制したい英国と利害の一致により日英同盟が締結された。前年の桂内閣成立から『国民新聞』は御用新聞の性格を強め、日露戦争の講和会議の際には講話反対派が暴徒化し、国民新聞社も襲撃された。一九一〇年（明治四三）には寺内正毅朝鮮総督の要請で『京城日報』の監督を引き受けたが、さしたる実績は残さなかった。その後、「白閥打破」「亜細亜モンロー主義」を唱えたが、蘇峰は米国をもっとも警戒し、蘇峰のナショナリズムはアジアの盟主としての西欧との対決と天皇中心の精神的な紐帯とを基盤とする国権的国家＝ネーションへと転化していった。[18]

二　徳富蘇峰の日本論

蘇峰は一八七六年（明治九）一月花岡山《はなおかやま》盟約に参加し、八月に上京、一〇月には東京英学校から同志社英学校に転学している。その年の一二月に新島襄より受洗し、キリスト教徒となっている。蘇峰にとってキリスト教とはどういう意味があったのだろうか。一三歳の少年蘇峰はキリスト教を日本との関係でどう位置づけていたのであろうか。

花岡山盟約はキリスト教の盟約であるが、『自伝』によると「いわば予は陣笠の一人として参加したに過ぎない」[19]のであり、「予はかねての気質にて、一度やりかかればゆくところまではゆくという決心であったから、後まで踏止ったのである」[20]とのことである。キリスト教については「それを信じたのではなかった」、「キリスト教のために一生を捧ぐるという了見は、露程もなかった」[21]と述べていること、一八八〇年（明治一三）、クラス合併問題に端を発して同志社を退学した（五月）すぐ後の八月に京都第二公会に退会を申し出ていること等から、少なくとも一過性の影響であったと思われる。むしろ、キリスト教から離れることで、「名利の欲」が頭を擡《もた》げたことの方が重要である。蘇峰は新聞記者を目指すことでその野心、名利欲を遂げようとする。広くはジャーナリストを目指したのであり、それが一八八六年（明治一九）の『将来の日本』を生んだとも言える。

『将来の日本』で蘇峰は、「人民」を中心とした平和主義、生産主義、平民主義の日本論を展開している。その「緒言」では日本全体の利益と幸福を目的として議論を進めるのであるが、「其議論ノ標準ナルモノハ唯ダ一ノ茅屋中ニ住スル人民是レナリ」と「人民」中心主義を明確に述べている。又、一八八〇年代が西欧社会では帝国主義支配確立時期であるにもかかわらず、スペンサー流の軍事型社会から産業型社会への進化を下敷きにして、アダム・スミスとその俗流のマンチェスター主義による、自愛心と自由貿易を強化の根拠として、[22]世界の大勢が武備主義から生産主義、更には平和主義へ移るという論を展開している。更に、新日本の建設は貴族＝封建的要素の指導によってはもたらされないとし、藩閥政権を批判する。[23]「国民ナルモノハ実ニ茅屋の中ニ住スル者ニ存シ、若シ此国民ニシテ安寧ト自由ト幸福トヲ得ザル時ニ於テハ国家ハ一日モ存在スル能ハザルヲ信ズルナリ。」と国民主義、平民主義を述べる。大勢論で社会進化は止めがたく、最後には生産主義・平民主義は必ず実現するという『将来の日本』の論は、自由民権論の破産の後の間隙《かんげき》を埋め、当時の読者にアピールした（既述）が、別の要素が加わり、大勢の把握が違ってくれば、違った結論も導き出されるという「わな」＝弱点も存在し、事実、蘇峰にそれは生じた。[24]

『吉田松陰』（一八九二年（明治二五）『国民の友』連載、翌年末、出版）では革命には予言者、革命家、建設的革命家が序幕、本幕、最後の順に現れ、松陰はその革命家であるとする。そして暗に自らを「第二維新」の建設的革命家になぞらえた。松陰の「敵愾家《てきがいか》」（＝攘夷論者）としての側面を強調し、その敵愾心の中に「国民的統一、国体的保存、国権的拡張」[25]という国民国家形成の理念を読み込み、[26]松陰を国権拡張論者として描き出している。海外へ膨張しつつあった国民のエネルギーは鎖国によって圧搾されたが、外国への敵愾心が「国民の膨張性」を回復させた、松陰はその敵愾心を持つ人であり、国民の統一性と膨張性を象徴する思想家として旧体制と闘い刑死した[27]と蘇峰は考える。

藩閥打破による平民主義実現をめざす民党連合の構想[28]という「第二の維新」への志向性と国権拡張というナショナリズムの二つの緊張の中で初版『吉田松陰』が書かれたのに対して、一五年後の改訂版『吉田松陰』（一九〇八年（明治四一）一〇月刊）では「革命」の語はすべて「改革」に変えられ、初版では攘夷↓尊王であった松陰の思想の位置付けが、両者一体化してしまっている。初版と改訂版の間には、「蘇峰自身の思想的転回」[29]が大きく二つあり、それは①日清戦争や戦争後の三国干渉に対する反発を契機とする「力の福音」への転回[30]②日露戦争後の国民的統合のシンボル消滅への危機感を背景とする、帝国主義者、東洋自治論の唱道者への転回の二つであった。[31]

①の転回の三国干渉を契機とすることについては『自伝』にからくりがあり、三国干渉と「力の福音」（『事務一家言』（一九一三年（大正二））を結びつけるのは、第二の転回、変説で「東洋自治論の唱道者」となった後に、三国干渉に重大な意義を賦与するためであるとする考えがあるが、[32]三国干渉が一つの大きな契機となったことに異論はないであろう。又、日清戦争という対外危機を契機として国民国家の形成が達成されたと観念されたことにも大きな意義が存する。対外危機は対外膨張とワンセットであって、後者は「武備」社会への傾斜を意味したの

であり、[33]それは『大日本膨張論』（一八九四年（明治二七）一二月）からも明瞭に見てとれる。蘇峰の日本論は平民主義から統一的国家の形成へと力点を移し、変貌したのである。

『大日本膨張論』で蘇峰は「過去幾百年」が「収縮」の歴史であるとするなら、「将来幾百年」は「膨張」の歴史と「云はざるを得ず」と言う。日本の人口の膨張は必然であり、その点からも海外に日本が膨張するのは当然であり歴史的に見ても膨張は必然であると述べる。「例せば我が三百年前の祖先は（中略）八幡の旗を押し立てて、閩粤一帯の支那人をして、肝膽を寒からしめたる海賊は勿論。呂宋、爪哇、台湾、暹羅、天竺に膨張したる幾千万の人民は、如何にして此に到りし乎。是れ皆な彼等が個人的、任意的、随時的活動によりて然りし」ものであり、「嗟呼吾人は、三百年前の祖先を学ぶ能はざる乎。歴史は繰り返す、吾人も亦祖先の行動を繰り返さざるを得ず」[34]と対外膨張を正当化している。又、日本国民の特性として愛国心、近世文明の応用、活用、消化力がある事、堅実で剛健なる資質を具うる事を挙げ、日清戦争の原因については「清国即ち自から好んで吾人が正当なる、国権の保全と、国運の振作と、国民の膨張に敵したれば也」[35]とし、日本の膨張、それを妨げる清＝中国を武力で排除するのは当然だとする論法の蘇峰に国際的平和主義は存在しない。

日露戦争後の蘇峰は戦後の個人主義的風潮に対する危機感と韓国の保護国化による日本固有のナショナリティ再確認の必要性から「皇室中心主義」という語を自覚的に使用するようになる。[36]皇室中心主義は終生、変わらなかった。国際関係の中での日本の採るべき道との関連で言えば、蘇峰は亜細亜モンロー主義を主張する。それは北一輝の、日中同盟による、中国がロシアと、日本が英国と戦って両国をアジアから放逐する[37]という北流亜細亜モンロー主義とは異なり、アメリカを最も警戒するが、白人排斥論だけでなく、「かれらにアジアを理解させ、アジアの同胞の蹂躙された権利を回復すること」[38]だと言う。

民権論と国権論の乖離、分裂は日清戦争を契機として起こったが、総じて蘇峰が国家主義的帝国主義思想を提唱したグループ[39]の代表であったことには異論はないであろう。蘇峰の平民ナショナリズムは統一的国家形成へと変化し、更に国権的国家形成へと転化していく。

第二次世界大戦後の蘇峰の日本論はどのようなものであったのか。次に、その点について蘇峰の口述日記『頑蘇夢物語』を通して考察してみたいと思う。

蘇峰の平民主義はあくまで「平民」主義であって、「民主」主義ではないと言う。なぜなら「民主という言葉は、要するに君主に対する言葉[40]」であり、君主国に民主があるなら、主権は二本建てとなる訳で所謂る天に二日《にじつ》あることになる、だから「予は民主などという言葉を、容易に使用することを慎んだ」と言う。蘇峰は壮年時代に「最も急進なる民権論者[41]」であったが蘇峰の民権は「官権に対する民権」であって「君権に対する民権」ではなかった。蘇峰は「民主」という言葉を決して用いなかった。蘇峰は筋金入りの天皇中心主義者である。

「若《も》し日本に国宝というものがあらば、皇室がそれである。皇室は日本総てのもの、いわば日本そのものに比すべき、否な、より以上の宝である[42]」と述べ、米国化より日本を護る途の第一として、皇室存続を挙げ、「日本から皇室を取り去れば、殆《ほとん》ど日本の生命を取り去るものであり、同時に皇室を存続せしむれば、生命だけは兎《と》に角《かく》存続せしむる事となる[43]」と言う。又、本来、日本は皇室在《あり》ての日本であり、それは「日本の歴史を研究すれば、予が」「言う意味は必ず領解せらるると信じている[44]」とする。蘇峰は皇室中心主義者であるがゆえに、戦後日本人に「忠君愛国」の精神が衰えたのも、天皇が戦争に消極的かつ受け身で、無関心であるかのように国民の目に映ったことが主要な原因の一つであると指摘し[45]、あえて天皇批判も行う。蘇峰の日本論の中心には天皇中心主義がある。

蘇峰は日本人の特色の一つは摂受性であり、他の一つは反撥性であるとし、更に日本人は「負けじ魂」の持主であると[46]言う。中国文化に陶酔してその奴隷にならなかったのは、負けじ魂のゆえであると述べ、日本人が非常に面目を重んずるのも「負けじ魂の致す所」であり、日本人の反撥力も「負けるのが嫌いの為めに、反撥するのである」[47]と考える。日本から言えば、隣国に中国を持った事は、重大なる感化を日本に及ぼし、その感化の最も大なる一が「即ち、日本人に「負けじ魂」を、植え付けたる——若《も》しこの語が穏当を欠くとすれば——長養《ちょうよう》したる一点である」[48]とし、北畠親房の『神皇正統記』は中国に対しての競争意識を十二分に発揮したる、「如何に日本が支那に比して、超越しているか」[49]を示した著作であると述べている。

蘇峰の天皇中心主義は戦前、戦後を通して一貫したものであり、日本の独自性を「負けじ魂」に見いだした。蘇峰の戦後の日本論も主としてその二つによって特徴づけられるであろう。

三　徳富蘇峰の中国論

蘇峰の中国論についての考察は日清戦争についての蘇峰の考え方から進めることにする。蘇峰は『大日本膨張論』で既述のように、清国が日本の正当な「国権の保全」と「国運の振作」、「国民の膨張」に敵したるがゆえに日清戦争が起こったとしているが、身勝手な論である。又、「征清ありて、膨張あるにはあらず。膨張ありて、征清あり。」とし、日本の膨張が自然の趨勢であるとする立脚点に由っているが、膨張に関連して「我が国民が世界の各所に膨張するに際し、其の大敵たる可きは白皙人種にあらずして、支那人種たることを忘るる勿れ。支那人種は、或る意味に於ては、我が国民同様に、或は我が国民よりも、より多く気候の襲撃を忍受し、其の固有の性格を抱持すると同時に、其の境遇に馴致せらるゝの長所を有す」[50]と述べ、中国人の忍耐強さを警戒し賞賛している。又、他のところでは総体的に言って中国人は「寧ろ畏憚せられ居るなり。彼らは憎まるゝも恐れられ、我等は親まるゝも侮らる」、欧米人は中国に「亜細亜の沢土に龍蟠虎踞する大帝国」、「五千年来文明の魁たる旧国」、「強情にして重厚なる気風」を見るとしているから蘇峰に感情的な中国蔑視は存在していなかったように見受けられる。漢文の素養が中国への無理解な蔑視を妨げたのであろうか。

蘇峰は日清戦争を単なる清国との戦争とはとらえておらず、日清戦争は「世界の前に立て、決戦することを忘る可らず」、「我が日本の世界に於ける位地を定むるは、此の一挙にありと知らずや」、「清国を相手とするは、即ち世界を相手とし」ていることを意味すると述べている。ルース・ベネディクトがいみじくも鋭く指摘したように「日本人は国内問題を階層制度の見地から眺めてきたのであるが、国際関係をもまたすべて同じ見地から眺めてきた」(51)のであった。

以上のように蘇峰は中国との戦争を世界との関係でとらえていたのであるが、蘇峰は二回、中国を旅行して二つの「游記（＝遊記）」（旅行記）を残している。次にそのことに言及したい。

第一回目の中国旅行記は『七十八日遊記』（一九〇六年（明治三九））である。中国についての言辞は否定的なものが多い。曰く「支那に国なし」(52)、中国は「文弱」、「支那人の哲学とても申す可きものあらは《ママ》、そは断念の二字なる可し。」、「文弱と断念とか《ママ》、第二の天性となりたる」、「若し支那人をして、一生懸命ならしむるものあらは《ママ》、（中略）唯た《ママ》自個の利の為め也。」、「利の前には親子兄弟も無之候」、「支那を支配するは形式に候。」等々。中国に家はあっても国はなく、中国人は文弱、断念が第二の天性となっていて、自分の「利」を第一にしている、中国を支配しているのは「形式」主義である等、そこには近代化できず前近代のままの状態でいる中国に対する厳しい評価が存在する。

しかし、蘇峰は次のように中国の長所も見ていた。曰く「王公将相、寧ろ種あらんやとは、支那の古今を一貫したる観念にして（中略）概論すれば、貧富以外に、此れと申す可き区別は無之候。即ち支那は、一大平等国に候。且つ或る意味に於ては一大自由国に候。」（『七十八日遊記』「先天的階級なし」二七八―二七九頁）。中国には明の太祖のような、下の身分から皇帝になった者を異常とは思わない点、門地にかかわらず人材登用をしようとした科挙が存在することを例として挙げ、中国は平等国で自由国であると言う蘇峰には大国、中国へのある種の尊敬の念が存在していたと言えるのではないだろうか。「支那人は、独立自主の人民に候」、「如何なる出来事も、彼等の蕃殖力に打克つ能はさる《ママ》のみならず、競争することさへ六ヶ敷候」、「苦力」は「支那の恩人」であり中国の人種的生命・国民的元気の源である、「支那は、国家として、微弱なれとも、人種として、有力なりと申すの外、なかる可く候。（中略）未た《ママ》支那人の如く自恃の精神の、強盛なるもの無之候。（中略）世を渡るの精神に至りては、堂々たる日本男児も、支那の一苦力に若かさるの看を免かれす候。斯る基礎の上に、蕃殖したる、支那人種なれは。其の人種か、世界の一大勢力なり、或る意義に於ては、一大恐怖たるは、毫も清国の存亡に関せす候。（中略）支那人を単に政治上の見地より観察して、併せて其の人種的勢力を無視するか如きは、飛んでもなき間違に候」等々。蘇峰は中国の潜在的なバイタリティーを見抜いていたのであった。

『支那漫遊記』[53]（一九一八年（大正七））は蘇峰の第二回目の中国旅行記である。『七十八日遊記』が一九〇六年（明治三九）、五月から八月にかけての中国旅行記であるのに対して、『支那漫遊記』は一九一七年（大正六）九月から一二月にかけての中国旅行記である。この間に、蘇峰は改訂版『吉田松陰』（一九〇八年（明治四一））を著して、「革命」の語を改革・革新等に改めその思想的転回を顕現し、翌々年には寺内正毅朝鮮総督の要請で『京城日報』の監督を引き受けている。中国では一九一一年（明治四四）に辛亥革命が起こり、一九一五年（大正四）には日本が第一次世界大戦の最中《さなか》、中国に対して対華二一カ条要求を提出し、中国の殖民地化への歩みを進めていた。

『支那漫遊記』には『七十八日遊記』同様、中国の短所について述べたところもある。曰く「実利と虚栄とは彼等双肩の荷物也」（四八六頁）「利の一字は、支那人の生命也」（五四三頁）。しかし、次のように中国、中国人の長所についても述べている。「支那の強みは、其の人口の衆にあり」（四九二頁）、「支那文明の同化力の偉大なるを驚嘆せずんばあらず」（五一八頁）。更に次のような中国への鋭い認識を書き記《しる》している個所もある。「若し支那人の缺点を指摘せん乎。そは蒙昧野蛮なるが為めにあらずして、寧ろ餘りに文明なるにありと云はざるを得ず、固より日新の科学に於ては、支那文明の、欧米文明に及ばざるや論なきも、所謂る人文の開発に於ては、先秦の文明は、総ての文明に比較して、唯一の優位ならざる迄も、其の優位の一を占むるものと云ふも、過言にあらず。」（三九一―三九二頁）、「要するに支那人は、寧ろ文明に食傷したる人種也。支那は文明中毒国也」（三九二頁）。中国の人文における世界の他国よりの優位を蘇峰は明確に認識していた。「現時の支那人さへも、人に対し、世に処する智巧に於ては、世界の田舎漢たりし日本人の、及ぶ所にあらず」（三九二頁）と蘇峰は言う。しかし、「固より暴力にあらず」と言いつつも「予は満州に来りて、愈々力の福音を信ず」（一六頁）と言うもう一人の蘇峰が中心になっていく。

『支那漫遊記』の蘇峰の中国論は以上のように中国の欠点、長所、中国への鋭い認識が述べられたものであるが、中国論との関係で日本について言及する、言わば中国という鏡に映った日本についての論も開陳されている。厳密には日本論であるが中国との関係でという意味で、中国論との関係が深いということで次に述べてみたいと思う。「日本人は取る事の取たるを知るも、與ふる事の取たるを解せざるが如し」（四〇二頁）と蘇峰は言う。日本人のなんとかして中国から何かを取ろうとする姿勢を批判している。「支那人をして、日本及び日本人を、十二分に諒解せしめざるは、亦た日本人の怠慢、無頓着の責、與りて大に居ることを、記憶せざる可らず」（四一二頁）。中国人の日本人理解が不十分だと述べる個所に続く部分である。日本人を中国人に理解させる努力を日本人がしていないと言うのである。「日本人の支那に関する智識の、不充分なるを遺憾とする」（四一三頁）とも言う。「日本人の支那に対する、一大誤謬は、日本を以て直に支那を律すること、是れ也」（四三三頁）と日本の基準で中国を判断することを戒めている。「若し支那に向て、日本型の中央集権の政治を行はんとせば、如何なる英雄豪傑出で来ることあるも、決して其の目的を達する能はざる可し。中央集権の政治は、支那四千年の歴史に背違し、支那の国民性と反対すれば也」(四三八頁)。これも日本の基準で中国を判断することを戒めたものであり、内藤湖南等と同じく中国における地方自治を尊重する立場であろう。中国は日本の基準で判断できない、してはならないと言うのは卓見である。

蘇峰にとって、中国の歴史とは理解を超えるものであった。「吾人が不思議とするは、支那史の久遠なるにあらずして、其の久遠なる継続にあり」(五一一頁)、「不思議なるは支那也。彼が如き旧国にして、彼が如き接続したる歴史を有するもの、現時の世界に於て、果して何辺に其匹を見出す可き」(五一一頁)。自己の理解を超えた中国の歴史に対する崇敬の念のようなものが蘇峰には存在したのではないだろうか。それは漢文を通して得た中国に関する教養のなせる技であったのではないかと推測する。蘇峰の中国論については識者の次のような言辞がある。

「支那人は欧米を崇拝し、日本を軽蔑す」。これが「亜細亜人の亜細亜」を唱えていたときの蘇峰の中国観である。つねに意識されているのは欧米文明であり、日本がそれに対してどのような姿勢をとるかによって、中国の位置が決まる。日本が欧米文明に寄り添っていると意識しているときは、中国は「野蛮」であり、文明化への遅れによって特徴づけられる。日本がアジアに回帰すると、中国は欧米文明の崇拝者とされ、「日本固有の文化」を理解しないと非難される。アイデンティティの揺らぎがそのまま中国観に反映するのである。(54)

「亜細亜人の亜細亜」とは結局のところ、日本が「東洋の盟主」としてその任に当たるという「東洋モンロー主義」「興亜」の思想であり「「大東亜戦争」中の蘇峰のアジびらのような言論(55)」同様、深く記憶に留めておかなければならないが、皇軍の中国での非理非道(56)を批判し、南京での日本軍の「乱暴」について「世界に対して、面目次第がないと思う。かかる将兵で、大東亜聖戦などという事は、余りにも口広き話ではないか(57)」と言う蘇峰に無知で感情的な中国蔑視がなかったことは確かであろう。
もちろん、吉野作造が辛亥革命を遂行した革命党こそ「将来の支那を造る」ものだと訴えるようになっていったのに対して、蘇峰が伝統的中国観（家はあるが国家がなく、孝の観念はあるが忠の観念がない、中国人は利害には長《た》けているが、文弱・虚飾で、言論は得意だが実行力がない等）から脱却できなかった[58]と言うのは正しいが、その根底に中国侮るべからずという考えがあったことにも注目しておきたいと思う。それは蘇峰の漢籍等を通しての中国についての教養に基づくものであると考える。蘇峰には中国の文化についての教養が存在した。それが中国蔑視を抑制した。

四　徳富蘇峰の評価

蘇峰の思想の変遷の中に日本のナショナリズムの類型を見いだし、隅谷（昭四六）は次のように蘇峰の思想の変遷をまとめる。的を射たまとめ方であると思う。

若き日の、上からの「近代」国家形成に抵抗する、国民＝ネーションを基盤とした平民主義的ナショナリズムは、国民内部の抗争と対外危機とを契機として、統一的国家＝ネーション形成へと変化して、権力との癒着を生じ、さらに統一的国家の理念が内部崩壊の危機に直面したとき、アジアの盟主としての西欧との対決と、天皇中心の精神的な紐帯とを、基盤とする国権的国家＝ネーションへと転化していったのである。[59]

民権論と国権論の密接不可分な関係は、日清戦争の勝利と三国干渉によって三つの潮流に分化・対立することになるの[60]であるが、その三つの潮流とは①民権論を切りすてた帝国主義的発展という意味における国権論の立場（国家主義的帝国主義思想）②民権論と国権論の結合の重要性を力説し、帝国主義論との関係で内政＝立憲主義、外交＝帝国主義との統一的促進という図式で再構成した、立憲主義的帝国主義思想③非戦・反帝国主義の立場を明確にしていった急進的デモクラット・内村鑑三や堺利彦、幸徳秋水らの社会主義者のグループ――のことであるが、徳富蘇峰は高山樗牛、山路愛山、竹越与三郎、井上哲治郎等と同じ①の潮流に属し、しかも①のグループを代表した感がある。従来は平民主義を標榜した時代の徳富蘇峰の評価は高かったが、帝国主義者となってからの蘇峰の評価は低く、その「変節」、「転回」、「転身」を批判する識者の言辞は多い。

例えば高坂正顕（一九九九）は「蘇峰を私は好まない。日清戦争以後の蘇峰の言動には疑わしい点があり、何か信用し難いものを感ずる」[61]と言う。もっとも「東洋の奴隷化を前にして、その防波堤としての日本の使命の意識が多くの人々によって抱かれ、そこに日本主義、さらには国粋主義さえ生じ来る所以があることは容易に理解され得ることである」[62]とし、蘇峰の思想について時代思潮の一つとしての意味は見いだしている。

米原謙（二〇〇六）は蘇峰の真骨頂を示していると思える語句を『蘇峰自伝』から引用している[63]。曰く「従来予は大勢順応者であったが、常にその尖端を行くことに力《つと》めたからして、その時々に於《おい》ては、大勢反抗者の如く見えたのである。例えば春の気分を説くということは、道理は大勢順応に相違無きも、実際から見れば、苦寒厳雪の時に、百花爛漫の時を説くは、反抗と云わざるを得ないのである」。善きにつけ悪しきにつけ蘇峰は時代の最先端を行っていたということであろうか。

米原謙（二〇〇三）は又、日清・日露戦争のころを境に日本ナショナリズムが健全なナショナリズムから侵略的ナショナリズムへ、あるいは防衛的ナショナリズムから攻撃的ナショナリズムへ向かったという二分論の図式で説明されることに疑問を呈し、「健全な」「侵略的」などの形容句は現象の表面をなぞっているだけで、ふたつのナショナリズムの内的関係や、前者から後者への転換の理由を説明していないと言う[64]。更に晩年の丸山真男が日本のアジア侵略は「脱亜」の名によってではなく、「興亜」の名によって行われたという趣旨の指摘を福澤諭吉の脱亜論に関連してしていることについて、「脱亜」と「興亜」の内的連関を見落としており、先の二分論によるナショナリズム理解の欠陥を露呈したものであると批判する[65]。米原謙（二〇〇三）は敗戦直後に「百敗院泡沫頑蘇居士」と自称していた蘇峰が講和条約を境に「再生蘇峰」と自署していることを含めて、「こうした転変を単なる「転向」として切って棄て、そこに内在する心理的連続性を看過するかぎり、日本のナショナリズムは理解できないと思う」[66]と述べているが、「三　徳富蘇峰の中国論」で引用したように米原謙氏は当時、欧米文明との関係で日本がそれに対してどのような姿勢をとるかによって、日本にとっての中国の位置が決まると考える。日本のナショナリズムにしても欧米文明をどうとらえるかで、その姿、更には中国の位置が決まっていくのではないか。「脱亜」によっても日本は欧米文明の一員とは見なされず、又、その結果、「興亜」へ向かったとしても（とりわけ中国においては）その行動が「侵略」としか見なされなかったのは、「欧米」の視点でアジア、中国を見たからではないか。それも経済的のみならず、政治的に、全的に支配しようとしたことが大きな反発を、アジアのナショナリズムの反発を招いたのではないか。世界の中での名誉ある地位を得ようとして蘇峰のナショナリズムは「変節」「転回」「転身」して行ったが、それは世界のとらえ方の変化によってなされたものであることは疑う余地がないようである。

五　結語

以上、徳富蘇峰について本章「一　徳富蘇峰について」「二　徳富蘇峰の日本論」「三　徳富蘇峰の中国論」

「四　徳富蘇峰の評価」と考察し論じてきた。徳富蘇峰という（江戸）明治、大正、昭和の時代を生きたジャーナリスト（時に政治家）とそのナショナリズムが何故、「変節」「転回」「転身」していったかが重要な課題であったが、それは世界の中での日本の位置をどこに置こうとしたか、世界をどのようにとらえたかによって変化していったのであるように思う。「日本人は国内問題を階層制度の見地から眺めてきたのであるが、国際関係をもまたすべて同じ見地から眺めてきた」[67]と言ったルース・ベネディクトの言辞は正鵠《せいこく》を射たものである。

我々は階層を越えた理想を持たなければならないのではないか。世界を眺めて、現実の世界の中で「名誉」ある地位を得ようとすることを中心とするのではなく、階層を超えた理想を打ち立て、その理想によって世界を変えていくことが必要とされているのではないだろうか。

【注】

（1）徳富蘇峰（一九八二）七頁。
（2）米原謙（二〇〇三）六頁。
（3）徳富蘇峰（一九八二）一六頁。
（4）米原謙（二〇〇三）七頁。
（5）隅谷三喜男（昭和四六）責任編集　隅谷三喜男（昭和四六）所収　一五頁。
（6）米原謙（二〇〇三）四八頁。
（7）隅谷三喜男（昭和四六）責任編集　隅谷三喜男（昭和四六）所収　二二頁。
（8）米原謙（二〇〇三）七一頁。
（9）米原謙（二〇〇三）一一〇―一一一頁。

(10) 米原謙（二〇〇三）一一二頁。

(11) 米原謙（二〇〇三）一二一―一二二頁。

(12) 米原謙（二〇〇三）一二二頁。

(13) 米原謙（二〇〇三）一二三頁。

(14) 米原謙（二〇〇三）一二三―一二四頁。

(15) 隅谷三喜男（昭和四六）責任編集　隅谷三喜男（昭和四六）所収　三二―三三頁。

(16) 米原謙（二〇〇三）一三三頁。

(17) 隅谷三喜男（昭和四六）責任編集　隅谷三喜男（昭和四六）所収　三三頁。

(18) 隅谷三喜男（昭和四六）責任編集　隅谷三喜男（昭和四六）所収　三七頁。

(19) 徳富蘇峰（一九八二）四六頁。

(20) 徳富蘇峰（一九八二）四七頁。

(21) 徳富蘇峰（一九八二）四七頁。

(22) 隅谷三喜男（昭和四六）責任編集　隅谷三喜男（昭和四六）所収　二〇頁。

(23) 隅谷三喜男（昭和四六）責任編集　隅谷三喜男（昭和四六）所収　二三頁。

(24) 隅谷三喜男（昭和四六）責任編集　隅谷三喜男（昭和四六）所収　二三頁。

(25) 責任編集　隅谷三喜男（昭和四六）所収。徳富蘇峰著『吉田松陰』二二五頁の次の個所。「安政二年（一八五五）三月、彼が月性（筆者注：周防国遠崎好園寺住職。海防の急務、尊王攘夷を説き、志士と交際した）に与へたる書中に曰く、「天子に請うて幕府を撃つのことにいたってはほとんど不可なり」と、これ月性にむかってその討幕を論駁《ろんぱく》したるなり。その理由いかん、曰く、「兄弟牆《かき》に鬩《せめ》ぐも外その侮りを防ぐ、大敵外にありあに国内相攻むるのときならんや」と。これ明らかに彼が一個の国民的論者たることを自白するものにあらずや。いわゆる彼が攘夷とは、この国民的統一・国体的保存・国権的拡張を意味するもの。」

(26) 米原謙（二〇〇三）一〇四頁。

(27) 米原謙（二〇〇三）一〇五頁。
(28) 米原謙（二〇〇三）一〇八頁。
(29) 隅谷三喜男（昭和四六）責任編集　隅谷三喜男（昭和四六）所収　三二頁。
(30) 隅谷三喜男（昭和四六）責任編集　隅谷三喜男（昭和四六）所収　三二頁。
(31) 隅谷三喜男（昭和四六）責任編集　隅谷三喜男（昭和四六）所収　三六頁。
(32) 隅谷三喜男（昭和四六）責任編集　隅谷三喜男（昭和四六）所収　三六頁。
(33) 隅谷三喜男（昭和四六）責任編集　隅谷三喜男（昭和四六）所収　三四頁。
(34) 徳富蘇峰（昭和四九）「大日本膨張論」二七四頁。
(35) 徳富蘇峰（昭和四九）二七一頁。
(36) 米原謙（二〇〇三）一七〇頁。
(37) 米原謙（二〇〇三）一九一頁。
(38) 米原謙（二〇〇三）一九七頁。
(39) 栄沢幸二（昭和四六）橋川文三、鹿野政直、平岡敏夫編（昭和四六）所収　二三一―二三三頁。
(40) 徳富蘇峰（二〇〇六）一三〇頁。
(41) 徳富蘇峰（二〇〇六）一二九頁。
(42) 徳富蘇峰（二〇〇六）四二一頁。
(43) 徳富蘇峰（二〇〇六）Ⅱ　一八〇頁。
(44) 徳富蘇峰（二〇〇六）Ⅱ　一八〇頁。
(45) 戸部良一（二〇〇七）解説　徳富蘇峰（二〇〇七）Ⅲ　所収　三九三頁。
(46) 徳富蘇峰（二〇〇七）Ⅲ　一三七頁。
(47) 徳富蘇峰（二〇〇七）Ⅲ　一三八―一三九頁。
(48) 徳富蘇峰（二〇〇七）Ⅲ　一四〇頁。

(49) 徳富蘇峰（二〇〇七）Ⅲ　一四二頁。
(50) 徳富蘇峰（昭和四九）二四九頁。
(51) ルース・ベネディクト／長谷川松治訳（二〇〇五）六〇頁。
(52) 徳富蘇峰（一九〇六）『七十八日遊記』二三二頁。
(53) 徳富蘇峰（一九一八）『支那漫遊記』。
(54) 米原謙（二〇〇六）解説　四二一頁。
(55) 米原謙（二〇〇六）解説　四二三頁。
(56) 徳富蘇峰（二〇〇六）Ⅱ　二八頁。
(57) 徳富蘇峰（二〇〇六）Ⅱ　二九頁。
(58) 米原謙（二〇〇三）一八三―一八四頁。
(59) 隅谷三喜男（昭和四六）責任編集　隅谷三喜男（昭和四六）所収　三七頁。
(60) 栄沢幸二（昭和四六）橋川文三、鹿野政直、平岡敏夫編（昭和四六）所収　二二一―二二三頁。
(61) 高坂正顕（一九九九）二二九頁。
(62) 高坂正顕（一九九九）二三八頁。
(63) 米原謙（二〇〇六）解説　徳富蘇峰（二〇〇六）Ⅱ　所収　四二九―四三〇頁。
(64) 米原謙（二〇〇三）二四三頁。
(65) 米原謙（二〇〇三）二四四頁。
(66) 米原謙（二〇〇三）二四四頁。
(67) ルース・ベネディクト／長谷川松治訳（二〇〇五）六〇頁。

【引用文献・参考文献】


徳富蘇峰（一九八二）『蘇峰自伝』平凡社。

米原謙（二〇〇三）『徳富蘇峰　日本ナショナリズムの軌跡』中央公論社　中公新書一七一一。

隅谷三喜男（昭和四六）「明治ナショナリズムの軌跡」責任編集　隅谷三喜男（昭和四六）『日本の名著四〇　徳富蘇峰　山路愛山』中央公論社　所収。

責任編集　隅谷三喜男（昭和四六）『日本の名著四〇　徳富蘇峰　山地愛山』中央公論社。

徳富蘇峰（一八九七）「大日本膨張論」徳富蘇峰（昭和四九）『明治文学全集三四　徳富蘇峰集』筑摩書房　所収。

徳富蘇峰（昭和四九）『明治文学全集三四　徳富蘇峰集』筑摩書房。

栄沢幸二（昭和四六）「六九　蘇峰と帝国主義」（橋川文三、鹿野政直、平岡敏夫編（昭四六）『近代日本思想史の基礎知識』有斐閣　所収。

橋川文三、鹿野政直、平岡敏夫編（昭和四六）『近代日本思想史の基礎知識』有斐閣。

徳富蘇峰（二〇〇六）『徳富蘇峰　終戦後日記――『頑蘇夢物語』』講談社。

徳富蘇峰（二〇〇六）『徳富蘇峰　終戦後日記Ⅱ――『頑蘇夢物語』続篇』講談社。

徳富蘇峰（二〇〇七）『徳富蘇峰　終戦後日記Ⅲ――『頑蘇夢物語』歴史篇』講談社。

戸部良一（二〇〇七）「解説」徳富蘇峰（二〇〇七）『徳富蘇峰　終戦後日記Ⅲ――『頑蘇夢物語』歴史篇』講談社　所収。

ルース・ベネディクト／長谷川松治訳（二〇〇五）『菊と刀　日本文化の型』講談社　講談社学術文庫一七〇八。

徳富蘇峰（一九〇六）『七十八日遊記』監修　小島晋治（平成九）『幕末明治中国見聞録集成』第十五巻　ゆまに書房　所収。

小島晋治監修（平成九）『幕末明治中国見聞録集成』第十五巻　ゆまに書房　所収。

徳富蘇峰（一九一八）『支那漫遊記』監修　小島晋治（平成一一）『大正中国見聞録集成』第六巻　ゆまに書房　所収。

小島晋治監修（平成一一）『大正中国見聞録集成』第六巻　ゆまに書房。

高坂正顕（一九九九）『明治思想史』燈影舎。

米原謙（二〇〇六）「解説」徳富蘇峰（二〇〇六）『徳富蘇峰終戦後日記Ⅱ――『頑蘇夢物語』続篇』講談社　所収。

ビン・シン著　杉原志啓訳（一九九四）『評伝　徳富蘇峰――近代日本の光と影――』岩波書店。

有山輝雄（平成四）『徳富蘇峰と国民新聞』吉川弘文館。

徳富蘇峰（一九七五）「徳富蘇峰《時代の流れと言論》」松本三之介（朝日ジャーナル編集部編（一九七五）『新版　日本の思想家　上』朝日新聞社　朝日選書一四四　所収）。

朝日ジャーナル編集部編（一九七五）『新版　日本の思想家　上』朝日新聞社　朝日選書一四四。

杉原志啓（一九九八）「第一章　徳富蘇峰――「支那」観にみる「発想の根源」」岡本幸治編（一九九八）『MINERVA　日本史ライブラリー⑤近代日本のアジア観』ミネルヴァ書房　所収。

岡本幸治編（一九九八）『MINERVA　日本史ライブラリー⑤近代日本のアジア観』ミネルヴァ書房。

杉原志啓（二〇〇五）「徳富蘇峰の英米路線への愛憎」（西尾幹二　責任編集（二〇〇五）『新・地球の日本史一――明治中期から第二次大戦まで』扶桑社　所収）。

西尾幹二責任編集（二〇〇五）『新・地球の日本史一――明治中期から第二次大戦まで』扶桑社。

松田智雄（昭和四九）「徳富蘇峰と平民主義」福沢諭吉（昭和四九）『現代日本文学大学』二　筑摩書房　所収。

福沢諭吉（昭和四九）『現代日本文学大学』二　筑摩書房。

デ・ペ・ブガーエフ（一九九六）「第三章　雑誌『国民之友』の創始者――徳富蘇峰論――」デ・ペ・ブガーエフ　亀井博　訳（一九九六）『近代日本の先駆的啓蒙者たち』平和文化　所収。

デ・ペ・ブガーエフ　亀井博訳（一九九六）『近代日本の先駆的啓蒙者たち』平和文化。

〔付記〕

本章は二〇一〇年九月、日本比較文化学会関東支部関西支部合同研究会（於静岡県浜松市）での口頭発表「徳富蘇峰の日本論・中国論」の内容をもとにしたものであることを付言しておく。

第四章　高山樗牛の日本論・中国論

一　高山樗牛《ちょぎゅう》について

高山樗牛（一八七一年（明治四）―一九〇二年（明治三五））は明治時代の文芸評論家、思想家、美学者である。一八七一年、山形県鶴岡市に庄内藩士斎藤親信《ちかのぶ》を父として生まれた樗牛（本名林次郎）は翌年、高山家（伯父）の養子となったことから高山姓を名乗ることになる。養父は山形県や福島県、警視庁に勤務した人であった。樗牛は一八八六年（明治一九）、養父母と上京し神田の東京英語学校に学んでいる。同校講師には政教社の志賀重昂がいた。一八八八年（明治二一）一月、仙台の第二高等中学校に進み首席で卒業、一八九三年（明治二六）帝国大学文科大学哲学科に入学、翌年、『讀賣新聞』懸賞小説募集に応募し、「瀧口入道」が第二席に入選、樗牛（『荘子』の内篇逍遙遊《しょうようゆう》からとったもので高等中学校時代から使っていたと言う）の名は一躍世に知られることになる。一八九六年（明治二九）七月、大学卒業後、大学院に進学するが、九月、第二高等学校教授となる。翌年、四月、職を辞し、博文館の雑誌『太陽』主筆となった。評論家として日本主義を鼓吹し、硯友社文学を排撃、国民文学を提唱した。一九〇〇年（明治三三）六月、美学研究のため文部省留学生を命じられる。洋行の送別会後、喀血《かっけつ》し入院、療養生活に入る。一九〇一年（明治三四）「文明批評家としての文学者」、「美的生活を論ず」を発表、ニーチェ思想を個人主義の立場から紹介し、美の本質は本能の満足にあるとした。後、田中智学を通じて日蓮にひかれ、国法より真理法を重視する日蓮に共感する。一九〇二年（明治三五）一二月二四日、病状が悪化し夭折《ようせつ》する。享年三一才。

思想史上、明治三〇年代は三つの時期に区別され、[1]樗牛は明治三四、五年（一九〇一、一九〇二）までの第一期を代表するとされる。その第一期は明治二〇年代末の透谷の自殺によって象徴される精神主義の挫折に引き続いて起こった、同じ浪漫主義的な色彩を帯びながらも遙かに生々しい生や本能の要求と結びついた力強い浪漫主義的本能主義[2]の時代であった。次に、高山樗牛とその生きた時代について国家や個人、本能との関係で少しく述べてみたいと思う。

二　高山樗牛とその生きた時代

明治二〇年代の文化は一八六〇年代生まれの明治青年の第二世代によって開かれたと言えよう。[3]代表的人物には宗教では内村鑑三（一八六一年）、新渡戸稲造（一八六二年）、文学・演劇では坪内逍遙（一八五九年）、森鷗外（一八六二年）、夏目漱石（一八六七年）、美術では岡倉天心（一八六二年）、竹内栖鳳（一八六四年）、思想・哲学では三宅雪嶺（一八六〇年）、志賀重昂、徳富蘇峰（一八六三年）、学問・その他では牧野富太郎（一八六二年）、幸徳秋水（一八七一年）といった人々がいる。明治青年の第二世代の特質は彼らの青春が、「わが国初期民主主義運動の挫折の時代と重なりあったということからくる、統一イデーの解体、問題関心の転換・分散化と、政治主義的価値意識への多様な懐疑をもって登場してきたところに」[4]あり、彼らの生き方も「前世代のような一元的な政治への参加から、宗教・文学・哲学・芸術・教育・実業などへと現象的には多彩化している」[5]と言えよう。彼らは徳富蘇峰のバラ色に輝く未来の「新日本の青年」、志賀重昂・三宅雪嶺等の提唱した国粋主義、それら外向型理想像を持つとともに二葉亭四迷の浮雲（一八八七年）の主人公内海文三や森鷗外の「舞姫」（一八九〇年）の太田豊太郎などの「近代的個人についての内面世界をもったハムレット型」[6]の内向型の人間像にも理解を示した。明治二〇年代は「この時代は日本的なものの意義がわけても美術や道徳の面からしても再発見され、保持され、主張され、かかることも手伝って一種の復古主義が起こった」[7]のであり、「新しい精神綜合・文化綜合が行なわれた」。しかし「この早急な綜合はやがてもっと深い根底からしての改めての総合に達するために、一応何としも破壊されなければならない運命に出会うのではないか」[8]と述べる識者の言辞がある。そして、その破壊と分裂の時代が明治三〇年代であると言う。樗牛はその時代の第一期を代表する。既述のように明治二〇年代末の挫折は透谷の自殺が象徴するように精神主義の挫折を意味した。それに引き続いて起こってきたのが「同じ浪漫主義的な色彩を帯びながら、それをもっと遙かに生々しい生や本能の要求と結びつけた力強い浪漫主義的本能主義」である。樗牛が代表する明治三四、五年までの第一期がそれである。

明治二〇年代の文化から記述を始めたのは樗牛の活躍した明治三〇年代の前時代の文化を知るためであった。翻って明治維新以来の歴史を通観すると、明治国家は明治維新後、版籍奉還、廃藩置県、学制頒布、地租改正等を断行し、天皇を中心とする国家体制を確立しようとしたが、自由民権運動による下からの反抗に直面する。しかし、やがてそれも一八八四、一八八五年（明治一七、一八）を境に急速に後退し[9]関税自主権の回復と治外法権の撤廃を目的とする条約改正のための鹿鳴館時代（一八八四年（明治一七）―一八八七年（明治二〇））が現出する。その後に既述の明治二〇年代が続き、指導的な人々の生き方の中心も政治から文化へと移行する。

続く明治三〇年代は明治二〇年代が精神綜合・文化綜合の時代であるのに比べて一種の破壊と分裂の時代であり（既述）、より詳しく述べるとそれは三つの時期に区別される。[10]第一期は既述の力強い浪漫主義的本能主義の樗牛によって代表される明治三四、五年までの時期であり、第二期はそれに続く「宗教的色彩を帯びた懐疑・煩悶の時代」で、綱島梁川がその代表的人物である。第三期は生への肉迫が一層激烈となり世紀末的な気分も伴い自然主義への移行が明瞭になる。日露戦争後の自然主義を予告する三〇年代末である。

国家権力の確立という点で一八九〇年（明治二三）の教育勅語の発布は大きな意味を持つ。これは「国民の道徳規範を、皇祖皇宗の遺訓と称して天皇が国民に教示するもので、強い強制力」を伴っていた。(11) 更に、日清戦争（一八九四年（明治二七）―一八九五年（明治二八））も国家権力の確立に寄与し、国民は初めての対外戦争に興奮した。樗牛の「日本主義」（一八九七年（明治三〇））はその時代の産物である。

「個人」主義という視点で考えると、北村透谷や「浮雲」「舞姫」にも近代的個人が顕現しているが、樗牛が中心的に活躍した明治三〇年代は浪漫主義を主潮としながらも生々しい欲望、本能を肯定するという意味での「個人」尊重の時代であったと言えよう。やがてそれは文芸上は自然主義の隆盛へと向かっていく。日清、日露の両戦争が時代的雰囲気に多大なる影響を与えた。また、日本人の中国蔑視のエトス（基礎的な精神的雰囲気）は日清戦争の後から決定的なものとなったことには注意しておく必要がある。

三　高山樗牛の日本論

樗牛は以上、述べたような時代状況の中で自らの日本論、中国論を展開している。本稿では樗牛の日本論について以下の四つに分けて考察したいと思う（中国論については後述）。

（一）　樗牛の感傷主義と日本論
（二）　樗牛の日本主義・国家主義と日本論

（三）　樗牛の個人主義・ニーチェ主義・本能主義と日本論

（四）　樗牛の日蓮主義と日本論

「叙情詩的なものを基調とした矛盾煩悶それを逃れるための日本主義また逆に個人主義、その動揺が「樗牛の体質」[12]であるという識者の言辞があるが、首肯できるものである。それは時代が大いに影響しており、日清戦争後、国家権力の拡大とともに民権と国権の共存という幻想（思想の虚像）がくずれる中で[13]「個」が動揺し、活路を見いだそうとした結果と言い換えることも可能である。以下、その「個」の軌跡を日本論との関係で考察して見たいと思う。

（一）樗牛の感傷主義と日本論

樗牛にいくつかの時期が画されるのは定説となっており、第一期は出世作「滝口入道」（一八九四年（明治二七））から「わがそでの記」（一八九七年（明治三〇））までの時期[14]である。

樗牛の基調、本質が「浪漫的な自我主義」[15]であり、樗牛が「時代の好尚にあった身振りの大きな感傷詩人」[16]であったことには異論はないであろう。

「滝口入道」は樗牛が東京帝国大学在学中に懸賞募集に応募して第二席で入選し（既述）、匿名で読売新聞に発表した作品である。平清盛の嫡男の重盛卿の侍である斎藤滝口時頼が白拍子《しらびょうし》の横笛に恋をし、破れ（たと思い）、出家する。平家一門が屋島で必死の戦いをしている時に妻子恋しさに逃げだし、高野山まで滝口入道に会いに来た重景の横恋慕によって横笛との仲が妨害されたことが後に判明する。滝口入道は、「言ふて還らぬ事は言はざらんには若《し》かず何事も過ぎし昔は恨みもなく喜びもなし。世に望みなき滝口、今更何隔意の候べき、只々世にある御辺の行末永き忠勤こそ願はしけれ」と恬淡と述べる。樗牛はその滝口入道を「淡きこと水の如きは大人の心か、昔の仇を夢と見て、今の現《うつつ》に報い人ともせず、恨みず、乱れず、光風霽月の雅量は、流石は世を観じたる滝口入道なり。」と評している。仏教的無常観が見られる。しかし屋島から逃げてきた重景、その主人の維盛卿に「願くは一刻も早く屋島に帰り給へ」と言う滝口入道は依然恥を重んじる「武士」であった。維盛卿、重景が自害したと知ると、滝口入道は自分が屋島へ帰れと言ったことを悔い、「あはやと計り松の根元に伏轉《ふしまろ》び『許し給へ』と言ふ」。翌日、滝口入道も自害する。樗牛は次のようにこの小説を結んでいる。「嗚呼是れ、恋に望みを失ひて、世を捨てし身の世に捨てられず、主家の運命を影に負ふて二十六年を盛衰の波に漂はせし、斉藤滝口時頼が、まこと浮世の最後なりけり」。「滝口入道」が書かれたのは日清戦争の最中であり、仏教的無常観と滅びの美学・感傷主義の情調が漂う小説は時代に適合したのかもしれない。

この小説について「平家物語」への着目、すなわち日本的なものへの愛着に、後の日本主義から日蓮への伏線を見、感傷的な美文を樗牛におけるいわば「裏側の基調」を形作る流れと考え、滝口入道の生き方をその後の樗牛の思想展開を予言するもの、つまり、滝口入道は恋愛と失恋という挫折を通して、父や国家に背き、遁世するのであるが、それはあたかも樗牛が後に病気という挫折を通して、「個」を主張することによって、国家を超えた日蓮という宗教家に理想を見出したことと対比される[17]とする識者の言辞がある。樗牛の基本にあるものは起伏の大きな浪漫主義の自我であった。それが強く表されれば日本主義・個人主義となり、弱く表されれば感傷主義となるのであろう。

「わがそでの記」では「相模なる国府津の里にやどりし一夜、われあやしき思ひにうたれて、小夜更《さよふ》くるまで泣きくらしき」。「われは夜もすがら松のこかげに泣きくらしき。そのなにゆゑなるを覚えざりき。頼りなき身のただひとり、するがなる三保の松原に泣きあかすよと思へば、われは涙のながるるを忍びあたはざりしなり。吾れ泣けばとて、誰か哀れと見るべきぞ。われ笑へばとて、誰か楽しと見るべきぞ。ひろき天地の間《ママ》に、わが胸の琴は郡《むれ》をはなれし雁がねの、たぐひなき寂しき響すなり。われはただかく思ひて覚えず号哭しき」[18]。孤独感、哀感、悲痛な涙が表現されている。こうした感傷主義のよって来たる処には近代的「個」の問題が存在している。近代的な個の確立とともに近代を批判し、近代的個人主義を超えることが課題となるの[19]が日本近代の特有の問題である。樗牛の感傷主義はその動揺の反映とも考えられる。

樗牛の感傷主義を日本論との関係で考察してみると、樗牛が書いた「滝口入道」は滝口入道という武士が悲恋によって出家し、最後は自害するという内容を感傷的美文で表現した作品であった。「死」はそこでは必ずしも忌むべきものではなく、虚しい自己の人生を自ら完結する手段として描写されている。横笛との関係がうまくかなかったのは重景のせいであったが、滝口入道は重景を責めることもない。「何事も過ぎにし昔は恨みもなく喜びもなし」と仏教的無常観を述べる。樗牛の感傷主義における孤独感、哀感、虚無感、仏教的無常感は西洋流のキリスト教を基盤とした「個」の世界とは異なる日本的な「個」の存在を暗示している。樗牛にはそうした日本的な「個」を愛する面があった、少なくとも理解し重視したから「滝口入道」や「わがそでの記」を書いたのであろう。それは、樗牛の日本的情調、日本論を暗に展開したものでもあったと言えよう。

(二) 樗牛の日本主義・国家主義と日本論

樗牛の第二期は一八九七年(明治三〇)から一九〇〇年(明治三三)までの時期[20]で、日本主義、国家主義の時代である。一八九四年(明治二七)東学党の鎮圧を名目として日本と清国が朝鮮に出兵した。朝鮮王宮を武力占領した日本は七月二五日、日本艦隊が清国軍艦を砲撃し、両国は事実上の戦争状態に入る。[21]日清戦争の勃発である。翌一八九五年四月一七日、日清講和条約が調印された。主な内容は朝鮮独立、遼島半島、台湾、澎湖諸島の割譲、賠償金二億両の支払いなどであった。四月二三日、独・仏・露三か国の公使が遼島半島の清国への返還を要求し、日本は遼島半島を全面放棄する。[22] 世に言う三国干渉である。雑誌『太陽』(樗牛が編集主幹)は「臥薪嘗胆《がしんしょうたん》」と題して、「三国の好意必ず酬いざるべからず、わが帝国国民は決して忘恩の民たらざればなり」と論じ、以来、「臥薪嘗胆」が国民の合言葉となった。[23]

樗牛の第一期は日清戦争とその後の数年の時期と重なる。その浪漫主義・感傷主義は「滝口入道」や「わがそでの記」として表現された。問題は第一期から第二期への転換が何故起こったのかであるが、第一期の中に第二期への転換の契機があったと考え、それを①自己の根源の衝動の肯定②個体と全体を関連させて考える③現実主義的傾向――とする識者の言辞がある。[24]

樗牛の日本主義・国家主義の特徴は第一に「日本主義と国家主義とは、本来必ずしも一致するものではない」[25]ということである。樗牛自身「人生の目的は幸福にあり。国家至上主義は是の幸福を実現する方便なり」[26]と述べ、国家至上主義が幸福のための方便[27]であるとしている。この考えは第三期へと連なっていき、国家至上主義は幸福のための方便であるがゆえに後退していくことになる。

樗牛の日本主義とは「国民的特性における自主独立の精神に据りて、建国当初の抱負を発揮せむことを目的とする所の道徳的原理」であり「国祖を崇拝して常に建国の抱負を奉体せむことを務む」[28]るものである。また、「今日吾等の創造したるものにあらずして、国民が三千年の歴史的検証に本ける確実なる自覚心の最も明瞭なる発表に外ならざるなり」[29]とする。日本主義は「大和民族の抱負及び理想を表白せるもの」であり「宗教にあらず、哲学にあらず、国民的実行道徳の原理なり」[30]と樗牛は言う。樗牛の日本主義とは要するに天皇を崇拝し、「建国当初の抱負」を尊重し、それを国民的実行道徳の原理とするものであった。宗教に取って代わろうとするものであるからここから既成宗教への批判が展開されるのは必然であった。事実、樗牛は「日本主義」で「吾等は我が日本主義によりて、現今我邦に於ける一切の宗教を排撃するものなり。即ち宗教を以て、我が国民の性情に反対し、我が建国の精神に背戾《はいれい》し、我が国家の発達を沮害《ママ》するものとなすものなり」[31]と宗教排撃を明記している。ただし、それは日本の宗教を排撃しているのであって、理由は日本人は「由来宗教的民族」ではなく、「実際的傾向」を持つからである、「我が国民の思想は、由来現世的にして超世的にあらず」[32]と言う。

国家について樗牛は国家は「人類発達の必然なる形式」であって「自己の権能によりて、外に対しては一国の独立を全うして其の勢威を皇張し、内に対しては国民の秩序を維持して其の利福を増進せむことを務む」[33]るものであると述べ、「今日に於て世界的王国の成立の望み無き」ことは明白であると言う。日清戦争後、民権と国権の共有という幻想がくずれた[34]が国家主義、帝国主義が拡張していく中で既述の樗牛が元来、持っている、現実主義的傾向、個と全体の関係を社会有機体説的に関連づける考えが日本主義、国家主義として顕現したものと考えられる。

日清戦争以前に、鹿鳴館時代の欧化主義政策に反対して三宅雪嶺や志賀重昂が国粋保存主義を主張したが、樗牛は雪嶺らの国粋保存主義は「漫然と国粋を呼ぶ《ママ》」だけで単なる「外来勢力の抑圧」への「反動」であり、「自らの依りて以て存在し、発達し得る所の諸般の制約に就いては、未だ一も思料する所」なく、「其の言ふ所」は全く「抽象的」で「形式的で」あると言う。日本主義は日清戦争後に現われた「国民的意識の自覚」を代表し、「国体の維持」と「民性の満足」とを以て「国家の独立、国民の幸福を保全し得べき二大制約」[35]であるとする点で、国粋保存主義と異なると述べている。

樗牛の第二期の日本論は以上のように日本主義、国家主義の中で展開された。その日本論は日清戦争後の国権の拡張の中で（悪く言えば）それに迎合、便乗して、展開されたものであったと言えよう。

(三) 樗牛の個人主義・ニーチェ主義・本能主義と日本論

樗牛の第三期は一九〇一年（明治三四）から没年の一九〇二年（明治三五）までである。ここでは次項で述べる日蓮主義の関係を除く、樗牛の個人主義・ニーチェ主義と日本論の関係について言及する。

樗牛は一九〇〇年（明治三三）六月に文部省から審美学（美学）研究のためにドイツ留学を命じられる。帰国後は、京都帝国大学教授の地位が約束されていた。しかし、八月、喀血して入院、翌一九〇一年（明治三四）三月には留学を中止せざるのやむなきに至った。

一九〇一年一月、樗牛は久々に「文明批評家としての文学者」を発表する。はじめて「個人主義」を主張し、ニーチェについて述べた。

第二期で日本主義、国家主義を主張した樗牛が第三期でそれと全く逆方向の個人主義・ニーチェ主義を主張するに到るのは唐突の感を免れない。通説に従えば、その個の主張は「社会的に活動を封殺され、病気で死に直面する中ではじめて自己を見つめた結果」(36)であった。樗牛自身は自らの変化は「僕の精神の自然の発展」であり、「僕は曾《かつ》て日本主義を唱えて殆ど国家至上の主義を賛したこともある。今に於ても此の見地を打破るべき理由は僕には持ち得ぬ、唯是の如き主義に満足の出来ぬ様になったのは、僕の精神上の事実である」(37)と述べている。一一月一五日の姉崎嘲風（正治）宛の手紙で「君よ、予は敗亡の身なりと云へり。げにげに敗亡の身也、屈辱の身なり、無念の身なり。思ふこと内に結ばれて、外には狂者の如く想はるる身なり。……事敗れ心落ちて而して已む、残るところは斑々たる創痍のみ。予が心是の如くにして日に月に老い且つ衰へぬ。世人と知友と、這般の苦悩を知るもの稀なり」(38)と自身の苦悩を告白している。その外《ほか》として重い病にかかったことも変化の原因となったことは想像に難くない。「われは想ふ、死はそれ冷かなる夜の如き乎、生はそれあつくるしき昼の如き乎。吾れ病みて死なむとせし時、胸のひびきのいとど安らけきを覚えき」(39)とは諦めを、逆説的に病苦を表現した言辞であろう。

「文明批評家としての文学者」で表された個人主義・ニーチェ主義とはいかなるものであるか。ニーチェは「人道の目的は衆庶平等の利幅に存せずして、却て少数なる模範的人物の産出に在り。是の如き模範的人物は即ち天才也、超人（ユーペルメンシュ）也。」と言ったとする。[40] ここにはニーチェに代表される個人主義が表現されている。それは「現時の民主平等主義を根本的に否定し、極端にして、而かも最も純粋なる個人主義の本色を発揮し来りたるを見る」[41]、大衆を睥睨《へいげい》する、孤高の個人主義であった。超人主義、ニーチェ主義と結びついたところに樗牛の、ひいては日本近代の個人主義の特徴があるとする考えがある。[42] 西欧の個人主義は一七、八世紀のブルジョア民主主義の形成過程で確立され、社会契約説を有力な理論として持つものであった。一九世紀になりブルジョア個人主義が行き詰まりを見せた段階で、その批判としてニーチェの思想が現われる。ところが日本では両方を一度に受け入れたために近代的な「個」の形成と同時に、近代を批判し、近代的個人主義を超えることが課題となってしまう。そのため「近代の批判者ニーチェが、近代的な〈個〉の確立の手がかりとなるという矛盾が生ま[43]」れた。そうしたことはあるにせよ、明治三〇年代の思想の特色を①国家と思想の分裂②個人主義的性格――とする識者の言辞[44]もあることから考えれば、少なくとも樗牛が「個」の問題をニーチェを通して考え、解決しようとしたのは否《いな》めない事実である。

ニーチェ流の超人主義、個人主義は「美的生活を論ず[45]」でより具体的に述べられている。その美的生活論は自然主義の一方の先駆をなしたものと解釈されているが（高坂（一九九九）三四四―三四五頁。また、石川啄木は「時代閉塞の現状」〈一九八〇〉『石川啄木全集』筑摩書房、第四巻、二七〇頁〉で「既に自然主義運動の先蹤《せんしょう》として一部の間に認められてゐる如く、樗牛の個人主義が即ち其第一声であつた」と述べている）、樗牛の美的生活論は畢竟《ひっきょう》、本能主義[46]であると言える。「何の目的ありて是の世に産出せられたるかは、吾人の知る所に非ず。然れども生れたる後の吾人の目的は、言ふまでもなく幸福なるにあり。幸福とは何ぞや、吾人の信ずる所を以て見れば、本能の満足、即ち是れのみ。本能とは何ぞや、人性本然の要求是れ也。人性本然の要求を満足せしむるもの、茲に是を美的生活と云ふ[47]」。「人生の至楽は畢竟性欲の満足に存することを認むるならむ[48]」。「美的生活は人性本然の要求を満足する所に存するを以て、生活其れ自らに於て既に絶対の価値を有す」[49]。「価値の絶対なるもの、是を美的と為し、美的価値の最も醇粋なるもの、是を本能の満足と為す」[50]。日本人は間接性を重んじると一般に考えられているが、ここには赤裸裸な、「人生本然の要求」＝「本能」を「満足する」ことを肯定する情念が表されている。

もっとも樗牛の本能主義は、決して単純なものではなく、本能は単に動物的本能にとどまらず、「種属的習慣」であり、「祖先の鴻大無辺なる恩徳」[51]によって伝えられてきたものであるから「個」の問題に限定しきれない蓄積を含み持つことになる。[52]また、美的生活は「本能の満足以外に拡充せらるることを得」[53]るものであるから、単純な欲望の満足と言うよりは、「心的な満足」であり、「王国は常に爾の胸に在り」[54]と言われることになる。[55]事実、樗牛は性欲についても「性欲の醇化」で「げに欲也、飽き足らずむば已《や》まざるべし。されど、喩へば火は煖《あたた》むれども触《さわ》るるものを焼くが如く、楽《がく》は遠きにありて聞くべきが如く、色は水に和して染むべきが如く、性欲の美はた其の飽足せられたる所に在らずして、そを憧憬するところに存すべし。吾筆假りにそを性欲の醇化と名けむ」[56]と述べ、「憧憬するところ」、すなわち本能の純粋なる希求に最大価値を置いている。「美的生活を論ず」六、美的生活の事例、で守銭奴や恋愛、詩人、美術家の美的生活の例を挙げている。彼らは「胸に王国を認むる」者であるから、「與《とも》に美的生活」を語ることができるとしている。樗牛の本能主義については生の哲学を説こうとしたのだと言う識者の言辞もある。[57]樗牛の個人主義・ニーチェ主義といった個の光輝の前に、日本への考え、日本論・国家論は霞《かす》んで見える。

（四）樗牛の日蓮主義と日本論

一九〇一年（明治三四）一一月、樗牛は「田中智学氏の『宗門の維新』」という文章を書いている。田中智学が「利の為に祈る勿れ、身の為に祈る勿れ、父母の為に祈る勿れ、師の為に祈る勿れ、只々侵略の為に祈れよ。侵略の為に死せむと祈れよ。……」と気焔を吐いている文章を引用し、樗牛は「其の意気の猛烈なる、其の抱負の高大なる、其の理想の深遠なる、而して其の文章の雄偉なる、吾人は以て近時宗教界の一大文字なりと賞賛するの、決して溢美に非ざるを信ずるや[58]」と田中智学を絶賛する。樗牛の智学評価は更に次の文章に端的に表現されている。「吾人は日蓮宗に於て一門外漢のみ。今に於て尚ほ法華折伏を標榜するの可否は吾人の得て知らざる所なりと雖も、田中氏が二十年来、内外の障礙に抵抗して終始其の主義を枉げず、断呼として益々其の侵略的態度を拡張するの一事は、少くとも其の教祖の偉大なる精神に感孚せる所ありと謂ふべし。吾人深く其の志を壮とし、其の行を偉とす。其の文章亦彷彿として高祖遺文の流韻を伝へたるが如き、亦吾人の欽羨に堪へざる所也[59]」。

樗牛は田中智学に深く共感する。それは宗教界の刷新を目論でいるからでもあった。智学の改革論の大綱は樗牛によると「宗法に於て復古的態度を採り、制度に於て進歩的態度を取り、而して全体を統率するの一大精神として、侵略的態度を採らむとするにあり[60]」というものである。ここに言う「侵略的態度」とは「聖祖日蓮」を「世界統一軍の大元帥」とし、「大日本帝国」を「其の大本営」とし、日本国民を「其の天兵」とすることに発展する、「法華折伏の大義[61]」であると言う。国家の精神的支柱として宗教を位置づけているのである。樗牛はかつて日本主義、国家主義を鼓吹した際に、既述の如く「実際的傾向」を持つ日本人には宗教はなじまないとした。そして、宗教に代わるものとして天皇崇拝と建国当初の抱負の尊重を国民的実行道徳の原理とする日本主義を主張した。しかし、それは元来、必ずしも国家主義と一致するものではなく、国家至上主義は幸福実現の方便にすぎないとされたものであった。伏流として存在していたその考えが日蓮主義の時期に顕在化していく。

樗牛は日蓮とキリストの共通点、相違点を述べる中で、「吾人は是の世に於て別に霊の国土を有す。吾人は是の霊性の支配の下に、如何なる人をも、如何なる国をも、征服し君臨し、且つ審判し得る者なることを悟れ[62]」とし、霊性が国家に優越することを主張している。「日蓮上人とは如何なる人ぞ」（一九〇二年（明治三五））では日蓮が「上行菩薩てふ金剛不壊の確信」に到達したことによって、「国家政府が是の確信の前に如何に小弱なるかを」見、「当代の君主執権を指して『僅の小島の主』と軽んじ、天照大神、正八幡等の国神を『小神』と言ったことに対して、『吾人は唯々帰命賛嘆して唵《おん》々の一語を反復するの外なき也』[63]と述べ、上行菩薩としての金剛不壊の確信に到達した日蓮から見れば国家君主など「僅《わずか》の小島《こじま》の主《ぬし》」に過ぎないことを絶賛している。樗牛が国家を至上のものと見なくなったことは明白である。

こうした考えは国家権力・国家主義が伸張してきた当時の状況で、当然批判にさらされることになる。「日蓮上人と日本国」(一九〇二年(明治三五))はそうした批判への反論として書かれたのである。ここでも国家に対する法の優位が鮮明に述べられている。「此世に於て最も大なるものは、必ずしも国家には非ざるぞかし。最も大なるものは法也、信仰也、而して法に事《つか》ふるの人も、亦時としては国家よりも大なることある也。是の如主人にありては、法によりて浄められたる国土に非ざれば、真正の国土に非ざる也。日蓮は即ち是の如き人なりき」[64]。法あっての国家であって、その逆ではないと言う。「日蓮は真理の為に国家を認む、国家の為に真理を認めたるに非ず。彼れにとりて真理は常に国家よりも大也。是を以て彼は真理の為には国家の滅亡を是認せり」[65]。ここから蒙古襲来、身延隠退についての樗牛の時代に逆らう主張が展開される。

樗牛は日蓮の身延隠退を通説の如く三回の鎌倉幕府への諫暁が容れられなかったからではなく、蒙古襲来を予想したからであるとする。また、蒙古襲来については、蒙古は「外敵の假面を被れる仏陀の遠征軍」であり、日蓮の真理の声に目覚めない謗法の国民は殺されても仕方なく、国が亡びても仕方がないと言う。「是れの如くにして国は或は亡びなむ、民は或は殺されなむ、唯真理の光是れによりて輝き、妙経の功徳、新国土を光被するを得ば、又恨む所なかるべき也。日蓮は日本国の上に懸かれる是の一大惨劇の運命を忍受せむが為に、鎌倉を去りて身延の幽谷に退隠したるのみ」[66]。樗牛のかつての国家主義は法を中心とした真理主義へと劇的な変化を遂げたと言える。もっとも、樗牛の提示する真理は「日蓮は果して上行菩薩の化身なりや。（中略）吾人は唯日蓮が釈尊に対する無限の帰依によりて吾は上行菩薩てふ金剛不壊の確信に到達したるを見るを以て足れりとせむ」[67]と言うように「必ずしも具体性をもっておらず」[68]、樗牛は「個」を超えた「国家」という価値から、やはり「個」を超えた仏法の「真理」に移行しただけで、ニーチェのニヒリズムのように価値の喪失に苦しむことはなかった、また、「個」が「個」だけで自立しえないために、結局「個」を超えたものを措定することによってはじめて落着くという「日本近代に共通する問題」[69]を克服していないという批判もある。樗牛の余りにも早い死が、その後の展開を妨げたと言えるであろう。ともあれ、この時期の樗牛の日本論は、法という真理に日本という国以上の価値を見いだしたことによって特徴づけられると言えるであろう。

四　高山樗牛の中国論

樗牛は一八九一年（明治二四）に「漢学の衰頽」を書き日本文学の基礎をなす「支那文学」（中国文学）の重要性を力説しているが、「支那文学の価値」（一八九七年（明治三〇））では「支那文学」は「我が国民文学の進歩に裨益するものに非ず。歴史的意義を離れて其の価値の称すべきもの甚だ少し。」と述べ、「支那文学」を否定している。この一八〇度、真逆の「支那文学」観が提示される間には日清戦争の存在がある。『世界文明史』（一八九八年（明治三一））の「第二編　東洋の文明、第二章　ツラン人種の支那帝国」から結論までの項ではコンパクトに樗牛の中国観が展開されている。中国の尚古主義、儒教の形式主義、「支那」民俗、「支那」文学の現世主義、歴史的著述や美術の乏しさについて述べられ、樗牛によって中国は全面的に否定されている感がある。もっとも同年に書かれた「逐客康有為」では国を逐《お》われた康有為《こうゆうい》に同情を寄せているが、それは「三十年前の日本は今の清国也」という、上位者が下位者を見下《くだ》す視点からの同情、「憫《あわ》れ」みであったと言える。以下、以上についてより詳しく考察してみることにする。

「漢学の衰頽《すいたい》」では西洋の新思潮が日本の文学界に入ってきてから漢学は衰頽し、「当今の」文学者はミルトン、シェイクスピア、「ファウスト」、「ラオコーン」は読むが、「左国史漢」（『左伝』『国語』『史記』『漢書』）を読む者はいない。「彼の現今の欧州文学の淵源をなすものは実に羅甸《ラテン》、希臘《ギリシア》の古文学なり、我が文学の基礎をなすものは実に支那文学なり。方今の小説家等之れを知らず、徒に支離滅裂の文字を羅列し、軽妙奇警をもって相唱和す、吾人我が文学の為に深く之を悲む」(70)と中国文学の衰頽を嘆いている。この文章が書かれたのは一八九一年（明治二四）であり、掲載されたのは仙台の第二高等学校にあった文学会の「文学会漫評」であった。樗牛はその時、第二高等学校の学生であり、当時の文学風潮に憤りを感じたのであろう。樗牛は漢学の素養を持った人であったが、時代の流れを読む目も持っており、日清戦争後に書かれた「支那文学の価値」では既述のように中国文学を「我が国民文学の進歩に裨益するものに非ず」と否定する。「漢学の衰頽」とは一八〇度逆の考えに立っている。樗牛の一八〇度転換の根拠となる中国批判は次のようなものである。「支那文学の価値」で樗牛は中国人は「保守的」で、国民の正学と称する儒教は尚古主義の「形式主義」であると言う。(71)「支那思想の中心たる儒教が、支那民族に固有なる現世主義の上に立ち、盛に、上代先王の遺訓を祖述したるの結果は、遂に一種の厳峻なる形式主義となり、国民一切の活動を嵌束し、其の自由の発達を拘制するに到れり。其に於てか『古の道に非ず』てふ一義は、殆ど無上命令として其の民族の行動を支配せり。其の人文の停滞腐爛せる、素より其の所ならむのみ。進歩の民は其の希望を前途に認めざるべからず、過去を理想とする国民には退歩あるのみ、滅亡あるのみ」(72)。社会ダーウィニズム的な視点から、中国は過去を理想としているから、その国民には「退歩」「滅亡」しかないと樗牛は言う。

続けて「文学」についても「亦徹頭徹尾是の保守主義の模型の中に鋳造せられたり」という状況で、中国最古の文学である『詩経』も「実利形式の一辺に偏し、決して自由なる人情の発揮せるものに非ず」、畢竟、中国文学は実利主義、形式主義が支配するものであるとする。[73] 中国は美術も乏しいと言う。[74] 樗牛の結論は既引用の如く、中国文学は日本の国民文学に裨益するものではなく、歴史的意義を離れてその価値の称すべきものは甚だ少ないということである。こうした樗牛の中国文学への断罪は日本の国民文学に資するところがあるかどうかという視点からなされていることに注意しなければならない。帝国主義の支配する世界で、樗牛から見て中国（文学）は学ぶべき、利用価値がないということである。ここから中国を侵略し、利用しようという視点へ移行するのにさほど遠い距離を必要とはしない。

『世界文明史』（一八九八年（明治三一））の第二編東洋の文明、第二章ツラン人種の支那帝国から結論までの項では樗牛の中国観が簡略に展開されている。それは「支那文学の価値」とほぼ同じものである。樗牛は中国の「停滞」し、進歩しないのはなぜかと社会ダーウィニズム的視点から中国を問題にする。「支那の文化は何故に其の歴史と共に進まざるか。其の国民の性質保守的なればなり。支那の人文は何れの方面に於ても自由の発展を為さず」[75] と断定する。樗牛の中国観の結論は「結論」の項に端的に表されている。曰《いわ》く、「是を要するに、支那民族の性質は極めて浅近なる功利主義の上に立つ。苟も実際生活の上に多少の利益を与ふるものに非ざるよりは、如何なるものも不急無益として擯斥せらるるの傾きあり。而して是の功利主義は進歩的に非ずして、保守的なり。即ち唐虞三代の古帝王・即ち所謂る先王の遺業を体認し、一切の行動凡《すべ》て之に則するは支那四千年の歴史に於ける中心思想なり。是の保守的精神は、後世に至りて一個の恐固なる形式主義となり、其の歴史的惰性は殆ど絶対無上の威力を以て国民の思想行為を箝制するに至れり。是れ支那歴史に変遷ありて発達なく、回顧ありて前進なき主要なる所以なりとす。而して又是れ是の老大帝国が世界人文史上に於て極めて無意義の位地を占得したる所以なりとす」[76]。「前進」のない保守主義、「形式主義」の中国は世界に於て「無意義」の位置しか「占得」しえないというのが樗牛の中国観であった。

もっとも『世界文明史』と同年（一八九八年（明治三一））一二月に書かれた「逐客康有為」では戊戌《ぼじゅつ》変法に失敗して亡命した康有為について「康有為の如きもの真に憫れむべきものならずや。何事ぞ、我が邦人の偏へに躁急短慮の匹夫を以て彼を詬罵するもの多きや」[77]と康有為を擁護しているが、「三十年前の日本は今の清国也」という言辞に注目すれば、日本が既に中国より上位に立ったという認識の表れともとれるものである。少なくとも中国への敬意の念は樗牛には既になくなっていたと言えるであろう。

それにしても日清戦争の結果、日本人の間に広く生じた中国蔑視の感情は拭《ぬぐ》い難いものがある。樗牛の「漢学の衰頽」と「支那文学の価値」『世界文明史』の間には日清戦争の存在がある。樗牛の中国観が一八〇度、真逆のものになっているのは日清戦争が原因であろう。

樗牛は「日本人」であろうとした。その日本人とは天皇崇拝と「建国当初の抱負」を尊重する国家主義たる日本主義に則《のっと》る人々のことを指したが、日蓮信仰は法（仏法）を国家の上のものと見なす視点を樗牛に提供し、樗牛は国家よりも、もっと普遍的なものに注意を払うようになったと言える。そうしたことを考慮に入れれば『世界文明史』が書かれたのは一八九八年（明治三一）であり、一九〇一年（明治三四）以降の日蓮信仰に接近した樗牛が中国をどのように考えたかは興味深い問題である。樗牛は一九〇二年（明治三五）に亡くなるが、社会ダーウィニズム的な考えから解放されつつあったとも考えたい。もし樗牛が夭折《ようせつ》しなかったなら、既述の中国論とは異なった、普遍的視点から見た中国論を展開したかも知れない。樗牛の夭折を惜しむのは筆者一人ではないであろう。

五　結語

高山樗牛は破壊と分裂の明治三〇年代の第一期（力強い浪漫主義的本能主義の明治三四、五年までの時期）を代表する文芸評論家、思想家、美学者である。樗牛の日本論は、時代に敏感に反応し、時に迎合する形で、感傷主義から日本主義・国家主義、個人主義・ニーチェ主義・本能主義、日蓮主義へと推移する中で展開された。個人と国家の間で揺れ動き、日蓮信仰への注目によって、国家を超えた法、普遍への飛躍を孕《はら》みつつ、樗牛の日本論はその夭折によって頓挫《とんざ》した感がある。

樗牛の中国論についても同様のことが言え、樗牛が夭折しなかったなら、新たな普遍的視点からの中国論が展開されたかも知れない。樗牛没後、一〇〇年以上経過する時点で、我々は国家と個人の関係を今一度、新たに考える位置に立っている。樗牛と樗牛の生きた時代は我々にそう問いかけている。

【注】

（1）高坂正顕（一九九九）三二七頁。
（2）高坂正顕（一九九九）三二八頁。
（3）色川大吉（昭和五一）七三頁。
（4）色川大吉（昭和五一）七五頁。
（5）色川大吉（昭和五一）七五頁。
（6）色川大吉（昭和五一）七七頁。

(7)高坂正顕(一九九九)三二六頁。
(8)高坂正顕(一九九九)三二六頁。
(9)色川大吉(昭和五一)一二二頁。
(10)高坂正顕(一九九九)三二七―三二八頁。
(11)川崎庸之等(一九九〇)八六六頁。
(12)高坂正顕(一九九九)三三五頁。
(13)色川大吉(昭和五一)一三一頁。
(14)高坂正顕(一九九九)三三四頁。
(15)山田博光(昭和四七)一二一頁。
(16)中村光夫(昭和三八)一五七頁。
(17)末木文美士(二〇〇四)一四三頁。
(18)『全集』第六巻 二九〇―二九一頁。
(19)末木文美士(二〇〇四)一五四頁。
(20)高坂正顕(一九九九)三三四頁。
(21)川崎庸之等(一九九〇)八七四頁。
(22)川崎庸之等(一九九〇)八七六頁。
(23)川崎庸之等(一九九〇)八七七頁。
(24)高坂正顕(一九九九)三三八頁。
(25)末木文美士(二〇〇四)一四五頁。
(26)「国家至上主義に対する見解」『全集』第四巻 三八八頁。
(27)末木文美士(二〇〇四)一四五―一四六頁。
(28)「日本主義」『全集』第四巻 三二七、三三四頁。

(29)「日本主義」『全集』第四巻　三三五頁。
(30)「日本主義」『全集』第四巻　三三五頁。
(31)『全集』第四巻　三二八頁。
(32)『全集』第四巻　三三一頁。
(33)『全集』第四巻　三三三頁。
(34) 色川大吉（昭和五一）一三一頁。
(35)「国粋主義と日本主義」『全集』第四巻　所収　四一二頁。
(36) 末木文美士（二〇〇四）一五八頁。
(37) 一九〇一年（明治三四）六月二四日のベルリンの姉崎嘲風への手紙『全集』第七巻　七一四頁。
(38)『全集』第七巻　七三九―七四〇頁。
(39)『全集』第六巻　三一八頁。
(40)「文明批評家と文学者」『全集』第二巻　所収　六九四―六九五頁。
(41)「文明批評家と文学者」『全集』第二巻　所収　六九五頁。
(42) 末木文美士（二〇〇四）一五四頁。
(43) 末木文美士（二〇〇四）一五四頁。
(44) 高坂正顕（二〇〇四）三三〇頁。
(45) 一九〇一年（明治三四）八月。
(46) 高坂正顕（一九九一）三四五頁。
(47)『全集』第四巻　七六六―七六七頁。
(48)『全集』第四巻　七六七頁。
(49)『全集』第四巻　七七〇頁。
(50)「国粋主義と日本主義」『全集』第四巻　所収　七七二頁。

(51)『全集』第四巻　七七〇頁。
(52) 末木文美士（二〇〇四）一五六頁。
(53)『全集』第四巻　七七二頁。
(54)『全集』第四巻　所収。
(55) 末木文美士（二〇〇四）一五六頁。
(56)『全集』第四巻　八四四頁。
(57) 高坂正顕（一九九一）三四五頁。
(58)「田中智学の『宗門の維新』」『全集』第四巻　所収　八二九―八三〇頁。
(59)「田中智学の『宗門の維新』」『全集』第四巻　所収　八三〇―八三一頁。
(60)「田中智学の『宗門の維新』」『全集』第四巻　所収　八二八頁。
(61)「田中智学の『宗門の維新』」『全集』第四巻　所収　八二八頁。
(62)「日蓮と基督（其一）」『全集』第六巻　所収　四九六頁。
(63)「日蓮上人とは如何なる人ぞ」『全集』第六巻　所収　四九三頁。
(64)「日蓮上人と日本国」『全集』第六巻　所収　五一一頁。
(65)「日蓮上人と日本国」『全集』第六巻　所収　五一二頁。
(66)「日蓮上人と日本国」『全集』第六巻　所収　五一九頁。
(67)『全集』第六巻　四九二頁。
(68) 末木文美士（二〇〇四）一六五頁。
(69) 末木文美士（二〇〇四）一六五頁。
(70)「漢学の衰頽」『全集』第二巻　所収　一〇三頁。
(71)「支那文学の価値」『全集』第二巻　所収　四二一頁。
(72)「支那文学の価値」『全集』第二巻　所収　四二六頁。

（73）「支那文学の価値」『全集』第二巻　所収　四三〇頁。
（74）「支那文学の価値」『全集』第二巻　所収　四三〇頁。
（75）『世界文明史』第二編「東洋の文明（第二章　ツラン人種　支那文化の進歩せざる理由、保守主義）」『全集』第五巻　所収　三九頁。
（76）『世界文明史』第二編「東洋の文明（第二章　ツラン人種　支那文化の進歩せざる理由、保守主義）」『全集』第五巻　結論　所収　五〇頁。
（77）「逐客康有為」『全集』第三巻　所収　五七六頁。

【引用文献・参考文献】


高坂正顕（一九九九）『明治思想史』燈影社。

色川大吉（昭和五一）『明治精神史（下）』講談社　講談社学術文庫。

川崎庸之等（一九九八）『読める年表・日本史』自由国民社。

山田博光（昭和四七）「一．浪漫主義の文学」紅野敏郎等編（昭和四七）所収。

紅野敏郎等編（昭和四七）『明治の文学（近代文学史一）』有斐閣。

中村光夫（昭和三八）『明治文学史』筑摩書房。

高山樗牛（昭和五五）『改訂註釈樗牛全集』（『全集』と略す。）日本図書センター。

末木文美士（二〇〇四）「第六章〈個〉の自立は可能か―高山樗牛」末木文美士（二〇〇四）所収。

末木文美士（二〇〇四）『近代日本の思想・再考Ⅰ　明治思想家論』トランスビュー。

橋川文三（一九七五）「高山樗牛《挫折した明治の青春》」朝日ジャーナル編集部（一九七五）所収。

朝日ジャーナル編集部（一九七五）『新版　日本の思想家　中』朝日新聞社　朝日選書四五。

丸山照宏編（一九八一）『近代日蓮論』朝日新聞社　朝日選書一九二。
神林恒道編著（二〇〇六）『京の美学者たち』晃洋書房。

〔付記〕
本章は二〇一一年一二月、日本比較文化学会関西支部一二月例会（於京都市）での口頭発表「高山樗牛の日本論・中国論」の内容をもとにしたものであることを付言しておく。

第五章　石川啄木の日本論・対外論

序

石川啄木は、

東海の小島の磯の白砂に　われ泣きぬれて　蟹とたはむる

という人口に膾炙《かいしゃ》した短歌等によって日本人の間で夙《つと》に有名である。啄木は日清、日露の両戦争を経て日本が国権を確立するとともに膨張、侵略政策を推進する時代に生きた。そういう時代の中で啄木は日本をどのようにとらえ、近隣の中国、朝鮮半島、ロシアに対してどのような考えを持っていたのであろうか。二七才で夭折《ようせつ》した啄木の短歌は今も多くの人によって愛され、心に強く訴えてくるものがある。本章では啄木の日本論・対外論について考察してみたいと思う。次にまず、啄木について、啄木の生きた時代との関係で考察してみることにする。

一　石川啄木について

石川啄木は一八八六年（明治一九）二月二〇日に岩手県南岩手郡日戸村曹洞宗日照山常光寺に同寺二二世住職石川一禎《いってい》と、カツ（南部藩士工藤条作常房の末娘で、一禎の師僧であった葛原対月《かつらはらたいげつ》の妹）との間の長男として生まれた。[1] 二人の姉がおり、啄木は「遅くに生まれた一人息子として家族の愛を一身に受け[2]」て育った。一八八七年（明治二〇）に父一禎が北岩手郡渋民村宝徳寺に転出したことから、一家はその年の三月末に渋民村に移る。一八九八年（明治三一）三月高等小学校三年を終了し、四月、岩手県盛岡尋常中学校に合格、成績は一二八人中一〇番で、五年生に米内光政《よないみつまさ》、三年生に金田一京助、二年生に板垣征四郎《いたがきせいしろう》等がいた。[3] 一九〇一年（明治三四）校内で紛争が起こる。二月下旬、授業のボイコットが行われ、啄木もそれに関与した。一九〇二年（明治三五）四月、五年級に進級したが、三月期末の試験で不正行為をはたらいたかどで譴責《けんせき》処分に付される。七月、第一学期末の試験においても不正行為をはたらき、再度、譴責処分を受ける。成績、出席状況から落第は必至であった。一〇月一日『明星』第三巻第五号に短歌「血に染めし歌をわが世のなごりにてさすらひここに野にさけぶ秋」が白蘋の筆名で掲載される。一〇月二七日「家事上の都合」を理由に盛岡中学校に退学願を提出し、許可される。[4] 一〇月三〇日、文学で身を立てる決意をして故郷を出発、上京する。

上京した啄木は一一月九日、新詩社の集会に出席し、はじめて与謝野鉄幹に接する。集会の翌日の午後、啄木は渋谷の与謝野夫妻宅を訪れたが、「産後まもない晶子はややつれをみせ、蒼白い顔色をしていたが、それでもはるばる夫妻を訪れたこのみちのくの少年をこころよく招じ入れた[5]」と言う。

しかし、生計の見通しがたたず、翌一九〇三年（明治三六）二月、啄木は父に伴われて帰郷することになる。[6] 故郷で家族、恋人の愛情に支えられて身心を回復した啄木は作品発表を再開するが、翌一九〇四年（明治三七）の暮に父一禎が曹洞宗宗務院から住居罷免の処分を受けるという椿事《ちんじ》が起こる。公的な理由は「宗費滞納」である。「赴任来の檀家との摩擦、啄木の初上京に際しての寺林伐採等の問題が背後にからむ」と言われる。(7) 一九〇四年の二月一〇日に日本はロシアに宣戦布告、日露戦争が始まっていた。

一九〇五年（明治三八）五月三日、処女詩集である『あこがれ』を東京の小田島書房から刊行する。『あこがれ』の文学史的な意義は、「明星派の文学活動ないし（明治）三〇年代の浪漫主義運動との関連において意義づけられるべき」であり、この処女詩集に示された啄木の浪漫主義は、『一握の砂』や『悲しき玩具』『呼子と口笛』が社会主義思想にもとづいているのに対して、それらとは対照的に個人主義思想にもとづくものであったとする識者の言辞がある。(8) 一九〇五年九月五日には日露講和条約が調印されている。この年、啄木は六年来の恋人堀口節子と結婚する。結婚式には出席せず、非常識な言動から「多くの友人が啄木から去った」。(9) 啄木には奇癖、奇行とも言うべきものがある。

一九〇七年（明治四〇）、啄木は五月に函館に渡る。札幌・小樽・釧路を経て翌年の四月に上京するまで北海道で過ごす。函館では同人誌「紅苜蓿《べにまごやし》」の編集に携わる。小樽では創刊された『小樽日報』で健筆を振るったが事務長と争うことになる。啄木は事務長になぐられ、憤激して退社する。釧路に移った啄木は一九〇八年（明治四一）一月二三日に『釧路新聞』に入社する。それも束の間《つかま》、芸者小奴等との女性問題、主筆との紛糾から三月二三日休社、四月二四日、海路を経て上京する。(10)

一九〇八年（明治四一）五月四日、金田一京助の友情により本郷区菊坂町八二番地赤心館《せきしんかん》に同宿し、創作に専念する。上京後、一ヶ月余りで五つの作品三〇〇余枚を書く。しかし、小説は売れず、生活は困窮する。六月四日森鷗外宅へ小説の原稿を持って訪れ、出版社への紹介を懇請する。(11) 六月二三日、この夜から暁にかけて五五首、二四日午前五〇首、二五日一四一首と多くの歌を作り、[12]その中には「東海の小島の磯の白砂にわれ泣きぬれて蟹とたはむる」「たはむれに母を背負ひてそのあまり軽《かろ》きに泣きて三歩あゆまず」「己《おの》が名をほのかに呼びて涙せし十四の春にかへる術《すべ》なし」などの秀歌がある。作ったものの中から一四四首を選んで翌月の『明星』に『石破集』と題して発表した。

一九〇九年（明治四二）一月一日「スバル」が創刊され、発行名義人となる。三月一日から『東京朝日新聞』の校正係となる。四月三日より六月一六日にかけて家族を放置しておけない苦渋、作家としての低迷等のため混乱する心理を『ローマ字日記』に綴っている。四月一三日に函館の老母から上京したい旨の便りが来る。啄木は当時、東京朝日新聞社に就職したとはいうものの、「年来の借財のため家族を迎える準備ができず、又、文学思想上の煩悶もあって自虐的な生活を送り、浅草の娼妓の許に遊[13]んでいた。六月一六日、啄木の同意を待たずに函館から家族が上京し、同居する。

一九一〇年（明治四三）六月に大逆《たいぎゃく》事件が起こる。大逆事件は管野スガ、幸徳秋水等が天皇の血を見ようと話しあったことが、社会主義者二六名もの大陰謀にでっちあげられ、次々と逮捕者が出た事件である。[14]大逆事件の影響を造型化した啄木の作品としては、「日本無政府主義と陰謀事件及び附帯現象」「‘V NAROD’SERIES」《フナロードシリーズ》『呼子と口笛』『悲しき玩具』などがある。「日本無政府主義と陰謀事件及び附帯現象」は戦後、遺族によって発表されたものである。啄木晩年の思想的輪郭を示す重要な作品であるばかりでなく、幸徳事件に関する貴重な歴史的文献の一つであると[15]いう評価が識者から与えられている。大逆事件は日露戦争後、国家による天皇制の制度化と神格化が極端に進む状況で起こった前代未聞の天皇暗殺未遂事件であった。人々の間には大きな衝撃が走った。

一九〇三年（明治三五）一一月に平民社を創設し自由、平等、博愛を標榜した幸徳秋水は、思想・集会と結社・表現・言論・出版その他の自由のために闘った。[16]日露戦争のために増税した政府を批判し、「嗚呼《ああ》増税」を『平民新聞』に執筆した。『平民新聞』は発売禁止となり、前後して非戦論の演説会の中止・解散、『平民新聞』地方読者への干渉が激しさの度合いを増して行く。[17]やがて『平民新聞』は発行禁止となる。国家による弾圧によって「国法の許す範囲内に於」ける言論の闘いから、国家、天皇制との対決へと変貌していった幸徳秋水はクロポトキンの無政府共産主義を理論的支柱とし、テロリズムをも容認するようになる。そして大逆事件が起こる。

大逆事件後、啄木は「時代閉塞の現状」を執筆し、「時代閉塞の現状」が大逆事件を生んだのであり、その究極の責任者は「強権」であると国家の「強権」を鋭く批判している。（「時代閉塞の現状」は啄木の死後、友人の土岐哀果善麿《ぜんまろ》によって一九一三年（大正二）に『啄木遺稿』に収められて出版された。）

一九一〇年の九月一五日よりは「朝日歌壇」の選者に抜擢され、一二月一日には処女歌集『一握の砂』を出版。一二月一〇日から東京朝日新聞に掲載した歌論「歌のいろいろ」で啄木は「歌作が現実を変更できぬ代償としての「悲しい玩具《おもちゃ》」であることを論述[18]」している。

一九一一年（明治四四）の一月三日には平出修から幸徳秋水の獄中書簡を借覧して感銘し、「人類の社会的理想の結局は無政府主義の外ない」ことを確信した。[19]この年には短歌雑誌の体裁をとった、青年に社会批判の視点を持たせるための文芸思想誌である『樹木と果実』の発刊を計画する。しかし、印刷所の不誠意から発刊を断念している。四月一五日から長編「はてしなき議論の後」を書き、それは後に「呼子と口笛」と改稿された。この年の二月に慢性腹膜炎となり、一時入院し、後、自宅療養となっている。

一九一二年（明治四五）病苦と経済的困難の中で一月二日の東京市電のストライキに強い関心を寄せる。三月七日母死去。四月五日、父、啄木重態の報により上京する。四月一三日早朝危篤に陥り、午前九時三〇分永眠。父一禎、妻節子、友人である若山牧水等がみとる。享年二七才。死因は肺結核であった。六月二〇日土岐哀果の手によって第二歌集『悲しき玩具』が東雲堂書店より刊行される。

石川啄木を時代との関係で考えると、日清、日露の両戦争を経て、国家権力が天皇制の確立と相まって増大していく。その時代状況の中で、明星派に代表される浪漫主義運動や自然主義が高まり衰えていく。（それは換言すれば個人の心情を重視し高らかに謳いあげ、更には個人の内面を暴露する、畢竟、個人主義の起伏消長を意味していた。）啄木のオリジナリティーは、日本文学に伝統的な政治性からの乖離とは無縁で、国家権力そのものを撃とうとしたところにある。もっとも啄木ももちろん個人主義と無縁ではなく近代的自我に翻弄され苦悩した。文学で身を立てると豪語して中学校に退学届を出したり、自らの結婚式に出席しなかったりしたところに自らの自我に翻弄された姿、苦悩が隠顕する。

啄木は時に自虐的に、時に感傷的に、また、時には覇気、気概を持って歌った。その自虐性、感傷性、覇気、気概は人間誰もが持っているものである。そこに啄木が今もなお人々に愛される理由が存在する。くり返すが、同時に啄木は国家権力と対峙しようとした。しようとしたと言うのは啄木が夭折したからそう言うのである。個人主義を持ちつつ、国家と対峙しようとした啄木は日本をどのようにとらえたのであろうか。次に啄木の日本論の考察に移ることにする。

二　石川啄木の日本論

啄木は日本をどう見ていたのか。「林中書」[20]一九〇七年（明治四〇）三月一日発表では「予は日本人である。「今の日本人」である」と述べ、「今の日本の教育」について批判を展開している。

「今の日本」とは恁《ど》ういふ「日本」の事であらう？　東洋唯一の立憲国である。東洋第一の文明国である。

空前の大戦に全勝を博して一躍世界の一等国になつた国である。ト恁《か》ういふと「解り切つてるよ、云はれなくたつて知つてらア」と大向から怒鳴られるかも知れぬ。が然し「今の日本」といふ問題は果して然《しか》く解り切つた事であらうか。云はれなくたつて知れて居る事であろうか。果して世界の大道を大跨で歩ける国であらうか。手のいい「赤毛布《あかゲット》」国ではないだらうか。諸君！　予は石塊であるから、滅多に人のいふことを信ぜられないと思ふ。(21)

啄木は日露戦争後の時点で「世界の一等国」になった日本を批判している。続くところで「民衆は依然として封建の民の如く、官力と金力とを個人の自由と権利との上に置いて居る無智の民衆ではないだらうか？」と民衆批判をしている。啄木は更に「今の日本」は「哀れなる日本」である。「哀れなる日本」の教育は果して怎《どう》であらうか？」「教育の真の目的は、「人間」を作る事である」と述べ、続けて反語的に今の日本には「子弟に「人間の資格」を与へる様な人」がほとんどおらず、月給の高い処へ転任し「泣いて別を惜む子弟を土へ捨てて顧みない者が多いと言う。日本の教育は「天才を殺して、凡人といふ地平線に転輾《ころが》つて居る石塊《いしころ》のみを作らうとする教育者」が多いと批判する。「日本の教育は、凡人製造を以て目的として居る。日本の教育は、其精神に於て、昔の寺子屋教育よりも劣つて居る。日本の教育は、人の住まぬ美しい建築物である。」と日本の教育を批判する啄木は「予は願くは日本一の代用教員となつて死にたいと思う。若し其際自分の理想通の小学校でも建てる必要があつた時には、何卒《なにとぞ》諸君にも幾何《いくばく》か御寄附を願ふ」と抱負を述べ「林中書」を終わっている。啄木は一九〇六年（明治三九）四月、渋民小学校に代用教員として出勤し始め、その年の七月には小説『雲は天才である』の執筆を開始している。翌一九〇七年（明治四〇）四月に校長排斥のストライキを示唆したこと等のために渋民小学校免職の辞令を受けた。

啄木にとっての日本は決して理想的な国ではなく、不完全で矛盾に満ちた国であった。純粋で誇り高く、一途な啄木青年はやがて国家そのものを批判、攻撃の対象とするようになる。

一九一〇年（明治四三）六月の大逆事件によって啄木は国家批判を鮮明にすることとなった。大逆事件は既述のように天皇暗殺未遂事件であるが、啄木には「反権威の道」(22)を歩む気質が存在し、それは激烈な批判癖と言っても過言ではない気質であった。

例えば、自然主義文学についての啄木の激烈な批判を例にとって見てみよう。一九〇八年（明治四一）二月の評論「卓上一枝」で啄木は「吾人は自然派の小説を読む毎に一種の不安を禁ずる能はず。此不安は乃《すなわ》ち現実曝露の悲哀也。自然主義は自意識の発達せる結果として生れたり。而して其吾人に教訓する所は唯一あるのみ。曰く、「どうにか成る」「成る様に成る」」(23)。突き放すような言い方で自然主義を「どうにか成る」「成る様に成る」という教訓しか与えないものと見るのは、「自然主義的人生把握、人間観念に甘んじえない実生活者としての人間的な批判や要求をそのことばの背後に示しはじめて」(24)いたからである。啄木は自然主義の事なかれ主義、権威への追従を批判しているのである。大逆事件の二ヶ月後に書かれたが掲載されることはなかった「時代閉塞の現状」で自然主義を批判しているが、それ以前に既に一九〇九年（明治四二）一二月に『スバル』に発表した「きれぎれに心に浮んだ感じと回想」(25)で長谷川天渓の「胡麻化し《ごまか》」と田山花袋の「人としての卑怯」(26)を痛烈に批判している。

　長谷川天渓氏は、嘗《かつ》て其の自然主義の立場から「国家」といふ問題を取扱つた時に、一見無雑作に見える苦しい胡麻化しを試みたと私は信ずる。謂ふが如く、自然主義者は何の理想も解決も要求せず、在るが儘に見るが故に、秋毫も国家の存在と牴触する事がないのならば、其所謂旧道徳の虚偽に対して戦つた勇敢な戦も、遂に同じ理由から名の無い戦になりはしないか。従来及び現在の世界を観察するに当つて、道徳の性質及び発達を国家といふ組織から分離して考へる事は、極めて明白な誤謬である――寧《むし》ろ日本人に最も特有なる卑怯である。

国家の問題を避けて通る日本人の自然主義の事勿《ことなか》れ主義を啄木は「日本人に最も特有な卑怯である」と激烈に批判する。

「時代閉塞の現状」ではより包括的に日本の自然主義文学の持つ「自己主張的傾向」、近代的自我の自覚的な要求・主張と「科学的、運命論的、自己否定的傾向」、当時「純粋自然主義」と言われたもっぱら観照するだけの態度への後退の立場との関係について、ごまかしや卑怯が一般化してきたことへの激烈な批判が展開されている。[27]日本の自然主義の二つの傾向の五年間にわたる共棲が「全く両者の怨敵《おんてき》たるオオソリテイー国家といふものに対抗する為に政略的に行はれた結婚である」と魚住折蘆が論評していることに対して啄木は、日本の青年は「未だ嘗て彼の強権に対して何等の確執をも醸《かも》した事が無い」のだから「国家が我々に取つて怨敵となるべき機会も未だ嘗て無かつたのである」[28]とし、魚住の論を批判する。「国家てふ問題が我々の脳裏に入つて来るのは、ただそれが我々の個人的利害に関係する時だけである」。「「国家は強大でなければならぬ。我々は夫《それ》を阻害すべき何等の理由も有《も》つてゐない。但し我々だけはそれにお手伝するのは御免だ！」これ実に今日比較的教養ある殆ど総《すべ》ての青年が国家と他人たる境遇に於て有ち得る愛国心の全体ではないか」[29]と述べる啄木は、敵としての国家の存在を明確に認識することを主張する。自然主義の二つの傾向の「結合」も「両者共敵を持《も》たなかつた。一方は敵を有つべき性質のものではなく、一方は敵を有つてゐなかつた事に起因してゐたのである」と重ねて述べている。

純粋自然主義が「劃一線《くわくいっせん》の態度を正確に決定し、其理論上の最後を告げて」、ここに「結合」は内部において「断絶」し、「自己主張の強烈な欲求の残つてゐるのみ」であるとする啄木は「強権の勢力」が「普《あまね》く国内に行亘《ゆきわた》つてゐる」今、「我々青年は此自滅の状態から脱出する為に、遂に其「敵」の存在を意識しなければならぬ時期に到達してゐるのである」[30]と国家との対決姿勢を明確なものとする。

啄木は日清、日露の両戦争を経て天皇制国家体制が確立されてゆく中で、日本の現状を批判し、「敵」としての「国家」の存在をその中心に据えたのであった。啄木の日本論は「自己主張の強烈な欲求」の系統から出ずるものであったと考えられる。日本的近代の「自我」から出ずるものであったと考えられる。

歌集『一握の砂』一九一〇年には日本人的な自虐的傾向の短歌が多く見受けられるが、「誰《た》そ我にピストルにても撃《う》てよかし伊藤のごとく死にて見せなむ」のような気概を感じさせる歌も存在する。この歌の解釈については今日、「伊藤の死を朝鮮人民の怒りの結実と見、伊藤のように死のうにもそれができない被支配者ののろい、ととらえる傾向があるようだ」[31]が「むしろこの歌は、斎藤三郎が指摘する「高きより飛びおりるごとき心もてこの一生を終《おは》るすべなきか」と、そのほか『一握の砂』の「いたく錆《さ》びしピストル出《い》でぬ砂山の砂を指もて掘りてありしに」「大といふ字を百あまり砂に書き死ぬことをやめて帰り来《きた》れり」「森の奥より銃声聞《きこ》ゆあはれあはれ自《みづか》ら死ぬる音のよろしき」などの歌と同じ系列において考えるべきであろう。啄木は救いのない絶望の中で、死を思いながら果せず、気持は生と死の間を行き来していた。その中で、伊藤の死に、自分の意志や決断によらないで、突然、死が訪れる場面を夢みた歌としてみたい」[32]とするものがあるが、最後の部分「啄木は救いのない絶望の中で……死を思いながら果せず、気持は生と死の間を行き来していた。その中で、伊藤の死に、自分の意志や決断によらないで、突然、死が訪れる場面を夢みた歌としてみたい」は、恣意的な文学的解釈に過ぎ、筆者はそこに「気概」を見いだし、その「気概」が啄木の日本論を産み出していったと考えたい。啄木においては、激烈な批判癖と自虐性は表裏一体のものであり、自己否定の強さと共に他者否定も強烈な詩人、文学者は洋の東西を問わず存在し、その多くは破滅的な最期を遂げることが多い。[33]啄木もそうしたタイプの人間であったと考えられる。もっとも啄木の場合には、日本の文学者には珍しく「国家」の問題を正面からとらえ、「国家」を「敵」とみなす位置にまで立つこととなった。そこに啄木の日本論の特色が存在すると言えるのではないかと考える。

三　石川啄木の対外論

ここに言う石川啄木の対外論とは中国や朝鮮、ロシアに対して啄木がどのような考えを持っていたかを指す。石川啄木の生きた時代は、鹿鳴館時代（一八八四年—一八八七年）から国権の伸長、日清・日露戦争を経て国権が確立されていく時代であった。大逆事件は国権の確立へ向かう日本にあって象徴的な事件であったが、石川啄木は日本の文学者には珍しく政治を避けず国家を敵とみなし、無政府主義に傾倒していく。

一九一二年（明治四五）弱冠二七才で肺結核のために啄木は亡くなるが、亡くなる前年にもトルストイの日露戦争論を写したり、クロポトキンの『ロシアの恐怖』を写し、製本しているから[34]、外への眼を持ち続けたと言える。

従来の研究では上述のようにロシアとの関係は論述されているが、啄木の中国との関係はあまり論じられることはなかった。『一握の砂』の中には次のように中国人を詠んだ歌が二首ある。「朝な朝な支那の俗歌をうたひ出づるまくら時計を愛《め》でしかなしみ」「忘れがたき人人」一の項「むらさきの袖垂れて空を見上げゐる支那人ありき公園の午後」。異国の風物、人として「支那の俗歌」や「支那人」を詠みこんでいるだけで特に注意すべきものではないが、啄木は日清・日露戦争を経たあとで「林中書」（一九〇七年）で次のように述べているから、当時の、日本を中国やロシアより上に見ようとする風潮からある程度は自由であったと言えよう。

日清戦争が済んだ時、人は皆杯をあげて狗《いぬ》コロの如く躍り上つた。そして叫んだ『帝国の存在は今世界の等しく認むる所となれり！』当時十歳であつた予は、之を聞いて稚心にも情なく思つた。お祭礼の日の肴町《さかなちやう》の人込で、「此処に居るのは俺様だ」と威張つて、衆人《みんな》に振向かれて、「成程アンナ奴も来て居るのか」と思はれて、それで何が名誉なのか、当時の予が僅か十歳の小児であつた如く、当時の日本も亦、実に哀れなる小児ではなかつたであらうか。爾後《じご》、所謂「臥薪嘗胆《ぐわしんしやうたん》の十年間」が過ぎて、日露戦争が始まつて、済んで、遂に今日となつた。人は、「日本は一躍して世界の一等国になつた」といふ。誠にお芽出度《めでたい》話である。[35]

翌一九〇八年（明治四一）一〇月一六日に『岩手日報』に掲載された「空中書」でも「而して、両国共に嘗て一度帝国と兵を交へて敗る。此を以て邦人較《やや》もすれば両国を侮らむとす。浅慮短見、言動何すれぞかの誇大妄想狂者に類する。卑んで又憐むべからずや。帝国は未だ嘗て清露両国に勝たざるなり。敗れたるものは、清国に非ずして北京政府と其軍隊のみ。露国に非ずしてザールの政府と其軍隊のみ」[36]と述べているから、啄木が当時の「両国を侮らむ」とする風潮から自由で、中国やロシアが「敗れた」のは武の面でのそれに過ぎないと考えていたことが見てとれる。

一九一一年（明治四四）は辛亥革命の起こった年である。啄木は明治四四年一一月一〇日の当用日記で「夕方、三月振りで並木が来た。支那の騒ぎで直接間接大分損をしたと話してゐた。予は支那分割論をといた。満州だけを満朝にくれてアトは共和国にさせようといふのだ」[37]と記し、当時、支那分割論、列強との協調による支那保全論、犬養毅らによる日支提携論がわき起こった中[38]で支那分割論を支持している。又、同年一一月一日に佐藤真一に宛てた手紙では、体調の良くないこと、そこから生ずる焦燥感を述べるとともに「革命戦が起つてから朝々新聞を読む度に、支那に行きたくなります。さうして支那へ行きさへすれば、病気などはすぐ直つてしまふやうな気がします」[39]と記し、当時の日本の中国への熱気ようなものを反映した文章を残している。

啄木の中国への考えは総じては「空中書」で述べられたような「侮ら」ない姿勢を基本とするものであったと考えられる。

啄木はロシアに対してどのような考えを持っていたのか。

一九〇四年（明治三七）二月一〇日、大日本帝国はロシア帝国に宣戦布告する。（明治）天皇の対ロ宣戦の詔勅には「韓国ノ存亡ハ實ニ帝國安危ノ繋ル所」であるのにロシアは中国との盟約や列国への度重なる宣言にもかかわらず「依然満州に占據シ」「終ニ之ヲ併呑セム」とし、（明治）天皇は恒久平和を維持せんと「屢次折衝ヲ重ネシメタルモ、露国ハ一モ交議の精神ヲ以テ之ヲ迎」えず、「韓國ノ安全ハ方ニ危急ニ瀕シ」「今日」「将来ノ保障」を「旗鼓の間ニ求ムルノ外ナシ」という事態に到ったとある。(40)

『太陽』第一〇巻第一一号明治三七年八月号に掲載された「マカロフ提督追悼の詩」はロシアの「英雄」の死を悼み、「敵ながらあっぱれな武人として称賛する」「日本古来の武士道精神」によって啄木が作ったとする説(41)がある。それに対して岩城氏は「敵ながらあっぱれと称賛する」の「あっぱれ」は、「感動して発するあはれの転じたもの」即ち「あわれ」で「「かわいそうだと思う心、同情を引くこと」と解釈したい(42)」と言う。岩城氏は四月二五日の『東京朝日新聞』の栗島狭花「戦争の詩鳴呼マカロフ提督」の「適《あっぱ》れなりやマカロフ提督／世界の兵家とうたはれ／武烈の冠《かむり》みそらの星を飾れど／運命、其身を占ひ知らず／無惨や、一撃、浪の穂を踏む／凄じや大将軍旗／烟のうちに落ち／怒濤千丈さかまき崩るゝ中に／偉人の姿、もろく消江て／今し水沫《みなわ》の、鳴呼、あともとゞめず」や『日露戦争実記』第一一篇に掲げられた短歌の「適れ」「あはれ」はその意味の「あはれ」即ち「無残な死を選んだ敗将への憐憫《れんびん》」であるとする。又、四月一八日の『東京朝日新聞』の「マ提督の陣没」と題する二首(43)「提督も覚悟しつらむ今更に乗りかゝりたる船いくさとて　巽子」「名将と煽てる人の口よりも先ず水雷に乗りし提督　山亭」と比較して、啄木の「マカロフ提督追悼の詩」には「揶揄や批難はなく、十九歳の詩人にしては格調の高い秀作で、マカロフ提督の追いつめられた心情や、死を賭して日本連合艦隊と戦った老将軍の真実に迫っている」[44]としている。

開戦まもない一九〇四年三月三日から三月一九日にかけて『岩手日報』に掲載した「戦雲余録」で啄木は、日露戦争を義戦としてとらえ、その日露義戦論は鹿野政直氏の言うように二つの柱、つまり①この戦争が、ドレイ状態にあるロシア国民に、みずからの解放にたちあがる機会をあたえるであろうという視点②この戦争が日本の文化的発展に資するであろうという視点――から成っていた。[45]しかし、この啄木の日露義戦論は、半年後の雑誌『時代思潮』第八号（明治）三七年九月五日に掲載された、トルストイの日露戦争論「Tolstoy on the war」を読むことによって変更を余儀なくされた。[46]

一九〇八年（明治四一）一〇月一六日『岩手日報』に掲載した「空中書」では、既引用のように「敗れたるものは、清国に非ずして北京政府と其軍隊のみ。露国に非ずしてザールの政府と其軍隊のみ」とし、「武」を中心として世界を見ることを否定し、平等主義への視点を覗かせている。啄木には世界を「連続」で見る視点が存在する。[47]

啄木の朝鮮半島とそこに住む人々に対する考えはどのようなものであったのだろうか。

一九〇九年（明治四二）一〇月二六日午前九時三〇分、伊藤博文はハルピン駅頭で韓国人安重根《アンジュングン》によって暗殺される。安重根は韓国黄海道の出身で反日義兵運動に参加していた。安重根は一九一〇年三月二六日死刑となる。一九〇九年一一月四日付の『朝日新聞』に掲載された歌九首、詩人不知は啄木の作品であると言われ[48]その中の「しかはあれ君のごとくに死ぬことは我が年ごろの願ひなりしか」は「高きより飛びおりるごとき心もてこの一生を終るすべなきか」や「誰《た》そ我にピストルにても撃てよかし伊藤のごとく死にて見せなむ」（『一握の砂』所収）と同じ心情、「気概」を吐露したものと考えられる。病弱で、気性の激しい、激烈な批判癖、反権力の意思を持つ啄木にはどこか死に場所を探していたようなところがある。

一九〇九年一〇月二八日、二九日、一一月九日に書かれた「百回通信」で啄木は「実に何の言ふべきところなきに似たり。吾人の痛悼は深し。然《しか》も亦《また》伊藤公にしては能《よ》く其死処を得たりとすべし。最後の一瞬時に至るまで国事に身を挺《ぬき》んでたる。故人また潜かに満足とせざらんや」(49)と「其死処」＝死に場所を得たるとすべしとしている。更に「唯吾人は此哀悼によりて、事に当る者の其途を誤る勿らん事を望まずんば非ず。其損害は意外に大なりと雖ども、吾人は韓人の愍《あわれ》むべきを知りて、未だ真に憎むべき所以を知らず。寛大にして情を解する公も亦、吾人と共に韓人の心事を悲しみしならん」(50)と述べ暗殺者安重根の心情を思い遣《や》っている。それは「マカロフ提督追悼の詩」で「ああ偉《おお》いなる敗者よ、君が名は／マカロフなりき」と歌った、既述の岩城氏の「かわいそうだと思う心、同情を引くこと」の意の「あわれ」「あっぱれ」と同質の心情であると思われる。啄木は安重根の行為について更に一歩進めて一九一〇年一〇月一三日に「雄々しくも死を恐れざる人のこと巷にあしき噂する日よ」「人がみな恐れていたく貶《おと》すこと恐れえざりしさびしき心」と歌い、理解を示している。(51)

それより少し前の一九一〇年九月九日夜、啄木は「地図の上朝鮮国にくろぐろと墨をぬりつゝ秋風を聴く」と詠んだ。「日本の地図と同じく赤色に塗りかえられた「朝鮮」の地図」(52)という説明に対して「日韓併合の政府発表は八月二十九日である。もしそうなら啄木は作歌した九月九日までに新しい地図が入手できたのであろうか。赤色という判定は難しい」(53)という指摘があり、それは正しいであろう。又、岩城氏がこの歌を「日韓併合が……日本の将来にとって極めて不幸だとする啄木の立場」(54)を歌ったものとするのに対し、「これは日本中心的な政治的洞察であり結果論になる。むしろ地図に明瞭な朝鮮半島の持つ地政学上の宿命に対する人間的な怒り、同情を主題としてとらえるべきであろう」(55)とする考えは首肯できるが、筆者としては啄木の暗い将来への不安のようなものをこの歌から読みとるのである。日韓併合（韓国併合）への否定的情調はその暗い将来への不安から生じるものであると考えられる。

四　結語

以上、考察してきたように石川啄木は二七才で夭折したが、国家＝強権こそが時代を閉塞させる元凶であると主張し、国家との対決姿勢を鮮明にした。同時に啄木はその日本人特有の自虐性、哀感を歌いあげ、啄木の歌は今も人々に愛され続けている。

啄木の文学・思想の発展を浪漫主義的――自然主義的――社会主義的と三つの時期に分けるのはほとんど一般の定説になっているが[56]本章で扱った啄木の日本論・対外論は主として自然主義的、社会主義的の時期と関係のあるものである。現在から見れば、いわずもがなの論が見受けられるようにも思えるが、それは現在から過去を鳥瞰的に見ることにも帰因するであろう。啄木の提起した国家の問題は現在に到るもなお、解決されていない。

日清・日露の両戦争の後、日本には近隣の中国、朝鮮半島の人々を軽蔑する風潮が瀰漫していったのは本稿の石川啄木の対外論でとりあげた「林中書」や「空中書」を読めばわかることであるが、近隣諸国とのよりよい関係を築くには過去の関係、過去の互いの相手への見方等を再検討する必要があるであろう。日本人には世界を序列化して見る傾向が強い。しかし、我々は現在、新たなパラダイムを創出しなければならない位置に立っている。本章がそのための一助となるなら、幸いである。

【注】

（1）岩城之徳（昭和五一）三一八頁。

(2) 今井素子（昭和五八）二五四頁。
(3) 今井素子（昭和五八）二五四頁。
(4) 岩城之徳（昭和五一）三二六頁。
(5) 岩城之徳（昭和六〇）四五頁。
(6) 今井素子（昭和五八）二五五頁。
(7) 今井素子（昭和五八）二五四頁。
(8) 岩城之徳（昭和六〇）六〇頁。
(9) 今井素子（昭和五八）二五四頁。
(10) 今井素子（昭和五八）二五六頁。
(11) 岩城之徳（昭和五一）三三七頁。
(12) 岩城之徳（昭和五一）三三七頁。
(13) 岩城之徳（昭和五一）三三八頁。
(14) 川崎庸之等総監修（一九九〇）九〇八頁。
(15) 岩城之徳（昭和六〇）二〇八頁。
(16) 近藤芳美（二〇〇〇）一四九頁。
(17) 近藤芳美（二〇〇〇）一五一頁。
(18) 今井素子（昭和五八）二五七頁。
(19) 今井素子（昭和五八）二五七頁。
(20) 『全集』第四巻　九五―一〇〇頁。
(21) 『全集』第四巻　九九頁。
(22) 小田切秀雄（一九八〇）一四五頁。
(23) 『全集』第四巻　一三〇頁。

(24) 小田切秀雄（一九八〇）一五四頁。
(25) 『全集』第四巻　二三〇頁。
(26) 小田切秀雄（一九八〇）一六三頁。
(27) 小田切秀雄（一九八〇）一六四頁。
(28) 『全集』第四巻　二六三頁。
(29) 『全集』第四巻　二六四頁。
(30) 『全集』第四巻　二六九頁。
(31) 大西好弘（二〇〇二）六九頁。
(32) （一九九八）講談社　大西好弘（二〇〇二）七五―七六頁。
(33) 中国近現代の文学者魯迅が『摩羅詩力説』で扱った詩人もそうした人が多い。
(34) 岩城之徳（昭和五二）三四二―三四三頁。
(35) 『全集』第四巻　一〇〇頁。
(36) 『全集』第四巻　一四四頁。
(37) 『全集』第六巻　二二一頁。
(38) 大西好弘（二〇〇二）六六頁。
(39) 『全集』第七巻　三七〇頁。
(40) 岩城之徳（平成七）一五頁。
(41) 岩城之徳（平成七）三一頁。
(42) 岩城之徳（平成七）三一頁。
(43) 「提督も覚悟しつらむ今更に乗りかゝりたる船いくさとて　巽子」。
「名将と煽てる人の口よりも先ず水雷に乗りし提督　山亭」。
(44) 岩城之徳（平成七）三一―三三頁。

(45) 鹿野政直（昭和四七）『全集』第八巻　三三二頁。
(46) 岩城之徳（平成七）一七頁。
(47) ここに言う「連続」の視点とは「序列」「階級」で見る視点と対立する視点のことを指す。
(48) 大西好弘（二〇〇二）六九頁。
(49)『全集』第四巻　一九三頁。
(50)『全集』第四巻　一九二頁。
(51) 岩城之徳（平成七）四五頁。
(52) 岩城之徳（平成七）四六頁。
(53) 大西好弘（二〇〇二）一〇二頁。
(54) 岩城之徳（平成七）四六頁。
(55) 大西好弘（二〇〇二）一〇四頁。
(56) 久保田正文（昭和三四）『全集』第八巻　所収　二二七頁。

【引用文献・参考文献】


岩城之徳（昭和五一）「第三章　啄木の書誌的研究　一、石川啄木年譜」岩城之徳（昭和五一）所収。

岩城之徳（昭和五一）『啄木評伝』学燈社。

今井素子（昭和五八）石川啄木年譜（昭和五八）特装版文芸読本『石川啄木』河出書房新社　所収。

（昭和五八）特装版文芸読本『石川啄木』河出書房新社。

岩城之徳（昭和六〇）人物叢書『石川啄木』吉川弘文館。

川崎庸之等総監修（一九九〇）『読める年表・日本史』自由国民社。

近藤典彦（二〇〇〇）『啄木短歌に時代を読む』吉川弘文館。

石川啄木（一九八〇）『石川啄木全集』（『全集』と略す。）第四巻　評論・感想　筑摩書房。

石川啄木（一九七八）『全集』第六巻　日記Ⅱ　筑摩書房。

石川啄木（一九七九）『全集』第七巻　書簡　筑摩書房。

石川啄木（一九七九）『全集』第八巻　啄木研究　筑摩書房。

小田切秀雄（一九八〇）『新編石川啄木の世界』第三文明社　レグルス文庫。

大西好弘（二〇〇二）『啄木新論』近代文芸社。

岩城之徳（平成七）『石川啄木とその時代』おうふう。

近藤芳美（一九七五）「石川啄木《悲運の民衆詩人》」朝日ジャーナル編集部編（一九七五）『新編　日本の思想家　中』朝日新聞社　朝日選書四五　所収。

朝日ジャーナル編集部編（一九七五）『新編　日本の思想家　中』朝日新聞社　朝日選書四五。

田中礼（二〇〇二）『啄木とその系譜』洋々社。

鹿野政直（一九七九）（一九七九）『全集』第八巻　所収。

久保田正文（昭和三四）「啄木の像はどのように刻まれてきたか」（一九七九）『全集』第八巻　所収。

〔付記〕

本章は二〇一二年六月、日本比較文化学会第三四回全国大会（於岡山市立中央公民館）での口頭発表「石川啄木の日本論・対外論」の内容をもとにしたものであることを付言しておく。

なお、「啄木」の「啄」の字は便宜上、旧字体ではなく現在、通用している人名用漢字「啄」の字を使用したことを付言しておく。

第六章　吉野作造の日本論・中国論

序

吉野作造と言えば、大正デモクラシーを想起する人が多いであろう。また、過去のデモクラシーを想起して、何か古ぼけた感じがする人もあろう。そうした「感じ」には我々の持つイデオロギーの歴史が関与している。吉野の思想はブルジョア民主主義、あるいは「帝国主義の民主主義」として批判が繰り返された時期がある。(日本の一九四五年の敗戦後から一九五〇年代。)しかし、一九六〇年代前後から、日本の民主主義の伝統を掘り起こそうとする機運が学会で高まり、大正デモクラシーの研究が進む。吉野がデモクラシーに拠って同時代といかに闘ったかという視点から書かれた著書[1]も刊行された。吉野の民本主義の基礎となるキリスト教信仰に基づく人間観の抽出[2]、吉野を政治学と歴史学の二つの専門分野を持つ学者と捉える吉野像[3]などが発表され、九〇年代には(一九九五—一九九六)『吉野作造選集』(全一五巻　別巻一　岩波書店)も刊行された。吉野の中国論、朝鮮論には現在、東アジア、アジアの将来を考える際に傾聴すべきものがある。本章では吉野の日本論、中国論をワンセットで捉え、更に朝鮮論にも言及し、吉野の東アジア観について考察したいと思う。まず、吉野の人と時代の考察から始めることにする。

一　吉野作造について　――人と時代――

吉野作造は一八七八年（明治一一）一月二九日、宮城県志田郡大柿村（現・大崎市古川十日町）の糸面商吉野家の長男として生まれた。糸面商は木綿織物の原料を扱い、職人によって打ちほどかれた綿を販売する商売（人々はその綿を買って自宅で着物を作った）であるが、一八八〇年代後半以降、衣服は購入を主とするようになり、吉野家も次第に販売品を糸、反物へと変化させていった。(4)

吉野の幼少期、宮城県にも自由民権運動の嵐が吹き荒れていた。反藩閥政府の気風が存在した。吉野は古川における民権家や反藩閥政府の気風を次のように述懐している。

> 明治も二十年頃までは、一から十まで明治新政府の為《す》る事が癪に障り、伯夷叔斉《はくいしゅくせい》を気取るまでの勇気はないが白眼を以て天下をにらみ、事毎に不平を洩らしては薩長嫌厭の情を民間にそゝるといふ底の人物が到る処に居たものだ。（中略）私は薩長にいぢめられた方の東北の片田舎に生れたので割合によく這般《しゃはん》の消息はわかる。(5)

続くところで「私共が七つ八つの頃よく戦争ごつこをして遊んだものだが、「新政厚徳」の旗印が最後の勝利を占めたといふでなければ決して局を結ぶことは許されなかつた。」と言うから（筆者注：「新政厚徳」は西南戦争（一八七七年（明治一〇）、吉野の生まれる前年に起こった）での西郷軍の旗印）その気風がうかがい知れる。一八八四年（明治一七）三月、六歳で古川尋常小学校に入学している吉野が七、八歳の頃のことを述べているのであるから、小学校

二、三年生頃の話である。

吉野の父母は教育熱心であった。それは一八九二年（明治二五）三月古川高等小学校を首席卒業の後、六月、宮城県尋常中学校（校長大槻文彦。現仙台一高）に進学したことにも現れている。当時、中学への進学希望者は家庭の貧困から、自立のために官吏や教員になることを目指すものがほとんどで、土着で代々の家業を持ち、何不足なく暮らしていける家庭の子供で進学したのは作造のみであった。父母の教育熱心によるものであった。(6)

一八九七年（明治三〇）三月、中学校を首席で卒業し、九月、第二高等学校法科に無試験入学する。この年、キリスト教布教のため単身、仙台に来たアメリカ人、ミス・ブセルのバイブルクラスに入り、翌年七月三日、仙台バプテスト教会で浸礼（全身を水に浸す儀式。洗礼の一種。）を受けキリスト教徒となっている。また、その翌年一八九九年（明治三二）小学校教師阿部たまのと結婚する。（知り合うきっかけは下駄の緒を切らし、困り果てているたまのを見た吉野がハンカチを裂いて与えたことによると言う。(7)）

一九〇〇年（明治三三）七月、第二高等学校法科を二番で卒業、同年九月、東京帝国大学法科大学に入学する。大学時代、吉野はキリスト教会に足繁く通っている。そこで二高時代に見知っていた海老名弾正《えびなだんじょう》（一八五六年―一九三七年）に改めて惹きつけられる。キリストの復活や聖母マリアの処女懐胎を宗教的信念、宗教的情熱の表れとして解釈する自由主義的聖書解釈の立場に立つ海老名に共感し傾倒した。

一九〇四年（明治三七）七月東京帝国大学法科大学政治学科を首席卒業、大学院に進学する。就職よりも政治史の研究に一生を捧げたいという気持ちの方が強かった。実家は経済状態が良くなかったが、炉端会議の結果、吉野の希望通り仕送りを続けることとなった。大学院時代の生活は実家の仕送りと英語論文の翻訳などでしのいだ。

一九〇四年二月に日露戦争が起こると、吉野はそれを「義戦」ととらえた。専制主義、侵略主義ロシアの敗北がロシア人民に自由をもたらしアジアとヨーロッパに平和をもたらすという理由から、その戦争を自由と平和のためのものだと肯定した。[8]

一九〇六年（明治三九）一月二二日、妻と三女光子を連れて天津に赴く。直隷総督袁世凱《えんせいがい》の長子袁克定《こくてい》の家庭教師となるためである。最初の半年、袁家から給料が出ない等のトラブルもあり、決して快適な中国生活ではなかったが、一九〇九年（明治四二）一月二三日帰国するまで三年の中国滞在は中国についての無形の〝体会《ティーホイ》〟（筆者注：素養、理解）[9]を醸成したと考えられる。

帰国した年の二月には東京帝国大学法科大学助教授に任命されている。一九一〇年（明治四三）一月二〇日満三年、政治史及び政治学研究のため、ドイツ、イギリス、アメリカへの留学命令が文部省より発令され、同年四月一三日から一九一三年（大正二）七月三日まで吉野は欧州留学をする。留学がもたらした成果としては①キリスト教における社会活動の重要性に目覚めたこと②宗教と政治との奥深い密接なつながりを認識したことが[10]挙げられる。

一九一四年（大正三）六月二八日、セルビアの青年が併合に反感を持ち、オーストリア皇太子をサラエボで暗殺する。一ヶ月後、オーストリアはセルビアに宣戦布告し、第一次世界大戦が勃発する。翌一九一五年（大正四）一月一八日に日本は中国に対華二一カ条要求を突きつける。吉野は『日支交渉論』（一九一五）で「帝国の立場から見れば、大体に於て最少限度の要求である」[11]として二一カ条要求を基本的に支持した。しかし同時に「帝国の支那に対する理想の政策は、何処迄も支那を助け、支那の力となつて、支那の完全な且つ健全な進歩を図るに在り、（中略）将来支那の事物に対しては、大に同情と尊敬とを以て接せんことである」[12]と述べている。

一九一六年（大正五）『中央公論』一月号に吉野は『中央公論』編集主幹瀧田樗陰《たきたちょいん》との合作で論文「憲政の本義を説いて其有終の美を済すの途を論ず」（以下「憲政の本義」と略す）を発表する。この論文で吉野は「民本主義」という政治概念を主張した。吉野は日露戦争を「専制」に対する「自由」のための戦いととらえたが、換言すれば、歴史的必然に従い、歴史を進歩させる戦いとして日露戦争を正当化した。[13]中国での三年間で吉野は中国の立憲運動の旺盛なのに驚き、帰国した日本（一九〇九年（明治四二））で民主思想の興隆に更に驚き、欧州留学で宗教（キリスト教）における社会活動の重要性、宗教と政治の密接なつながりを認識した。そうした吉野にとって民本主義はキリスト教の理想の政治的表現であり、民本主義の研究、主張は歴史を通して現れた神の認識と賛美に他ならなかった。[14]

吉野の民本主義は一九一六年（大正五）、一九一八年（大正七）、一九一九年（大正八）では少し見解を異にするが、最終的には一九一九年に一九一六年の民本主義を継承発展させたと言える。

一九一六年の民本主義では「政治の目的」が民衆の幸福にあること、「政治の手段」として参政権を獲得することを内容としていたが、一九一八年には「政治の目的」としての民本主義が必要条件から除かれた。しかし、一九一九年には一九一八年の削除を撤回して、更に民本主義の中に社会主義を含めて社会主義との妥協を図った。[15] 民本主義は一九一六年には国家主義者から、一九一八年には社会主義者やアナーキストから、一九一九年には国家主義者や国家社会主義者から激しい批判、反論がなされた。

一九一八年には「世界人文の発達」「世界の大勢」「戦後世界の新趨勢」という大綱に沿った中で日本、日本の使命を発揮することを目的とする黎明会を発足する。大正リベラリズム・大正デモクラシーの結節点であり、名士、文化人の集合体であった。[16] 厨川白村や三宅雪嶺も参加している。一九二〇年初め、会員の森戸辰男が筆禍事件によって東大を追われ（森戸事件）、五月には木村久一が講演会でシベリア出兵反対の檄文を紹介したことにより不敬罪で検挙され、早大教授を罷免されるなど会員に対する当局の弾圧が強まった。また、一九一九年後半にマルクス主義思想が広まったこと等により一九二〇年八月に黎明会は解散のやむなきに到った。

一九一九年（大正八）一月一八日から六月二八日までパリ講和会議が開催される。会議期間中の三月一日、京城、平壌などの朝鮮各地で独立宣言やデモが行われ、全国に波及し、約五〇万人が参加した。三一運動である。

日本の武力による朝鮮支配の矛盾が露呈した。講和会議で日本は中国山東半島のドイツ利権及び赤道以北のドイツ領諸島を無条件に譲り受けることを主張する。日本の国際連盟脱退を恐れたウィルソンは日本の要求を承認したが、北京では学生三〇〇〇人余が五月四日、山東問題に抗議してデモを行った[17]（五四運動）。吉野は六月に「北京学生団の行動を漫罵する勿れ」を『中央公論』に発表し、排日運動の矛先は官僚・軍閥・財閥であり、日本国民は運動と提携する立場にあると主張した。[18]吉野は五・四運動で検挙された中国人留学生を救援するために奔走している。この頃より吉野は「民本主義」よりも「デモクラシー」という語を多用するようになり、それは実質的な国民主権を主張するという含意が込められていたと考えられる。[19]

一九二二年（大正一一）一月、二人の女性を殺害した罪で逮捕された、いくつもの前科のある肉体労働者が妻に己の罪を話し、妻が泣くと「清浄な心もちになる」、だから女房は自分にとって「非常に必要な人間なのです」と述べる内容の谷崎潤一郎の小説「ある調書の一節」を「魂の共感」と題して取り上げ、男に生きる力を与える「女房の魂の力」は「あらゆる世の罪悪と戦ふ強い天来の力」であり、どんなやくざな者でも「自分の懐から離すまいとする大慈大悲の神心が茲《ここ》に現れた」とし、それこそ「人生の真面目」であると記している。[20]吉野はどんな人間の中にも「神々しい聖熱」があると述べている。

一九二三年（大正一二）六月九日、有島武郎《たけお》が心中自殺する。吉野は批判めいたことは言わないが自殺には宗教的立場からも絶対に反対すると自らの考えを表明している。同年九月一日、関東大震災が起こると、吉野は一一月、『中央公論』に「朝鮮人虐殺事件に就いて」を掲載して、朝鮮人虐殺の根底には、朝鮮人の日本人に対する「不満」が「潜在的確信」（筆者注：加害者の、被害者の報復への潜在的恐怖心）として日本人の中にあったのではないかとしている。

学者としての吉野の生涯は大きく政治学者としての生涯と歴史家としての生涯に分けられるが、歴史家として

の吉野は①政治外交史②中国革命史③明治文化研究――の三つの領域で業績を残している。(21)

③明治文化研究については、吉野は日露戦争を契機に日本文化研究に対して関心を持ち始めた。一九〇五年（明治三八）に「日本文明の研究」という論説を書き（『国家学会雑誌』）、その中で「日本固有の文明の研究は当今人心の要求となれり」、自分は「日本文明の研究に多大の趣味を有する」と述べている。(22) 明治文化研究の資料文献の蒐集《しゅうしゅう》を一九二一年（明治一〇）から本格的に始めている。一九二四年（大正一三）一一月には明治文化研究会を作り、翌年二月には機関誌『新旧時代』（後に『明治文化研究』について『明治文化』と改題）を発刊し、研究体制を整えた。その主業績は①明治文化の形成に及ぼした西洋文化の影響②明治憲法制定史③自由民権運動史――という三つのテーマに分けられる。(23)

一九二四年（大正一三）二月八日に東京大学教授を辞職し、朝日新聞編集顧問兼論説委員として朝日新聞に入社した（大学辞職、朝日新聞入社の理由については米田実の次のような言辞があると言う。吉野は「「横浜の某富豪を説いて支那人、朝鮮学生の学費を出して貰つてゐたが、該富豪が地震の打撃で世話が六《むつ》ケ《か》しくなつたので、氏は自分で費用を造らうと考へたのである。それは大学教授の収入よりも新聞社の方がズツト善い待遇を与ふるからであつた」とは交渉に当たった米田実の言である」）。(24) 吉野は同年二月（下旬）に神戸で「現代政局の史的背景」と題する講演を行った。その中の、五箇条の御誓文は明治政府が金力、兵力に困り、窮余の結果、明治天皇が出した「悲鳴」だという発言が問題視され、また同年三月末から四月上旬に「枢府と内閣」（大阪・東京両朝日新聞に掲載）によって行った枢密院批判が吉野を追い込む決定的要因となり、吉野は五月末、朝日新聞退社を余儀なくされる。

朝日新聞退社後の吉野は前述のように一一月に明治文化研究会を作っている。「五箇条御誓文」事件が不起訴確定したのが同年七月一一日、同月に『新井白石とヨワン・シローテ』を刊行しているから明治文化研究に重点が移ったようである。その成果は一九三〇年（昭和五）七月に『明治文化全集』全二四巻として完結している。

吉野作造は社会活動を重視した人である。それはキリスト教や欧州留学の影響によるものであったが、根本的には吉野の歴史観、人間観に起因するものであった。吉野はすべての人間は神心=神性を持ち、環境さえ整えば誰もがその神性を発揮できると考えた。また人類の歴史は神性の実現過程であると考えた。そこにはヘーゲルの影響もあるであろうが、吉野は基本的に対立、闘争より調和、前進を中心とする面が強い。そのことに起因するものと考えられる。

朝日新聞退社後、一九二六年（大正一五）九月には賛育会（貧窮者のための病院）が財団法人となり死亡するまで第二代理事長として尽力した。一九二七年（昭和二）には一〇月に東京帝国大学総長古在由直《こざいよしなお》の学生問題の顧問になっている。一九二九年（昭和四）六月には社会民衆党選出各議員大会の議長を務める。一九三二年（昭和七）七月には社会大衆党が結成され、顧問に就任した。一九三三年（昭和八）一月、賛育会病院に入院。三月五日、吉野は逗子小坪の湘南サナトリウムに転地入院したが、三月一八日に逝去する。以下に考察するように中国人留学生や朝鮮人留学生の経済支援にも尽力した吉野には時代の風潮とは異なり個人の「神性」を国籍に関わりなく尊重する姿勢があった。また社会活動家であった。日本近代にこうした人がいたことを銘記しておきたい。

二　吉野作造の日本論

吉野作造の日本論をここでは民本主義論関係（の背景）と明治文化研究の関係で考察してみたい。三谷（昭四七）は「思想家としての吉野」を①民本主義論②それを対外的に適用した中国革命及び朝鮮論③日本における民本主義を歴史的に基礎づけようとした明治文化研究——の三つの形で展開されたものとしている。(25) それに即して言えば、①と③に対応すると言えよう。

吉野の日本論は世界の「普遍性」との関係で展開されたものであった。若き日にキリスト教に入信した吉野は欧米留学（一九一〇年（明治四三）―一九一三年（明治二）をした。その前に中国にも三年間滞在している。元来、文学、哲学を愛好するところから、大学では法理学演習報告として「ヘーゲルの法哲学の基礎」を発表している。中国、朝鮮の革命党や留学生への支援（経済的支援を含む）は吉野の持つ、また理想とする「普遍性」によるものであろう。

吉野の民本主義はどのような人生観、国家観に基づくものなのか、そしてまた明治文化研究はどのようなものなのか、日本論との関係で次に考察してみることにする。

吉野作造の民本主義論は吉野の人生観に由来するものと言っても過言ではない。吉野は理想を以て現実との折り合いをつけようとする人である。対立、闘争を気質的に好まない。以下、その点を考察する。穂積陳重《ほづみのぶしげ》教授の法理学演習報告である一九〇四年（明治三七）の「ヘーゲルの法哲学の基礎」では「宇宙は具現せるロゴスなり」とし、ロゴス（道理、合理）の暫時的発現としての宇宙、ロゴスの発展としての精神界と物質界を主張するヘーゲルの説[26]を紹介している。吉野にとって宇宙、現実を「合理」とするヘーゲルの説は現実を理想実現の過程と考える確信を吉野に付与したと言えよう。また、国家を固有の目的を持つ有機体とみなし（有機体的国家観）[27]、国家の目的を「個人の本性にして宇宙の本体たる大我の自由意志」[28]の完成にあるとし、小我（偶然的自我）ではなく大我（合理的または理性的自我）を発揮することが「自由」（＝「自我が自我たるを得たるの謂に外ならず」）であると考えるヘーゲルの説は、個人の目的と国家の目的を合致させ、吉野に強く訴えるものがあった。更に「吾人は須《すべか》らく有限以外の無限を有限の中に求めざるべからず。差別現象界に於いて絶対的本体を認識せざるべからず。俗塵の裡に在りて神と接せざるべからざるなり」[29]と述べ、「真理や神の存在を現実の歴史や政治の中に見出し、その真理に沿うように政治や社会を導くこと」[30]をクリスチャンとして、そして政治学者としての使命とすることを表明している。こうした神認識は海老名弾正の自由主義的神学思想に通じるものであり、そこに海老名の吉野への影響を見て取れる。

一九一六年（大正五）九月発表の「国家中心主義個人主義　二思潮の対立・衝突・調和」では「個人中心主義の高調に依りて国家中心主義を正路に導かんことを冀《こいねが》ふものである」(31)と述べているから、一月の「憲政の本義」とともに吉野が当時、国家中心主義の是正を目論んでいたことが看取される。吉野は両者を決して相排斥すべきものではなく、政治の実際に当たっては「時と場合によつて其何れの主義に主として拠るべきかを定むるの外はない」(32)と相対主義の立場を取っている。日本の「軍隊」については日本の「一般人民」は軍隊の服役を「肉体上、並びに精神上、非常に苦痛なるものと看做して居」(33)て、矛盾の最も甚だしいのは「法律制度の上に貴族富豪の事実上の徴兵忌避を黙認し」、「三十二歳まで海外に留る者は服役を命じないといふ規則が即ち之れである」(34)とし、「我国では何を以て軍隊統率の業を実際に行ふやといふに曰く威圧である」(35)と述べ日本の軍隊批判をしている。また、吉野は日本には「相当に個人中心主義を主張するの余地は確かにあると思う」(36)としていることからも当時においては個人中心主義擁護論者であったと考えられる。

一九一九年（大正八）九月発表の「国家と教会」(37)では旧約とは異なり新約の時代には「曩《さき》の命令者は今や父として、之を愛慕するといふことに変わつた。これが実に又我々の国家生活の理想を示すものではあるまいか」と述べるとともに「帝国の永遠の理想」としては「強制組織が無くなつても、即ち命令服従の関係が無くなつても、日本といふ国が立ち行くといふことに置かなければならない」、「これが無くても済むやうに国民を導くが為め命令、強制が必要だといふ見地は、何処までも取つて行きたい」(38)としている。必要悪としての法、国家という視点を持ち、無政府状態への漸進的歩みを肯定している。天皇についても究極は「命令の君が一転して愛慕の君となる」とし、「我々の宗教生活は、ある意味に於いては我々の国家生活の理想の暗示であらねばならない」(39)としているから、吉野は宗教の理想から日本国家の理想を類推したと言える。

一九二一年（大正一〇）七月発表の「社会と宗教」[40]では「人間は大体に於て信じていい」と述べ一九二三年（大正一二）四月発表の「新人運動の回顧」[41]では「物」を「心」の次とし、「人は神の愛に依つて本体を意識する。即ち自分の中に神を見て、神の中に自己を見るのである」[42]と述べている。吉野にあっては「神」において自己、社会、（日本）国家は連なっており、その理想状態では強制はなく「愛慕」と「調和」「自由」が存在するのみと考えられていたようである。一九二四年（大正一三）一一月発表の「斯《か》く行ひ斯く考え斯く信ず」[43]では「人類を相愛し相援《たす》くるものと観《み》て「相和し相援くるものと観る信念で押し通せば、離るべかりしものまでが和合して来るやうに思われるので、自分は常に自分の立場の謬《あやま》らざることを信じて疑はない」[44]、そしてそれは宗教的信念であるとしている。

こうした人間観、国家観の吉野が天皇制下のデモクラシーの実現として考え出したのが「民本主義」であった。対立、闘争を回避し、前述のように「政治の目的」としての民本主義が必要条件から除かれたり（一九一八年（大正七））、その削除を更に撤回したり（一九一九年（大正八））したが、それは日和見主義ではなく上記のような吉野の人間観、国家観のなせるわざであったと言っても過言ではない。また、吉野の民本主義は国家主義的色合いの濃い時代に個人主義的（個人を尊重する）色合いの濃い「参政権の獲得」を「政治の手段」としたものであった。

吉野は日露戦争を契機に日本文化研究に関心を持ち始めた。しかし、日本人の、日本固有の文明の研究への関心自体は日露戦争以前から存在する。吉野のオリジナルな関心ではない。たとえば三宅雪嶺は『真善美日本人』で「軽妙」「模倣」を日本的特徴として挙げたし、内藤湖南は「所謂日本の天職」で「日本の天職」は西洋の文明を日本を介して中国に伝えたり、中国の旧物を西洋に売ることではなく「我が日本の文明、日本の趣味、之を天下に風靡し、之を坤輿《こんよ》に光被するに在るなり、我れ東洋に国するを以て、東洋諸国、支那最大と為すを以て、之を為すこと必ず支那を主とせざるべからざる也」[45]と述べている。もっとも日本固有の文明といっても中国文明の影響を受けながら発展したのが日本文明であり、日本、中国の両方の文化に通暁していた内藤湖南は中国文化を日本文化にとっての豆腐のにがりのようなものであると述べている。[46]

吉野作造の場合は中国の革命党の動きを目の当たりにしたし、中国人や朝鮮人との接触で認識を新たにしていき、一九一一年（明治四四）留学中のウィーンで労働党の示威運動を見て、その整然とした様子に感服している。[47]吉野は世界の潮流、世界の「普遍性」の潮流の中でデモクラシーを日本で提唱し、それを日本に適合するように「民本主義」と名付けたのであった。吉野の明治文化研究は大正デモクラシー（＝「普遍性」）の正当性及び必要性を論証しようとする意図に動機づけられていたが、裏を返せば、若き日に読み感銘を受けたヘーゲルの『法哲学大綱』の序文にかかげられた「現実的なものは合理的である」という命題を論証することでもあった。[48]

吉野の明治文化研究の資料文献の蒐集《しゅうしゅう》が本格的に始まったのは一九二一年（大正一〇）頃からと言われるが、[49]明治文化研究会のメンバーの協力の下に進められた吉野の明治文化研究の主な業績は①明治文化の形成に及ぼした西洋文化の影響②明治憲法制定史③自由民権運動史――の三つである。[50]以下、この三つについて考察してみることにする。

①について吉野はキリスト教の影響や学問分野での江戸時代以来の発達とその明治文化への影響、メディアの役割を果たしたもの、日常生活面における西洋文化の影響に関心を持ち研究を行っている。[51]

キリスト教の影響についての研究には一九二二年二月発表の「新井白石とヨワン・シローテ」がある。吉野は新井白石のヨワン・シローテ（一七〇九年（宝永六）、ローマからヴァティカンの使命を帯びて日本に密航し捕縛された宣教師）との江戸切支丹《キリシタン》屋敷での会見記録（『西洋紀聞』と『采覧異言』）を資料として、白石の中に「明治文化の形成に寄与した知識人たちのキリスト教観の原型（したがって西洋文化観の原型）」[52]を見出そうとした。吉野は白石のキリスト教の教義への知識の正確さに驚き、キリスト教を手段とする西洋諸国の間接侵略説を根拠のないものとしてしりぞけた見識を高く評価して次のように述べている。「外国の事物は正に此の調子で観るべきだ。殊に内面的事物に於て然りとする」(53)。もっとも吉野は「西洋の学は形而下に限り形而上の事は取るに足らずと放言せる」(54)新井白石のキリスト教観、西洋文化観には同調せず「聊《いささ》か意外とせねばならぬ所である」と述べている。

一九二七年（昭和二）七月発表の「新旧混沌時代の思想及び生活」(55)で本当に西洋文明を学ぼうとするならその真髄まで遡らなくてはならぬ、その真髄とはキリスト教に外ならないと喝破した中村敬宇（筆者注：スマイルスの『西国立志編』、ミルの『自由之理』の訳者で、後、東京帝国大学教授となった）を高く評価し、排外思想の盛んなときに天皇にキリスト教の洗礼を受けるように述べた文章を中村敬宇が書いたことに対して「正々堂々耶蘇教帰依の必要を説くのは、当時としては実に驚くべき大胆な冒険と云わねばならぬ」(56)とその勇気を讃えている。

②明治憲法制定史の業績について。吉野は一九二八年七月発表の「維新より国会開設まで」で伊藤博文が憲法調査を行い、西洋各国を見学して英国流憲法が日本の実情に適さないことを感知し、自由民権運動の「民間過激の思想」に対して「独逸《ドイツ》流の思想を以て頻りに対抗せしめ」(57)たと述べている。続けて伊藤が日本固有の歴史を第一に考慮して憲法調査を行ったと言うが、「其実彼の憲法の全然範《ママ》を普露西《プロシア》に取りしは掩ふことが出来」ず、それは当時、民間に普《あま》ねく認められていた通説ではなかったと言う。伊藤は憲法草案起草中、自分の方針を絶対に秘密にした。民間では憲法は英国流で固まっていた。国会開設となっても政府の解釈乃至《ないし》行動は全くドイツ式であるのに、民間政客のそれは徹頭徹尾、英国流であったから水と油で「第一議会以来の官民の衝突はこの点を念頭に入れると始めてよく分る」（『選集』一一　三〇七頁）と当時の状況を明らかにしている。吉野は一九三三年二月、死の一ヶ月前発表の「スタイン、グナイストと伊藤博文」(58)で「見るべし彼れが如何に大権の独立不羈《ふき》とこれに専属奉仕する官僚団の保障を念としたかを」とスタインの講義への伊藤の注目個所を述べているが、それは天皇崇

拝と政府、内閣が（国会から）超然とした仕組みを作ることを伊藤が目論んでいたことを吉野が明らかにしたことを意味している。

③自由民権運動史の業績について。吉野によれば自由民権運動は「時勢の必要」に先駆けたものであり、大正デモクラシー運動は「時勢の必要」に促されて起こったものであった。[59] 一九二六年（大正一五）九月発表の「自由民権時代の主権論」で当時の人々は明治一五年（一八八二年）には「君主ニ特権ヲ与フルノ可否」を討論していたと述べ、[60] 翌年一二月発表の「明治維新の解釈」でも「私の考えでは凡ての人が皇室を見つめて日本国民としての共通の感情を有つ様になるまでには、凡そ二十年の歳月はかかつたと思ふ」[61]と記している。国家観、つまり民主主権論とドイツ流主権論（伊藤博文一派）の歴史を明らかにしようとしているのである。

一九二七年（昭和二）二月発表の「我国近代史に於ける政治意識の発生」では日本国民に近代的政治意識の発生を促した第一の原因は当時の政府が率先して「政道」を自家の掌中から民間に解放したことにあるとする。[62] 更に「政道」は江戸時代の「先王の道」から新しく「公道」「公義」「公法」（「公法」は国際法だけでなく民法・刑法等すべて欧米の風土に育った実定法を指す）に変わり、明治初期の民間志士（自由民権運動家等）の間には殉教的とも言うべき、「今日の政治家達に見られぬ真面目《まじめ》さ」があった。吉野は続けて「概していふに、彼等はその東奔西走の裡に、ともかく一種の道徳的熱情を湛え、且つ私をすてて公に殉ずるといふ精神的安心をも感覚してゐたやうだ。是れ思ふに封建時代に訓練された所の「道」に対する気持を直に移して自由民権等の新理想に捧げた為ではなからうか。而してこの二つの態度の橋渡しをしたものは、実に「公道」観念の流行であつたと考へる」[63]と述べ、「伝統的なものが近代的なものを生み出す媒介となったメカニズム」[64]を明らかにした。日本の歴史を「連続」で見る思想を吉野は持っていた。

三　吉野作造の中国論

吉野は前述のように一九〇六年（明治三九）一月二二日、妻と三女光子を連れて天津に赴いている。直隷総督袁世凱の長子袁克定《こくてい》の家庭教師となるためであった。最初の半年、袁家から給料が出ない等のトラブルもあったが、一九〇九年（明治四二）一月二三日帰国するまで三年の中国滞在によって吉野は、前記のように中国についての無形の〝体会《ティーホイ》〟を得たであろう。もっとも、一九一六年（大正五）年に中国への考え方の転機を迎える(65)までの吉野は中国に対して否定的である。たとえば一九〇六年（明治三九）九月発表の「支那人の形式主義(66)」で、中国人の「尊敬」とは先生に直接、会った時にだけ丁重に尽くせばよいもので、支那人の一切の云為《うんい》（筆者注：云《い》ったり為《し》たりすること。）の基礎は何もかも「形式」で（一八〇頁）、独立自由の思弁がない、支那に主義理想なし（一八四頁）と述べている。そこには日清戦争以後の一般的日本人の中国軽侮の念が現れている。

一九一五年（大正四）一月一八日に日本は中国に対華二一カ条要求を突きつける。前述のように吉野は『日支交渉論』（一九一五）で「帝国の立場から見れば、大体に於て最少限度の要求である」として二一か条要求を基本的に支持した。しかし、同時に「帝国の支那に対する理想の政策は、何処迄《どこまで》も支那を助け、支那の力となつて、支那の完全な且つ健全な進歩を図るに在り、（中略）将来支那の事物に対しては、大に同情と尊敬とを以て接せんことである」と述べている。吉野には両義的な言い方をよく見うけるが、当時の状況を考えれば、一面だけを以て断章取義的に決め付けるのは公平を欠く。吉野が当時、日本帝国主義擁護の考えを持っていたとしても、同時に宗教的人道主義者でもあったと言っていい。

『日支交渉論』が刊行されたのは一九一五年（大正四）六月である。その年の一二月に中国では反袁運動の第三革命が起こる。第三革命は一九一五年中国の袁世凱が帝政を復活したことに反対して前雲南省都督《ととく》（＝軍政担当官）蔡鍔《さいがく》らが起こした武装蜂起である。一〇省がこれに呼応して、翌年六月、袁世凱は悲憤のうちに病死する。一九一六年（大正五）一月、吉野は頭山満《とうやまみつる》、寺尾亨の依頼で中国革命史研究に着手している。その年の一一月発表の「支那の革命運動に就いて」[67]では革命運動を匪賊《ひぞく》の類とみたり、漢人種と満人種の人種争いとみたり、政界の落伍者や野心家の運動にすぎないとみるのは誤りで、中国の革命運動を「予は其根本の思想を以て何処までも弊政を改革して新支那の建設を見んとするの鬱勃《うつぼつ》たる民族的要求なりとするものである」（二五七頁）とし、「革命運動の全体を通じて流るゝ唯一の永久的生命ある思想は、即ち弊政改革新支那建設の理想である」（同）、革命思想の生命が「即ち今日の支那を動かしつつあるものであり、此の生命が即ち将来の支那を造るものであることを看過してはならぬ」（二五八頁）と断言している。一九一六年は吉野の中国への考え方ががらりと変わる転機の年であったが、これらの文章からそのことが首肯できる。[68]一九一五年一二月の第三革命による影響は非常に大きなものがあったと思われる。また、回りにいた朝鮮人留学生や中国人留学生との接触によっても吉野は感化を受けていった。[69]

吉野の中国論の基本は日中関係論（日本論と中国論が連動している）であり日中提携論である。それは国防、政治よりは経済、文化を重視する提携であった。また、「軍閥の日本」と「平和の日本」を分け、後者と中国の連帯を説いた。次にこの点について考察してみたい。一九一七年（大正六）三月の『日支親善論』[70]では経済的発展と政治的発展を分離し前者は必要だが後者は不必要とする。そして日支親善のために日本の執るべき策として①支那の自強を計ること（二一三頁）②両民族の精神的交通（＝交流）の開拓（二一六頁）――を挙げる。翌一九一八年一月の「我国の東方経営に関する三大問題」[71]では現今の重大問題を国防問題、経済問題、文化問題に分けて論じ、

「我々は、東洋民族の名誉の為めに、又東洋文明の世界的使命の為めに、文化的開発の大任を我が日本民族の手に確保することを以て、我々に与えられたる高尚なる一大任務と心得なければならない」（三一三頁）と結論している。日本の満蒙特殊権益については従来の日本の立場を自家撞着《じかどうちゃく》と批判する。「日本が満蒙以外の地に於て他国の勢力範囲の設定に抗議すれば、然らば満蒙は如何と反撃せらるゝ恐がある。而も日本が満蒙に於ける其特殊権益を強く主張せんとすれば、他国も亦之に倣《なら》つてそれぞれの地域に於ける特殊権益を主張せんとする。此が従来の厳しき立場であつた」（三〇二―三〇三頁）。この「日本に身を置きながら日本と距離をとり、日本を相対化しつつ捉える吉野の視点」は「中国理解を深めるうえに不可欠[72]」であるという識者の言辞がある。また、吉野は日本人の島国根性を厳しく批判している。「自己の立場を主張するに急にして、全然相手の立場を顧みないのは、島国根性の通弊である。我々日本人は、多年割拠的生活を営んだ結果として、特に忠君愛国の念に富む。これ程忠君愛国の念に富みながら他民族の愛国心に同情無きこと我が日本民族の如きは、また世界に於て甚だ其例に乏しい。若し我々にして支那人の愛国心・朝鮮人の愛国心に多少の同情があつたならば、支那・朝鮮に於ける国権伸張の方法は、もう少し変わつた色彩を取つた筈であらうと思う。其の上我々は、今日までの多少の成功に馴れて、他民族を劣等視し、動《やや》もすれば尊大倨傲《きょごう》の態度を以て彼等に臨まんとする。此の如き態度は、事実我々が優秀の能力資格を備へて居たとしても、他民族を服する所以ではない。況んや退いて深く反省する時、我々日本民族の間には、果して東洋の諸民族に誇るべき何物があるかを知るに苦しむに於てをや」（三〇八頁）。日本の島国根性批判は後述のように、一九二〇年一月の「青島専管居留地問題に就いて」や一九二七年八月の「対支出兵問題」でも再度、行われている。日本は日本の支持する北方の張作霖を支援するために北伐を阻止しようとした。

次に、五四運動前後の吉野の中国についての言辞を通して、吉野の官僚軍閥批判、「平和の日本」指向を考察してみることにする。一九一八年（大正七）六月の「支那留学生拘禁事件[73]」は、寺内内閣がロシア革命を機に北方軍閥を一層、日本の支配下に置くために「日華共同防敵軍事協定」を結ぼうとするが、この年の五月六日に中国人留学生四六名が神田の中華料理店「維新号」に集まり、その協定の調印阻止を中国政府に訴える相談をしていたところ、日本警察が中国人留学生を拘引したことに対して書かれたものである。吉野は「今度の問題に就いても吾々は先づ第一に彼等の愛国的動機に由つて動くものなるを諒とし」（三三三頁）なければならないとしている。

一九一九年（大正八）一月一八日、第一次世界大戦の戦後処理のためパリ講和会議が始まり、六月二八日のベルサイユ条約調印まで続く。三月一日には朝鮮で独立を求める三一運動が起こり、五月四日には中国で、日本の対華二一カ条要求撤廃、ドイツ山東省権益継承容認に反対し北京大学などの学生数千人が天安門広場からヴェルサイユ条約反対、親日派要人罷免などを要求してデモ行進を行い、親日派官僚曹汝霖宅を焼き討ちにした（五四運動）。つづいて北京の学生は、軍閥政権による学生の多数逮捕をものともせず、ゼネラル・ストライキを敢行し、亡国の危機と反帝国主義を訴えた。各地の学生もこれに呼応して反日・反帝運動が全国的に展開された。労働者のストライキも全国的に広がり、六月一〇日、学生の釈放が行われた。六月二八日、中国政府はヴェルサイユ条約調印を最終的に拒否することとなった。

吉野は同年六月の「北京大学学生騒擾事件に就いて」[74]で、運動は煽動によるのではなく「全然自発的」（二四〇頁）で、曹汝霖等親日派官僚が「日本の官僚軍閥の薬籠中のものとなり、国を売て利益を計つたと認められたから」（二四二頁）北京大学学生が憎んだ、学生の取った方法は良くないが、「彼等の排日を叫ぶのは、即彼等の敵とする支那の官僚を操縦籠絡した官僚軍閥の日本を排斥するのであつて、彼等の思想に共鳴する日本国民の公正を疑ふのではあるまい」（二四四頁）と述べ、「官僚軍閥の日本」と「公正な日本国民」を分け、後者と中国は連帯できると考えている。同月の「北京学生団の行動を漫罵する勿れ」[75]ではより明確に「侵略、官僚軍閥の日本」と「平和の日本」を分けて、後者と中国民衆の連帯を説く。「隣邦の一般民衆は、恐く我国に「侵略の日本」と

「平和の日本」とあることを知るまい。若し知つたら彼等は直に排日の声を潜むる筈である」（二三七頁）。「我々自ら軍閥財閥の対支政策を拘制して、日本国民の真の平和的要求を隣邦の友人に明白にする事である。之が為に吾人は多年我が愛する日本を官僚軍閥の手より解放せんと努力してきた。北京に於ける学生団の運動は亦此点に於て全然吾人と其志向目標を同じうするものではないか。願はくは我等をして速に這の解放運動に成功せしめよ。又隣邦民衆の同じ運動の成功をも切に祈る所あらしめよ。官僚軍閥の手より解放されて始めて茲に両国間の鞏固なる国民的親善は築かるべきである。従来の所謂親善は、実は却て本当の親善を妨ぐる大障礙《しょうがい》であつた」（二三八頁）。ここには「官僚軍閥」支配を共通の敵として、志向目標を同じくするものとして五四運動を捉える視点がある。それは民本主義の普遍的理解（民本主義の対外的適用）に基づく、中国との連帯、国民的親善であった。同年七月の「支那の排日的騒擾と根本的解決」[76]では明確に「支那で日本を排斥するのは、実は侵略の日本を排斥するものである」（二五一頁）、「言はゝ今日の日本には、侵略の日本と平和の日本との二つがあることを認めねばならない」（二五一―二五二頁）と述べ、「如何にして両国民の間に、共同提携の機会を作るべきかが焦眉の急務である」（二五四頁）と結論づけている。吉野には中国軽侮の念は皆無である。共同提携の相手として中国を見ている。八月の「日支国民的親善確立の曙光――両国青年の理解と提携の新運動――」[77]でも同様に「もし彼等にして、日本に帝国主義の日本と、平和主義の日本とあるを知らば、彼等は必ずや喜んで後者と提携するを辞せざ」（二五八頁）るべき、と連帯を説いている。一九一九年の暮れから一九二〇年にかけて、吉野は日中両国学生の相互訪問を実現させ、両国提携、連帯のために尽力している。

一九二〇年（大正九）一月には国際連盟が発足し、五月には第一回メーデーが行われた。同年一月発表の「青島専管居留地問題に就いて」[78]では次のように青島専管居留地問題に関連して日本の島国根性批判を行っている。神社を専管居留地決定論の根拠とする（＝神社が共同居留地にあるのは神社そのものに対して甚だ済まない。神社は全然外国人の勢力の及ばない区域内に建てなければならない）のは「極めて偏狭な島国根性を暴露するもの」（二七一頁）であると述べている。島国根性批判は東北部の張作霖を支援する日本が北伐を阻止するために行った田中義一内閣の山東出兵批判――一九二七年（昭和二）八月「対支出兵問題」(79)――の中でも述べられている。曰く「よその国に居て、而もその国の市民が血みどろになつて国運改新の悪戦苦闘を続けて居る真中に踏み留つて、己の軀には一指をも触れさせまいとするのは余りに虫のよ過ぎる要求ではあるまいか。生命財産が惜しくば速に一時引き揚げたがよい」（三四四頁）。ここには、吉野の他国を見つめる節度ある視点と、国境を越えた普遍的な人間感覚の表出を見出すことができると識者は言う。(80)

一九三〇年（昭和五）の『対支問題』は書き下ろしの日中関係史の専著であり、吉野がこの書を世に問うたのは「結語」に明言するように、「日本が支那に対して為せる過去の行動を慎密に反省する」ためであった。その際、世の滔々たる中国蔑視の風潮の中で、「僅々十七八年間に兎も角彼処から此処まで大国の支那を持ち運んできた隣邦四億の大衆は、決して無能の民族」ではないことを認識させ、その了解の上に国民どうしとしての正しい関係を樹立させよう、という所に主眼があったという識者の言辞があるが首肯できるものである。(81)（現在の日中関係にも言えることであろう。）本書で吉野は明治以来の日本人の中国観、中国論を回顧して次のように述べている。「我々の先輩」は始め「目前の急務に関係のないアカの他人として支那を敬遠した」、時には新文明の敵たる「旧弊陋習の保菌者」として「軽侮する」こともあった、日清戦争後は「精神的にも物質的にも支那は駄目だと決めて無遠慮な侵略的態度に出」ることもあった。こういう中国観が一部の人々の間に「今日でもまだ幾分残つて居」る。「斯うした不快な伝統的支那観は一日も早く我が国民の脳裡から取除きたいものである」（「日清戦役前後の支那観」『対支問題』所収　二八八頁）と吉野は言う。「支那がその地位に目ざめて物質的にも精神的にも十分にその力を恢復し、日本も亦従来の妄を悟つて真に平等の地歩に立ち利害の正確なる打算の上に自由なる提携を協議し得るに至るまでは」（同　二八八―二八九頁）日中間の国民的親善は実際に於いて「望み難いこと」であろうと言う。

吉野の中国論の特徴は日中提携論をもくろみ、日本論と不可分のものであり、日本人の中国への「軽侮」の念、「差別心」の克服を基本に据えていたものであると考えられる。

同時代の北一輝や内藤湖南と比べて、吉野の中国観、中国論の特質は民本主義の精神を隣国で体現したと思われる革命運動への信頼感によって貫かれている。日本人はこうした吉野作造を近代史上、持ったことを誇ってよいと思う。同時に、日本の当時の主潮が「滔々たる中国蔑視の風潮」であったことを忘れてはならない。苦い歴史の事実である。

北一輝について吉野は「評論家としての自分並佐々木政一先生のこと」[82]で北の『支那革命外史』について前半は高く評価するが、後半は評価しないと言う。曰く「北君の意見書（筆者注：『支那革命外史』を指す）の後半には全然承服しがたい点はある。けれども其前半の支那革命党の意気を論ずるの数章に至つては、恐らくこの種類の物の中北君の書を以て白眉《はくび》とすべきであらう。」（七―八頁）。前半の「支那革命党の意気を論ずる」数章とは、識者の指摘によると、北が中国革命の本質を「（自国の）割亡を救はんとする国民的自衛の本能的発奮」にもとづく「愛国的革命」と主張している第二章や「革命哲学」を学びとる上で明治維新を成功させ国家的独立を達成した日本の国家精神があずかって力あったとする第三章などであると考えられる。[83]後半の「全然承服しがたい点」とは北が東洋的共和制＝革命独裁を賛美している点であろう。民本主義を標榜する吉野には当然のことながら、受け入れられなかったと思われる。また、北は中国革命を民族革命、ナショナリズムと見たが、吉野は民本主義、デモクラシーの世界的潮流の中に位置づけるという相違がある。吉野は実践性を重んじる理想主義者である。

「評論家としての自分並佐々木政一先生のこと」では内藤湖南にも触れ、吉野の中国論は湖南などからヒントを得たものだろうと言う風説については「内藤博士には一面の識がある。（しかし）其《その》支那に関する議論に於ては同氏と私との間に可《か》なりの溝渠ある事は、私の論文を読んでくれさへすれば分かる筈である」（七頁）と述べている。湖南は中国の国家と社会の分離について『支那論』などで指摘し、吉野も一九二四年（大正一三）一一月の「支那の将来」[84]で「支那民族はその生活を発展して行くに、単純な自力の外、毫も国家の力といふやうなものに頼らない」（三二四頁）と述べているからこの点では一致している。しかし、湖南が中国の国家としてよりは文化としての存続を期待した（革命党には始め冷淡で、後に民衆中心の世界的流れの中で位置づけるようにはなった）のに対して、吉野は革命勢力に絶大なる信をおき、在日中国人留学生や朝鮮人留学生を物心両面で支援した。そこには理想実現に懸ける者への暖かい共感、宗教的精神があったと思われる。

最後に、吉野の朝鮮論について触れておきたい。吉野は大学院生の時、本郷教会で朝鮮人青年と知り合ったことをきっかけとして、一九〇五年に海老名弾正などを中心として「朝鮮問題研究会」を発足させ、みずから幹事役となっている。当時の吉野は朝鮮同化論に同調していたと見られるが、一九一六年六月の「満韓を視察して」[85]では朝鮮統治の基本方針たる同化主義へ根本的な疑問を提出している。[86]三一運動が勃発すると、吉野は①日本国民の良心の麻痺をきびしく糾弾し②独得の文明を持つ独立の民族である朝鮮民族の「民族心理」を尊重して対策を立てるべきだと主張し③武人政治等の撤廃と言論の自由の承認、同化政策の放棄――を提唱した。[87]

吉野は自分が提供するのではなく、実業家から預かった金だと言い（実際は吉野が出している）朝鮮人留学生の学費援助をしようとしている。吉野の好意を謝絶した独立派の崔承萬は、妻の親友で同じ独立派の黄信徳に吉野の援助を勧めている。当時、独立派留学生の間では、日本人から金銭的援助を受けるのは、もってのほかの裏切り行為と見なされていた状況下で、吉野の学資援助はキレイな金と受け取られていたらしく、吉野に対する独立派留学生の信頼がいかに大きかったかを物語っている。黄信徳は後に韓国女子教育界の先達《せんだつ》となり、韓国の文化勲章を受けている。[88]

四　結語

以上、「一　吉野作造について――人と時代――」、「二　吉野作造の日本論」、「三　吉野作造の中国論」と考察してきた。吉野の人生は理想を現実の中で実現せんとする一生であった。一九二二年（大正一一）九月の「理想主義の立場の鼓吹――阿部次郎君の『人格主義』を読みて――」[89]で阿部次郎の『人格主義』（一九二二年六月刊）の一節を引用して自分の思いを仮託《かたく》している。曰く「あらゆる対象の中からそれぞれの点で永遠の価値を発見して来なければならない。さうしてこの価値を無限の将来に於て実現せらるべきものではなくて、現実の対象そのものの中に与へられてあると見るところに、芸術の芸術たる所以がある。この意味に於いて理想主義はリアリズムの極地と完全に一致すると云い得るであらう」。「三　吉野作造の日本論」では、吉野が「吾人は須《すべか》らく有限以外の無限を有限の中に求めざるべからず。差別現象界に於いて絶対的本体を認識せざるべからず。俗塵の裡に在りて神と接せざるべからざるなり」（「ヘーゲルの法哲学の基礎」（一九九五）『選集』一　所収　三一頁）と述べ、「真理や神の存在を現実の歴史や政治の中に見出し、その真理に沿うように政治や社会を導くこと」（田澤晴子（二〇〇六）六〇頁）をクリスチャンとして、そして政治学者としての使命とすることを表明していることを述べた。「俗塵の裡に在りて神と接せざるべからざるなり」とは吉野の生き方を象徴的に表している。「真理や神の存在を現実の歴史や政治の中に見出し、その真理に沿うように政治や社会を導くこと」をおのが使命とした吉野を近代日本にもったことを我々は再認識する必要がある。

【注】

（1）田中惣五郎（一九五八）。
（2）武田清子（一九六一）。
（3）三谷太一郎（一九七〇、昭和四七）。
（4）田澤晴子（二〇〇六）五頁。なお、吉野作造の年譜は田澤晴子（二〇〇六）のものを中心として参考にした。
（5）（一九二七）「明治維新の解釈」（一九九五）『吉野作造選集』一一　岩波書店　二二〇頁。
（6）田澤晴子（二〇〇六）四一頁。
（7）田澤晴子（二〇〇六）四一頁。
（8）田澤晴子（二〇〇六）六三頁。
（9）狭間直樹（一九九五）〈解説〉吉野作造と中国――吉野の中国革命史と日中関係史について――」（一九九五）『選集』七　所収　四〇三頁。
（10）田澤晴子（二〇〇六）九九―一〇一頁。
（11）（一九九六）『選集』八　一五四頁。
（12）（一九九六）『選集』八　一五頁。
（13）三谷太一郎（昭和四七）「思想家としての吉野作造」　責任編集　三谷太一郎（昭和四七）所収　二七頁。
（14）三谷太一郎（昭和四七）責任編集　三谷太一郎（昭和四七）所収　二六頁。
（15）太田雅夫（一九七三）「吉野作造の民本主義」　同志社大学人文科学研究所／キリスト教社会問題研究会（一九七三）『日本の近代化とキリスト教』新教出版社　所収　三四六頁。
（16）田澤晴子（二〇〇六）一三〇―一三一頁。
（17）川崎庸之等総監修（一九九〇）『読める年表・日本史』自由国民社　九二八頁。
（18）田澤晴子（二〇〇六）一八一頁。
（19）田澤晴子（二〇〇六）一五七―一五八頁。

(20)（一九九五）『選集』一二　所収　二二一—二二四頁。
(21) 三谷太一郎（昭和四七）「思想家としての吉野作造」責任編集　三谷太一郎（昭和四七）所収　八—九頁。
(22) 田澤晴子（二〇〇六）六六頁。
(23) 三谷太一郎（昭和四七）責任編集　三谷太一郎（昭和四七）所収　五二頁。
(24)『語る』田澤晴子（二〇〇六）一二三頁。
(25) 三谷太一郎（昭和四七）責任編集　三谷太一郎（昭和四七）所収　二六頁。
(26) 吉野作造（一九〇五・一）「ヘーゲルの法哲学の基礎」（一九九五）『選集』一　所収　三二—三四頁。
(27) 吉野作造（一九〇五・一）「ヘーゲルの法哲学の基礎」（一九九五）『選集』一　所収　七六頁。
(28) 吉野作造（一九〇五・一）「ヘーゲルの法哲学の基礎」（一九九五）『選集』一　所収　七五頁。
(29) 吉野作造（一九〇五・一）「ヘーゲルの法哲学の基礎」（一九九五）『選集』一　所収　三一頁。
(30) 田澤晴子（二〇〇六）六〇頁。
(31)（一九九五）『選集』一　所収　一一七頁。
(32)（一九九五）『選集』一　所収　一二三頁。
(33)（一九九五）『選集』一　所収　一五〇頁。
(34)（一九九五）『選集』一　所収　一五四頁。
(37)（一九九五）『選集』一　所収　一五一頁。
(36)（一九九五）『選集』一　所収　一五八頁。
(37)（一九九五）『選集』一　所収　一七七—一八六頁。
(38)（一九九五）『選集』一　所収　一八五頁。
(39)（一九九五）『選集』一　所収　一八六頁。
(40)（一九九五）『選集』一二　所収　二〇四—二一一頁。
(41)（一九九五）『選集』一二　所収　二三—二八頁。

(42)（一九九五）『選集』一二　所収　二八頁。
(43)（一九九五）『選集』一二　所収　二四一―二四三頁。
(44)（一九九五）『選集』一二　所収　二四三頁。
(45)（一八九四）「所謂日本の天職」『燕山楚水』「禹域論纂」所収。内藤虎次郎（昭和六）『内藤湖南全集』第二巻　所収　一三五頁。
(46)「日本文化とは何ぞや（其二）」内藤虎次郎（昭和四四）『内藤湖南全集』第九巻　所収　一八頁。
(47)「民本主義鼓吹時代の回顧」（一九九五）『選集』一二　所収　八四頁。
(48)三谷太一郎（昭和四七）責任編集　三谷太一郎（昭和四七）所収　四八頁。
(49)三谷太一郎（昭和四七）責任編集　三谷太一郎（昭和四七）所収　五〇頁。
(50)三谷太一郎（昭和四七）責任編集　三谷太一郎（昭和四七）所収　五二頁。
(51)三谷太一郎（昭和四七）責任編集　三谷太一郎（昭和四七）所収　五二―五七頁。
(52)三谷太一郎（昭和四七）責任編集　三谷太一郎（昭和四七）所収　五二頁。
(53)吉野作造（一九二二）「新井白石とヨワン・シローテ」（一九九五）『選集』一一　所収　二六頁。
(54)（一九九五）『選集』一一　所収　三一頁。
(55)（一九九五）『選集』一一　所収　一七二―一八二頁。
(56)（一九九五）『選集』一一　所収　一八二頁。
(57)（一九九五）『選集』一一　所収　三〇六頁。
(58)（一九九五）『選集』一一　所収　三四二―三六三頁。
(59)三谷太一郎（昭和四七）責任編集　三谷太一郎（昭和四七）所収　四七頁。
(60)（一九九五）『選集』一一　所収　一一七―一二一頁。
(61)（一九九五）『選集』一一　所収　二一七―二一八頁。
(62)（一九九五）『選集』一一　所収　二二頁。

(63)（一九九五）『選集』一一　所収　二二八頁。
(64)三谷太一郎（昭和四七）責任編集　三谷太一郎（昭和四七）所収　五九頁。
(65)松尾尊兊（二〇一〇）「吉野作造と東アジア」松尾尊兊（二〇一〇）所収　一一一頁。
(66)（一九九六）『選集』八　一七四—一八七頁。
(67)（一九九六）『選集』八　二四三—二五八頁。
(68)松尾尊兊（二〇一〇）「吉野作造と東アジア」松尾尊兊（二〇一〇）所収　一一一頁。
(69)松尾尊兊（二〇一〇）「吉野作造と東アジア」松尾尊兊（二〇一〇）所収　一一五頁。
(70)（一九九六）『選集』八　二〇六—二一九頁。
(71)（一九九六）『選集』八　二八八—三一三頁。
(72)松本三之介（二〇一一）所収　二九六頁。
(73)（一九九六）『選集』八　三二六—三三三頁。
(74)（一九九五）『選集』九　二三九—二四四頁。
(75)（一九九五）『選集』九　二三七—二三八頁。
(76)（一九九五）『選集』九　二四五—二五四頁。
(77)（一九九五）『選集』九　二五七—二六七頁。
(78)（一九九五）『選集』九　二六八—二七六頁。
(79)（一九九五）『選集』九　三四一—三四四頁。
(80)松本三之介（二〇一一）所収　二〇六頁。
(81)狭間直樹〈解説〉「吉野作造と中国」（一九九五）『選集』七　所収　四一七頁。
(82)（一九九五）『選集』一二　三一一頁。
(83)松本三之介（二〇一一）『近代日本の中国認識　徳川期儒学から東亜共同体論まで』以文社　一九八頁。
(84)（一九九五）『選集』九　三一四—三三二頁。

（85）（一九九五）『選集』九　三—四九頁。
（86）吉野の朝鮮論については松尾尊兊（一九九五）〈解説〉「吉野作造の朝鮮論」『選集』九　所収　三七九—四〇四頁に詳しい。本章の記述も基本的に松尾氏の論調によっている。
（87）松尾尊兊（一九九五）三八六頁。
（88）松尾尊兊（一九九五）三九九頁、四〇〇—四〇二頁。
（89）（一九九五）『選集』一二　二三三頁。

【引用文献・参考文献】

田中惣五郎（一九五八）『吉野作造——日本的デモクラシーの使徒』未来社。

武田清子（一九六七）『土着と背教——伝統的エトスとプロテスタント』新教出版社。

三谷太一郎（一九七〇）「吉野作造の明治文化研究」『国家学会雑誌』八三巻　一、二号　所収。

責任編集　三谷太一郎（昭和四七（一九七二））『日本の名著四八　吉野作造』中央公論社（責任編集　三谷太一郎（昭和四七）と略す。）。

田澤晴子（二〇〇六）『ミネルヴァ日本評伝選　吉野作造　——人世に逆境はない——』ミネルヴァ書房。

吉野作造（一九二七年一二月）「明治維新の解釈」（一九九五）『吉野作造選集』（『選集』と略す。）一一　岩波書店　所収　二三〇頁。

吉野作造（一九九五）『選集』一一。

狭間直樹（一九九五）「〈解説〉吉野作造と中国——吉野の中国革命史と日中関係史について——」（一九九五）『選集』七　所収　四〇三頁。

（一九九五）『選集』七。

（一九九六）『選集』八。

三谷太一郎（昭和四七）「思想家としての吉野作造」（三谷太一郎（昭和四七）と略す。）責任編集　三谷太一郎（昭和四七）所収。

太田雅夫（一九七三）「吉野作造の民本主義」　同志社大学人文科学研究所／キリスト教社会問題研究会（一九七三）『日本の近代化とキリスト教』新教出版社　所収　三四六頁。

同志社大学人文科学研究所／キリスト教社会問題研究会（一九七三）『日本の近代化とキリスト教』新教出版社。

川崎庸之等総監修（一九九〇）『読める年表・日本史』自由国民社。

『語る』田澤晴子（二〇〇六）所収　一二三頁。

吉野作造（一九〇五）「ヘーゲルの法哲学の基礎」（一九九五）『選集』一　所収。

（一九九五）『選集』一。

（一九九五）『選集』一二。

（一九九五）『選集』九。

内藤虎次郎（一九二一）「日本文化とは何ぞや（其二）」　内藤虎次郎（昭四四）『内藤湖南全集』第九巻　所収。

内藤虎次郎（一八九四）「所謂日本の天職」　内藤虎次郎（昭和四六）『内藤湖南全集』第二巻　『燕山楚水』「禹域論纂」所収。

内藤虎次郎（昭和四六）『内藤湖南全集』第二巻。

内藤虎次郎（昭和四四）『内藤湖南全集』第九巻。

松尾尊兊（二〇一〇）「吉野作造と東アジア」　松尾尊兊（二〇一〇）所収。

松尾尊兊（二〇一〇）『わが近代日本人物誌』岩波書店。

松本三之介（二〇一一）『近代日本の中国認識　徳川期儒学から東亜共同体論まで』以文社。

狭間直樹〈解説〉「吉野作造と中国」（一九九五）『選集』七　所収。

松尾尊兊（一九九五）〈解説〉「吉野作造の朝鮮論」（一九九五）『選集』九　所収。

松尾尊兊（一九九五）『大正デモクラシーの群像　同時代ライブラリー35』岩波書店。

〔付記〕

本章は二〇一三年六月、日本比較文化学会第三六回全国大会（於京都市）での口頭発表「吉野作造の日本論・中国論」の内容をもとにしたものであることを付言しておく。

第七章　内藤湖南の日本論・中国論

序

本章は前稿（二〇一一）「内藤湖南の日本論・中国論」[1]を前提にしている。本章では湖南の「普遍性」により焦点をあてて、湖南が一元的社会ダーウィニズムからどのように自由であったかについて考察してみたい。全体の構成は「一　内藤湖南について」「二　内藤湖南の日本論」「三　内藤湖南の中国論」「四　結語」――とし、前稿（二〇一一）の「六　内藤湖南批判について」は削除した。内藤湖南を明治、大正の日本論・中国論全体の中で論じ、位置づけたいという思いが今の私には強い。前稿（二〇一一）との相違である。前稿（二〇一一）では、そうした鳥瞰的視野の広さ、余裕はなかった。

より「普遍性」に焦点をあてるというのは、対内的、対外的両方に通じることで、前稿（二〇一一）では、言及しなかった湖南の「日本の天職と学者」等にも考察の範囲を広げることを意味している。次に内藤湖南について時代との関係で、湖南の「普遍性」にも留意して考察することにする。

一　内藤湖南について

内藤湖南、本名虎次郎。一八六六年（慶応二）秋田県鹿角《かづの》郡毛馬内《けまない》町（現在の十和田町）に儒者調一（号は十湾。十和田湖にちなむ。湖南も生地近くの十和田湖にちなんでの名である）の次男として生まれた。一八六八年（明治元）、戊辰《ぼしん》の役《えき》で（南部藩の支藩）桜庭家《さくらばけ》の家臣であった父は東北十藩連合に加わった南部藩に従い、幕府側について官軍に抵抗したために、賊軍の一人となる。内藤家は禄を失い、父十湾は農耕生活に入る。一八七〇年（明治三）には母が亡くなり、更に祖父、兄（文蔵）、姉が病死する。十湾は再婚するが、継母は湖南に「極めて冷淡」で、「表向きの義理立てすらしてくれなかった」[2]という。厳しく幸少ない幼年時代であった。

一八七〇年から文字の手習いを始め、漢文の廿四孝《にじゅうしこう》を字指しで読み始めている。漢文の力は群を抜き、一八七八年（明治一一。数えで一三歳）には最初の漢詩を作り、一八八一年（明治一四）一六歳で「明治帝御巡幸奉迎文」（漢文）を作っている。秋田師範学校中等師範科、同高等師範科と進んで卒業した湖南は一八八五年（明治一八）二〇歳で北秋田郡綴子《つづれこ》小学校主席訓導（実際は校長代理）となる。しかし、二年後の一八八七年（明治二〇）、辞職し、両親に無断で上京し（師範学校当時の校長、関藤《せきふじ》成緒の推薦によるという）、大内青巒《せいらん》主宰の『明教雑誌』（仏教主義雑誌）の記者（編集助手）となる。翌年一月、『万報一覧』に移り、更に翌一八八九年（明治二二）『大同新報』（尊皇奉仏大同団の機関誌）の編集者となり、一八九〇年（明治二三）七月以降は『江湖新聞』の記者であったと思われる。[3]『江湖新聞』は主筆三宅雪嶺と大内青巒らによって作られたものである。同年九月から一一月までは愛知県岡崎市の『三河新聞』に主筆として赴いたが、この新聞に招かれたのは志賀重昂の勧めによるという。[4]志賀は一一月末に湖南を東京に呼び戻し、湖南は一二月から『日本人』の編集にあたることになる。『日本人』は後に発売禁止になるが、湖南は一八九三年（明治二六）一月まで在社している。のち、政教社を離れて高橋健三の個人的な秘書となり、翌一八九四年には高橋が『大阪朝日新聞』の主筆であった関係で、朝日新聞社の正式社員となり、その後三年間、主に大阪にいて日清戦争の期間、『大阪朝日新聞』の記者として活動した。(5)

一八九六年（明治二九）九月、松方正義と大隈重信の連合内閣が成立すると、高橋は書記官長となるために『大阪朝日新聞』を退社する。湖南も三ヶ月後、退社し、翌一八九七年（明治三〇）四月、台湾日報社の主筆となって台北に赴く。そして、翌年四月に台湾日報社を退社し東京へ帰ってくる。朝日新聞退社後、台湾に行くまでの間に前年、起草した「関西文運論」を増補修訂し『諸葛武侯』を執筆している。(6)この間、高橋の個人的秘書として、湖南は自ら起草した政綱が骨抜きになるさまを見て政治に失望したと思われる。(7)

以上、見たように明治二〇年代（一八八七年―一八九六年）の湖南はジャーナリストとしての時代を送った。明治二〇年代は無自覚な欧化主義（一八八四年（明治一七）―一八八七年（明治二〇）の鹿鳴館時代を中心とする）への反動の時代である。単なる自由民権運動の反動期ではなく、広く言えば、幕末以来、欧米文明によって逼塞させられていた日本文化が「復興」し、国民大の規模で喚起された「民族の自覚」が「個人の自覚」をともなって文芸上、思想上、美術上に絢爛と出現した時期であった。(8)具体的に言えば、文芸上は、西鶴の発見を中心とする古典の復興、尾崎紅葉を中心とする硯友社の興隆、美術上は岡倉天心による東京美術学校の開設（一八八九年（明治二二））などが挙げられる。明治二〇年代、思想上は鹿鳴館時代への反発として、徳富蘇峰の平民主義（一八八七年（明治二〇）『国民の友』創刊、一八八九年（明治二二）『国民新聞』創刊）や国粋主義（一八八八年（明治二一）志賀重昂や三宅雪嶺らが雑誌『日本人』を創刊）、そして陸羯南による国民主義（一八八九年（明治二二）提唱され、国粋主義とほぼ同じ趣旨であった。新聞『日本』を創刊）が興った。(9)

湖南が個人的秘書となった高橋健三は杉浦重剛とともに政教社の雑誌『日本人』の発刊を後援し、一八八八年

（明治二一）京都、奈良の古寺を巡遊した。湖南は前述のように一八九〇年（明治二三）一二月から一八九三年（明治二六）一月まで政教社の『日本人』の編集にあたり、政教社に在社しているが、志賀重昂、三宅雪嶺とともに高橋健三との関係も影響していると考えられる。また、一八九三年湖南は初めて奈良に遊び、古寺を訪ね、一〇回以上にわたって訪れた寺もあったと言う。湖南の絶句「南都の古仏北都の台／名山を歴訪して双髻《そうびん》摧《くだ》く／到るところの雛僧《こぞう》よく面を記《おぼ》え／笑って言うこの客幾回か来ると」[10]はよくその実情を伝えているが、湖南の古寺古美術行脚は多分、恩人高橋健三の感化から始まったと考えてよいと思われる。

高橋健三について湖南の『高橋健三君伝』は、高橋の一八八八年（明治二一）の古寺巡礼に関連して次のように高橋に賛辞を送る。「君が本邦の古芸術に精通し、大いに其の天稟の好尚を発達せしめしは、亦此游に資益せられし者多し。時に日本美術興隆の議漸く有識の間には行はる、君率先之を主張し、美術学校の設立、『国華』の発行、皆心力を傾尽し、今日美術の盛運を観るに至れる者、君の労與りて少なしとせず」[11]。高橋は一八九〇年（明治二三）、官報局の輪転印刷機を購入するためにパリに赴く。途中、コロンボ航行中に家族に書いた手紙の中で高橋は「日本の尊きことは（中略）益々相分り申し候、（中略）西洋は利欲の国なり、其開化は利欲の開化なり、故に身錦繡を纏ひ金殿玉閣に棲む者多きも、其境界は孰も修羅の巷と言ふべし」[12]と述べている。「西洋は利欲の国なり、其開化は利欲の開化なり」とはたとえ西洋の形而下の優位は認めても形而上の優位は認めないという考えに基づき、岡倉天心が「ああ西洋の開化は利欲の開化なり。利欲の開化は道徳の心を損じ、風雅の情を破り、人身をして唯一個の射利器械たらしむ」[13]と西洋を批判したのと同じ心情である。

湖南の「「厭世」観」についても高橋健三、岡倉天心と同じ「利欲」中心主義批判の観点から考えなければならない。湖南は「厭世主義」「厭世説」を（前者は一八九二年（明治二五）の「亜細亜」紙上に載せている）『涙珠唾珠』に収めている。[14]「厭世」という言葉はキリスト教の仏教排撃の種として用いられた（「厭世主義」）が「厭世」は「善美なる世界」を望むがゆえであり、明治維新後、功利主義が西欧より輸入され、「世を厭ふと曰ふ者」は「かの生存競争の劣敗者と同一と之を視んとす」[15]るようになったとしている。湖南は「厭世説」の末尾で「何物の愚物、乃ち此の厭世の家法を破壊して、憐れむべき野心の徒と伍せんと欲する乎」と西洋功利主義、野心・重力賛美一辺倒を批判している。日清戦争開始後の一八九四年（明治二七）八月二五日付けの雑誌『二十六世紀』に載せた「所謂日本の天職」[16]には湖南の「坤輿《こんよ》文明論」が述べられ、それは欧米崇拝を廃し、西洋、中国、日本を正しく位置づけ、日本の真の「国粋主義」を発揮しようとする内容のものであった。「所謂日本の天職」以前にすでに湖南は前年の「贈渡米僧序」で、社会にも個人同様、「幼・壮・老」があること、西洋物質文明壊頽の兆しについて言及し[17]、「重渡米僧序」で「東洋人種が、東洋新文明を発揮する」番が来たと述べている[18]。

「坤輿文明」については「所謂日本の天職」で次のように言う。日清関係についての輿論は大別して「和好派」（友好論）と「縦横派」（征服論）に分かれるが、前者は「国民の公議」を気にする日和見派、後者は優勝劣敗・弱肉強食の「進化の大則」（進化論）「戦国の常態」で解決しようとしていると湖南は批判する。「且つ此等の議、皆日本に私す」と国益にでた利己的立場を批判する。それらに代わるものとして湖南は国家を越えた普遍的立場に立つ（＝社会ダーウィニズムを越えた）坤輿文明を提唱する。「唯夫れ坤輿文明の進運、坤輿自ら之を営むか、将た此を使しむる者ある耶、坤輿自ら営むが若きは、坤輿の内、封疆相画して、各各国家を為す者、相資し相生ずるは、坤輿の自営を成す所以なり、之を使しむる者あるが若きは、使しむる者の意や、其れ必ず各々其の特能を発揮して、坤輿文明の大成を致さしむるに在り」[19]。「坤輿」（世界精神のようなもの）には「自営」（自ら営む＝自分で発揮する）と、「之を使わしむる者」（「坤輿」を起こさせる者）の二種があり、湖南は日清戦争を「坤輿文明」のなせるわざと考え、その使命に従うのが天職だという[20]。しかし、湖南は中国文明を守旧というのに反対し、それ自身、進歩過程をたどっているという[21]。「日本の天職」は「我が日本の文明、日本の趣味、之を天下に風靡し、之を坤輿に光被するに在るなり、我れ東洋に国するを以て、東洋諸国、支那最大と為すを以て、之を為すこと必ず支那を主とせざるべからざる也」[22]にある、とは日本の持つ世界に通じる普遍性を中国にも伝え、中国を刺激しともに「坤輿文明」を発揮しようという意であろう。湖南の根底にあるのは普遍主義あるいは世界主義に立脚したものであり、民族の個性を重んじる自由主義であったと言えよう。[23]のち、明治三〇年代の湖南は五回、中国を訪れ、その学識を深めていく。一九〇七年（明治四〇）からは京都帝国大学で東洋史学を講じ、京大支那学の泰斗となった。

二　内藤湖南の日本論

内藤湖南の普遍性に焦点をあてて、湖南がいかに一元的社会ダーウィニズムから自由であったかについて考察するのが本章の主眼である。その観点から次に「日本の天職」と同時期に発表された「日本の天職と学者」（一八九四年（明治二七）一一月九日、一〇日「大阪朝日新聞」掲載）[24]を通して湖南の世界観及び日本論について考察してみたい。

那珂通世《なかみちよ》は『支那通史』で「秦漢以下二千余年、歴朝の政治は殆ど一様に文化凝滞して未た進動せず、徒に朝家の廃興を反復するのみ」とのべ、「易姓革命」下における文化・社会停滞説を展開した。また、同様に「国民の情態一定変せず、進むなく退くなく、恰も範型の中に在るが如し、此支那開化の大いに西国に異なる所なり」と述べ、中国社会は鋳型《いがた》にはまり固定化していて、西欧と異なると説く。那珂の旧中国社会停滞説はこのあとほぼ日本における中国についての学説の主流になった。[25]中国蔑視論である。

これに対して、湖南は中国も「坤輿文明」に包括される以上、西欧と異質ではなく、また文化は政治に関わることなく継起発展すると述べる。その考えは「地勢臆説」と「日本の天職と学者」で展開されているが、ここでは後者を取り上げ、湖南の世界観、日本論を以下、考察することにする。

「日本の天職と学者」で湖南は「贈渡米僧序」で述べたのと同様に社会にも個人と同じく少、壮、老があるとして「国家社会も亦之（筆者注：〈個人の〉少壮と老境では食物の嗜好が異なる）に類する者在り、最も稚弱にして単純なるものに到りては、一たび之に壮強者の食を与ふれば、則ち食傷す」[26]と述べている。同じく「贈渡米僧序」で「今や欧土の文明繁栄、実に自由思想の発達に之れ由る、発達既に極まる、其の壊頽亦独り之に由るなきを得んや」[27]と述べているから、湖南には今後、西欧が衰微していくであろうという認識があったことがうかがい知れる。そして「支那の自尊にして、頑固なる如きは特に欧土と度に於いて差あるのみ、性異なるにあらざる也」[28]と「日本の天職と学者」で述べるのは西欧と中国の違いを質の差ではなく程度の差とみるからであり、根底には普遍的な「坤輿文明」（＝世界文明）に基づく視点が存在する。「人道と文明との宣布に最も力あるべき者、而して又其の跡に於て、各克く其任を尽せる者あるを見る。文明の中心、時と移動する所以の者、其由此に存す」[29]＝「坤輿文明内の諸文明間で、人道と文明を広めるのに最も力を尽くせる者に天命が下り、時間軸・空間軸を文明が移動する」[30]と言うのであるから、坤輿文明の体現者は倫理的、精神的なもの（＝「人道」「文明」）を持っているように思われる。学者の任は人道と文明との前後の系統を連繫し、更に「其の新理論を発揮し、新学説を創立し、以て当方学術の特色を表見」[31]することであると言う。

「東方の新極地を成就し、以て欧州に代興して、新たに坤輿文明の中心たらんこと、反掌の間に在らざらんや」[32]と言うのは湖南の日本興隆への使命感にも連なっていく。「学者の国運に於ける関係、更に是（筆者注：日本が西洋に実力で及ばないことから学術に奮闘したこと、その学術と実力の関係のこと）より大なる者あり」「学者の興る、時運と相感ずるあること、（中略）久しく国民の信望する所たりし也」。「時運、以て新文明中心の先声たる大学者を感興するに足らずと謂ふか」[33]とは漢学を家業とした湖南の「学究」と「経世」（＝「世を治めること」）の合一を理想とする自負の表れであった。そこには西洋崇拝はなく独自の普遍性＝「坤輿文明」よりする歴史観、使命感が表明されている。

湖南はまた「日本の天職と学者」で「文明中心の移動するや、彼の中心、必ず前の中心に因ることあり、而して損益する所あり、前者の特色或は失ふは、後者の特色の新たに之に代る所以、而して各其時に宜しうす」[34]と文明が相互に継承発展するものであることを述べている。この文明は文化と言い換えてもいいであろう。那珂通世の『支那通史』が朝家の交代を歴史の推進と考える政治史の立場をとるのに対して、湖南が歴史を文化の発展とみなし、その時代の性格によってあとづける文化史の立場をとることが知られるのである[35]。湖南は日本の歴史も文化史の立場から考察している。

湖南が日本の歴史を文化史の立場から考察しているというのはある意味では日本の歴史を「傾向」から考察しているということである。「文化」とは生活やエトス（＝基礎的な精神的雰囲気）の傾向のことなのだから。

那珂通世の政治史的歴史観に対して、湖南は文化の文化史的歴史観をとる。湖南は「近世」といっても西洋、中国、日本では政治制度、経済体制、社会組織それぞれが均質な内容を持たないと考えていた。湖南が西洋、日本を中国と「横並び」に据えて説明したのはそういう意味であり、「横並びの近世」は「それぞれの近世」を承認すると言い換えてもよいのである[36]。

湖南は今日の日本、応仁の乱以後説を述べ、それは夙に有名であるが、応仁の乱の時代に貴族の専有物が一般民衆に拡がり民衆化したと述べている。民衆化を時代の趨勢ととらえるのは一九二一年（大正一〇）という大正デモクラシーの時代に適合していた[37]。

応仁の乱の前後は単に足軽が跋扈して暴力を揮ふといふばかりでなく、思想の上に於ても、其他凡ての智識、趣味において、一般に今迄貴族の占有であつたものが、一般に民衆に拡がるといふ傾きを持つてきたの

であります。是が日本歴史の変わり目であります。(38)

「今迄貴族の占有」であったものが民衆に拡がったものとして湖南は「伊勢の大神宮の維持法」（＝朝廷からの金銭的、物質的援助がなくなり、伊勢講により一般人から維持費を得るようになったこと）、「仮名暦」（＝伊勢の町人が土御門家から暦の写本をもらい仮名暦を販布するようになったこと）、「漢学」における「新注の学問」（＝朝廷の学問で用いた漢唐以来の古注に代わって宋以後の新注の学問が一般に広まっていったこと）を挙げる。貴族の経済的逼迫が民衆化を引き起こした。

湖南は「文明の建設者」（＝「聖人」＝「文物（学問、芸術などの文化的制度）、典章（制度文物、おきて）を作った人」）として聖徳太子はその名に恥じないとする。その事業の一つは「外交に関すること」である。聖徳太子が従来の「支那若しくは朝鮮の帰化人」による「通訳外交」を「対等外交」に転換し、「支那との間に不即不離の交通を維持(39)」していたことを湖南は高く評価する。太子は、歴代の遣唐使は「上表」を持って行かず、「勅書」を受け取らずに帰ってきたが、それでも新羅より座席を上位に占め、使者の座席を恒に外国の首位を占めるようにした。(40)

太子の主なる事業の第二として「内政」に関することがある。太子は憲法十二ヵ条を発布し、「天皇の大一統主義」を鮮明にし、仏教を盛んにし当時の迷信（探湯《くがたち》等）を除いた。しかし、「神祇を崇敬せしめ(41)」「習合」的側面にも注意を払った。太子の外交における「対等」外交の重視、宗教面での「習合」的側面の採用に湖南は注目している。

日本文化の独立性、文化を持つ国民の条件、証拠については次のように述べる。「日本文化の独立(42)」で藤原時代、鎌倉時代の変わり目頃から社会の状態が大きく変化して、武士が台頭して、思想、宗教上の変化が起こり、皇室や公家の中にもそれに呼応するような人間が出てきたとしている。南朝系の後宇多天皇や次の後醍醐天皇は宏才博覧なそうした人物で、湖南は二人を復古思想を持つ革新の機運の代表としている。「内部における革新の機運」に呼応するかのように外部において「蒙古襲来」という一大事件が起こったことに湖南は注目し、それまで「日本文化の師匠」として仰いできた「支那」が蒙古に滅亡されてしまい、その蒙古が日本に襲来したが日本の神々に祈願して日本が勝った、日本は「よほど偉いのだ」と思うようになり、この「日本くらい尊い国はない」というのが「当時の新思想」でそれが根本になって、その頃、日本文化の独立ができたと湖南は考えている。

文化を持つ国民の条件、証拠については「日本国民の文化的素質」(43)で次のように述べている。中国で劉向《りゅうきょう》、劉歆《りゅうきん》父子が目録学者として書籍を六芸、諸子、詩賦、兵書、数術、方技に、分類、批評し、それあるがゆえに中国人は文化を持っている国民と言える。インド人やギリシア人も同様の学問分類を持ち、文化を持つ国民と言える。外国文化を始終、受け入れてきた日本はそういう文化に必要な学問を持っているとは言えない。しかし、日本の戦乱の暗黒時代である応仁、文明以後に皇室が衰微した際に、「日本人が暗黒時代でも離さなかった幷びに生み出した所の文化」があり、それは①帝室の「歌道の伝授」②「神道の伝授」③「源氏物語」――である、それが日本国民が文化を有しうる国民と言える証拠となると湖南は述べている。その三つは「寧ろ日本が支那文化の衣を脱いで、自分が丸裸になつてから得た所のもの」である、「日本人は正直を尊び、ありのままなる姿を尊ぶことを特色とするやうになつたのでありますが、それが皆此の暗黒時代に他の国との関係を大部分失つた時分に出来て居ります。それがつまり日本人の一種の性質でもあり、一種の日本文化の特質でもあります。之が日本人が自分で造り出した所の文化の素質です」(44)と日本人が文化を持つ国民であること、日本文化の特質について述べている。

湖南は「日本文化とは何ぞや（其二）」(45)で日本文化を豆腐にたとえ、日本文化は中国文化という「にがり」によって出きあがったものであるとしている。日本が「文化が自国で発生した国」ではなく「外国文化の輸入に依つて発達した国」(46)であることを認めている。

しかしまた「日本文化と外国文化とを両存する方針」が存し、それは聖徳太子などの「古代日本人の精神」であった。暗黒の応仁の乱の時期に世界に通用する普遍性を持つ文化に必要な学問としての歌道や神道の伝授、源氏物語の愛好が日本には存在した。そのことによって日本は文化を持つ国と言えると湖南は考えている。湖南の日本論は中国の影響を大きく受けつつも独自性を発揮した日本も文化ある国と言えるというものであった。では本家本元の中国について湖南はどのように考えていたか。次に湖南の中国論に移ることにする。

三　内藤湖南の中国論

「日本の天職と学者」とともに湖南は「地勢臆説」(47)で文化は政治に関わることなく継起発展することを具体的に中国を通して考察している。「地勢臆説」は清乾隆時代の学者趙翼の「長安地気説」（筆者注：周代以後唐まで首都として栄えた長安が没落して、北京がそれが取って代わったのは「地気」（地の気）の盛衰によるものとする）を援用し、中原の地、長安はともに政治、文化の中心であったが、後の北京は政治の中心ではあっても文化の中心ではなく、文化の中心は江南にあったと言う。「燕京（北京）の如きは趙氏以て東北の気積で而して生ずる所と為せども是れ特に地勢然る者あり、其の人文に到りては、未だ然る能はざる也」(48)。江南は「帝都此に在らずと雖ども、其の人文未だ嘗て少しくも衰えず」(49)。「地勢臆説」では文化の中心は政治の中心と必ずしも一致しないこと、そして文化中心移動説が述べられているわけであるが、文化の中心移動は土地、地方にとどまらず、人、「階級」間においても行われる。

前に支那の文化中心が、時代によつてだんだん移動を来たしたといつたが、此の移動は単に地方において行はれるのみならず、階級においても行はれている。／六朝から唐頃まで、名族があらゆる文化を占有して居つた時代から以来、だんだん変化してきて唐末五代の間に、古来の名族が大概滅亡すると共に、文化の中心が読書人階級に移つたのである。勿論此の読書人階級の大部分は仕官者（筆者注：役人）であるが、元朝においては仕宦者の大部分を蒙古色目人などに占有される様になつてから、文化の中心が処子（筆者注：役人にならないで民間にいる人物）に移つた時代があるので、元末から明の中頃迄は文学芸術は多く処子の間にあつたといわれて居る。[50]

文化を中心として歴史を見る湖南の特徴は「近代支那の文化生活」[51]（一九二八年（昭和三）講演）によく出ている。湖南は中国近世、近代の始まりを宋代に見る。「平民発展時代が則ち君主専制時代である」[52]宋代に注目する。「君主専制時代↓平民発展時代」という西洋的、ステレオタイプ的な見方をしない。平民発展時代が君主専制時代であるというのは、それまで政治的権力を握っていた貴族が没落することによって、それ以前政治的権力を掌握していなかった平民と君主がその間隙を埋め、政権を握ることになったということである。宋代、王安石の新法の施行によって「平民が政治上に実際の権利を占めてくる様子」がわかると湖南は言う。たとえば「青苗銭」は米を植えつける前に、苗の時に人民に金を貸し付けて収入のあったときに利益を付けて返還させる方法であるが、平民に金を貸し付けて平民が利益を納めるというのは「平民の土地の所有を認めて居ると同じこと」、それによって政府が平民の土地所有を認めていた（ことがわかる）のであると言う。また、王安石はそれまでの人民の義務としての「労役」を「雇役」という賃金による労働（働きたい者が賃金をもらって働く）に代えたが、これは「労働の権利」を人民に認めるものであるとする。更に「和買」（人民の持っているものを政府が人民の合意の上で買い上げること）や「市易」（田地絹物を抵当として政府から約二割の利で金を借りる方法）は人民の物品の所有権を認めるものであり、「手実法」（所得税をとるときに人民が所得額を申し立てて、その二割に税を課する方法）も財産の自由を認めるものであると説明している。[53] こうした例を挙げて、湖南は宋代に「人民の所有権」が認められていると説明している。更に宋代に専門家でない者の描く「文人画」が出現し、工芸でも平民相手の大量生産が始まってきたことなども「汎ゆるものに平民精神が入って」きた例であり、それらが中国近代（湖南は近代と近世を同じような意味で使用しているところがある）の一番大事な内容であると言う。「平民精神」の浸透という文化的傾向を中心として湖南は歴史（宋代という近世、近代）を考察している。

中国近代の第二の内容としては「政治の重要性」の「減衰」を挙げ、王鳴声、曾国藩の実例で説明している。[54] これは政治というものが昔は相当に重要であったがだんだん政治が重要であるという性質が減衰してくるということで、政治が民族生活の主な条件ではなくなるということである。[55] 政治の本質は「支配」であり、「人間の生活の中では原始的の下等なこと」[56]であるという湖南は曾国藩が後輩の李鴻章について「死に物狂いで官吏をやつて居るものは李鴻章だ」と言っていることを例に挙げ、それは曾国藩が李鴻章ほど死に物狂いで役人をしていなかったことを意味する、「官吏生活に併せて外の興味を持つて居るのが近代官吏の常である」[57] と言う。また王鳴声は「金持ちの気」を取り込むために、金持ちの家の門口で物を取り込む手つきをしたという拝金主義者であったが「官吏で以て善い官吏とか、悪い官吏とかいふやうなことは一時の事である、末代に残る善い著述をすれば、官吏で悪いことをしたのも帳消しになる」と言った、それが「近代の支那人官吏根性[58]」であると述べる湖南は文化的視点から中国近代を見ている。

近代中国の文化生活の要素として①“緞子《どんす》”（＝反物）の大量生産②平民時代になると老衰期になるので人工から天然に還る③復古的に原始生活に還ろうとし天然保存の必要性を考える④古代の物の愛翫《がん》⑤運河などによる交通の便の向上――を挙げる。②については少し説明が必要であろう。湖南は国や民族も人間の幼児期、青年期のような時期があると考え、平民時代は「大体民族の減衰期に近い《ママ》て居る」[59]とし、人の老衰期が「簡単な食物を要求」するように「人工から天然に還る」と考える。前にみた「贈渡米僧序」と同じ伝統的な考え方である。この他、宋以後の古代へ復る傾向、徽宗の原始的な野趣好み、山水画の隆盛、道教の内丹法重視なども②の例として挙げている。[60] また、次のような工芸重視の歴史の見方にも歴史を文化史的にみる湖南の特徴がよく出ている。「それから工芸でありますが、工芸といふものは、余程考へやうによつては面白いものであります。文化の要素は色々ありませうが、私は文化の程度のはつきりと分るのは其邦の工芸が一番だと思ふ（中略）。宋の頃になりまして平民相手の大量生産が始まつて来ました。それは織物、陶器に於いては殊に著しい。大量生産といふものが工芸の平民化であります」[61]。

　歴史を文化史的に見るとは、人間の想像した「文化」を重視して歴史を見るということである。「文化」には文字化されたもの以外の工芸等が含まれる。湖南はロンドンで工芸博物館の中のインドの工芸を見たが、「インド芸術の古物若しくは模製品」は「到底英国人の頭からでは産出し得べからざるものである」と考えた、民族の真の目的は「文化を作るにある」ことを痛感したと述べている。[62]

　湖南は広義の「文化」は政治経済を含む文明のようなものであるが、狭義の「純粋の」「文化」とは個人の「人品」、深い「教養」のようなものに相当する、「民族として特別な教養に類したもの」[63]のことを指すと言う。そして「文明の設備」をもって「民族の文化」を見分ける標準にすることはできないと言う。

　では「文化程度を測る尺度」は何かと言うと「科学、哲学といふものよりかも文芸、芸術といふものが正確な尺度になる」とする。「真の文化生活は、最初の原始生活から出発して文明の進歩に従って天然を征服する。しかし天然を征服するといふことが決して真の文化ではない。民族生活の極度のものではない。その上に天然を醇化……即ち天然を保護し育成して天然の中に安んじうる程度になるところのものが即ち真の文化生活」[64]であると述べている。湖南は中国、日本等の文化生活を次のように総括している。

> 要するに東洋殊に支那、日本等の文化生活といふものは、原始生活から文明生活に入る過程は数千年前に通りこして、文明生活の利用厚生を主とする以上に、更に生活の趣味化芸術化を早くから考へてをつ《ママ》たのである。（中略）天然と同化して生活するといふことを最後の目的としてゐるのである。かくの如き文化は、その中間の過程である利用厚生を主とした文化生活を以て最も善いものと考へてゐるヨーロッパ人、殊に米国人などの想像も及ばぬところである。[65]

この考えは「無限の進歩」とは異なる、自然との同化、調和を理想とする東洋的な思考である。

湖南は世界の大勢が「貴族政治↓君主独裁政治↓共和政治」という普遍的流れに沿って動いているとし、中国もその大勢の中にあると考えたが[66]、中国に共和政治を導く具体的契機を①黄宗羲や曾国藩に見られる「平等主義」や②地方自治に見いだした。[67]②については中国における「国家と社会の分離現象」を前提とした考えに基づくものである。

中国の将来についての湖南の予想はユニークである。中国は将来、農民が中心になり、総合的文化生活が「将来の文化主体」となり、それは「例へば『紅楼夢』といふ小説にあらはれた貴族生活の如きものであらうかと思はれる」[68]と言う。ここには文化史家と呼ばれることを好んだ湖南の心的傾向を見て取ることができる。

四　結語

日本における応仁の乱の時代の「民衆化」、中国における宋代の「平民精神」の浸透は、湖南が文化的に歴史を考察した際に見いだした歴史の中の「普遍性」の顕現であった。若き日、湖南は「坤輿文明」による世界の統一ということを考え、中国と西欧の差は質の差ではなく程度の差であるとした。湖南の根底には中国への尊敬の念が存在した。(69) そのことが持つ意味は大きい。

湖南は先に考察したように政治の本質を「支配」とし「人間の生活の中では原始的な下等なこと」であると「近代支那の文化生活」で述べている。湖南は政治ではなく文化をとり、文化的に中国と日本の歴史を虚心に考察した。湖南の中国論は日本論と不即不離の関係にある。「彼が宋代を近世として評価し、隋唐を貴族の時代とする中国史の見方はある意味で、貴族の時代（平安）の克服を近世（江戸）とし、近世の庶民文化が近代（明治維新）へ向かっていったとする日本史の理解の投影とも言えるのではないだろうか(70)」という識者の言辞はそのことを裏付けている。

政治より経済、経済より文化を中心とした日中関係を提唱したのは吉野作造であるが、期せずして湖南も政治ではなく文化史的に日本と中国の歴史を考察した。両者の根底には中国への尊敬の念が存在する。このことは単純であるが非常な重みをもって現在の我々一人一人に迫ってくる。互いを異質と排斥しあうのではなく、文化の視点から両方の歴史を再考察すること（＝比較文化の視点を持つことを含む）が必要な時代に我々は生きている。このことを再確認して本章の結論としたい。

【注】

（1）藤田昌志（二〇一一）所収。
（2）（昭和一九）「我が少年時代の回顧」『全集』第二巻　所収　七〇三頁。
（3）小川環樹（一九八四）責任編集小川環樹（一九八四）所収　一三頁。
（4）小川環樹（一九八四）責任編集小川環樹（一九八四）所収　一四頁。
（5）小川環樹（一九八四）責任編集小川環樹（一九八四）所収　一四頁。
（6）小川環樹（一九八四）責任編集小川環樹（一九八四）所収　一五頁。
（7）小川環樹（一九八四）責任編集小川環樹（一九八四）所収　一六頁。
（8）色川大吉（二〇〇八）六〇頁。
（9）小野泰（二〇〇一）内藤湖南研究会編（二〇〇一）所収　一〇八―一〇九頁。
（10）貝塚茂樹（一九七五）朝日ジャーナル編集部編（一九七五）所収　一九三頁。内藤湖南　一八九三年（明治二六）「寧楽二」『涙珠唾珠』『全集』第一巻　所収　三六三―三六六頁。
（11）内藤湖南　一八八九年（明治二二）「高橋健三君伝」『全集』第二巻　所収　六七一頁。
（12）『全集』第二巻　所収　六七四頁。
（13）岡倉天心（一八八二年（明治一五））岡倉天心（一九七九）所収　一一頁。
（14）一八九二年（明治二五）「厭世主義」は『全集』第一巻　所収　二九二―二九三頁。「厭世説」は三〇一―三〇四頁。
（15）「厭世説」『全集』第一巻　所収　三〇一頁。三〇四頁。
（16）一九〇〇年（明治三三）「禹域論集」『燕山楚水』『全集』第二巻　所収　一二七頁―一三五頁。
（17）一八九三年（明治二六）「贈渡米僧序」（一九七〇）『全集』第一巻『涙珠唾珠』所収　三四三―三四五頁。
（18）一八九三年（明治二六）「贈渡米僧序」（一九七〇）『全集』第一巻『涙珠唾珠』所収　三四六―三四八頁。
（19）『全集』第二巻　所収　一三二頁。
（20）三田村泰助（昭和四七）一五九頁。

(21) 三田村泰助（昭和四七）一六〇頁。
(22)『全集』第二巻 所収 一三五頁。
(23) 三田村泰助（昭和四七）一六一頁。
(24)『全集』第一巻 所収 一二六―一三三頁。
(25) 三田村（昭和四七）一六一―一六四頁。
(26)『全集』第一巻 所収 一二九頁。
(27)『全集』第一巻 所収 三四四頁。
(28)『全集』第一巻 所収 一二九頁。
(29)『全集』第一巻 所収 一三〇頁。
(30) 小野泰（二〇〇一）内藤湖南研究会編（二〇〇一）所収 一二六―一二七頁。
(31)『全集』第一巻 所収 一三一頁。
(32)『全集』第一巻 所収 一三二頁。
(33)『全集』第一巻 所収 一三二―一三三頁。
(34)『全集』第一巻 所収 一三一頁。
(35) 三田村泰助（昭和四七）一六三頁。
(36) 山田伸吾（二〇〇一）「内藤湖南と辛亥革命――もう一つの「近代」―『支那論』をめぐる問題――」内藤湖南研究会（二〇〇一）所収 一七五頁。
(37) 日露戦争後の一九〇五年頃から一九三一年九月の満州事変前夜までのほぼ四半世紀を一般に「大正デモクラシー」の時代と呼ぶ。成田龍一（二〇〇七）はじめに V 参照。
(38) 一九二一年（大正一〇）「応仁の乱に就て」『日本文化史研究』『全集』第九巻 所収 一四七頁。
(39) 一九二四年（大正一三）「聖徳太子」『日本文化史研究』『全集』第九巻 所収 五二―五七頁。
(40) 一九二四年（大正一三）「聖徳太子」『日本文化史研究』（昭和四四）『全集』第九巻 所収 五六頁。

(41) 一九二四年（大正一三）「聖徳太子」『日本文化史研究』（昭和四四）『全集』第九巻　所収　五九頁。
(42)『全集』第九巻　所収　一一〇―一二九頁。一九二二年（大正一一）五月講演。
(43)『全集』第九巻　所収　二二六―二四〇頁。一九二九年（昭和四）四月。
(44)『全集』第九巻　所収　二三七頁。
(45)『全集』第九巻　所収　一七―二二頁。一九一二年（大正元）一月五日―七日。
(46)『全集』第九巻　所収　二四一頁。
(47) 一八九四年（明治二七）『近世文学史論』付録『全集』第一巻　所収　一一七―一二五頁。
(48)『全集』第一巻　所収　一二〇頁。
(49)『全集』第一巻　所収　一二二頁。
(50) 一九二四年（大正一三）『新支那論』「六、支那の文化問題　新人の改革論の無価値」『全集』第五巻　所収　五三三頁。
(51)『全集』第八巻　所収　一二〇―一三九頁。
(52)『全集』第八巻　所収　一二二頁。
(53) 一九二八年（昭和三）「近代支那の文化生活」『全集』第八巻　所収　一二三―一二五頁。
(54)『全集』第八巻　所収　一二七―一三〇頁。
(55)『全集』第八巻　所収　一二七頁。
(56)『全集』第八巻　所収　一二七頁。
(57)『全集』第八巻　所収　一三〇頁。
(58)『全集』第八巻　所収　一三〇頁。
(59)『全集』第八巻　所収　一三二頁。
(60)『全集』第八巻　所収　一三二―一三三頁。
(61) 一九二八年（昭和三）「近代支那の文化生活」『全集』第八巻　所収　一二六頁。

(62)一九二六年(大正一五)「民族の文化と文明に就いて」『全集』第八巻　所収　一四二頁。
(63)一九二六年(大正一五)「民族の文化と文明に就いて」『全集』第八巻　所収　一四三―一四四頁。
(64)一九二六年(大正一五)「民族の文化と文明に就いて」『全集』第八巻　所収　一四七頁。
(65)一九二六年(大正一五)「民族の文化と文明に就いて」『全集』第八巻　所収　一五二頁。
(66)一九二四年(大正一三)『新支那論』「六、支那の文化問題　新人の改革論の無価値」『全集』第五巻　所収　三二八頁。
(67)藤田昌志(二〇一一)二三八―二四一頁。
(68)一九二四年(大正一三)『新支那論』「六、支那の文化問題　新人の改革論の価値」『全集』第五巻　所収　五四〇頁。
(69)たとえば『全集』第五巻『新支那論』で「世界の国民生活に支那より先へ進んだものがなくて」(五三八頁)と言うのや「近代支那の文化生活」『全集』第八巻で「結局支那人は自己の優越性を認めて、やはり従来の支那式にする方が宜いといふことになりはしないかと思ふ」(一三九頁)と言う言辞などがそのことを物語っている。
(70)葭森健介(二〇〇一)内藤湖南研究会(二〇〇一)所収　二七二―二七三頁。

【引用文献・参考文献】


藤田昌志(二〇一一)「内藤湖南の日本論・中国論」藤田昌志(二〇一一)所収。

藤田昌志(二〇一一)『明治・大正の日中文化論』三重大学出版会。

「我が少年時代の回顧」内藤虎次郎(一九六九―一九七六)『内藤湖南全集』(『全集』と略す。)筑摩書房。『全集』第二巻。

小川環樹(一九八四)「内藤湖南の学問と生涯」責任編集小川環樹(一九八四)所収。

責任編集小川環樹（一九八四）『中公バックス　日本の名著41　内藤湖南』中央公論社。

色川大吉（二〇〇八）『明治精神史（下）』岩波書店　岩波現代文庫　学術２００。

小野泰（二〇〇一）「内藤湖南と同時代――日本の天職をめぐって」　内藤湖南研究会編（二〇〇一）　所収。

内藤湖南研究会編（二〇〇一）『内藤湖南の世界――アジア再生の思想』河合文化教育研究所。

貝塚茂樹（一九七五）「内藤湖南《開化した国民主義者》」朝日ジャーナル編集部編（一九七五）　所収。内藤湖南（明治二六）「寧楽二」『涙珠唾珠』『全集』第一巻　所収。

朝日ジャーナル編集部編（一九七五）『新版　日本の思想家　中』朝日新聞社　朝日選書４５。

『全集』第一巻。

内藤湖南（明治二二）「高橋健三君伝」『全集』第二巻　所収。

『全集』第二巻。

岡倉天心　一八八二年（明治一五）「『書は美術ならず』の論を読む」岡倉天心（一九七九）所収　一一頁。

岡倉天心（一九七九）『岡倉天心全集』第三巻　平凡社。

『全集』第一巻「厭世主義」は二〇二―二〇三頁。「厭世説」は三〇一―三〇四頁。

「禹域論集」『燕山楚水』『全集』第二巻　所収。

（明治二六）「贈渡米僧序」（一九七〇）『全集』第一巻『涙珠唾珠』所収。

三田村泰助（昭四七）『内藤湖南』中央公論社　中公新書。

山田伸吾（二〇〇一）「内藤湖南と辛亥革命――もう一つの「近代」―『支那論』をめぐる問題――」内藤湖南研究会（二〇〇一）所収。

成田龍一（二〇〇七）日本近現代史④『大正デモクラシー』岩波書店　岩波新書（新赤版）１０４５。

一九二一年（大正一〇）「応仁の乱に就て」『全集』第九巻『日本文化史研究』所収。

『全集』第九巻。

一九二四年（大正一三）「聖徳太子」『日本文化史研究』『全集』第九巻　所収。

一八九四年（明治二七）『近世文学史論』付録『全集』第一巻 所収。
一九二四年（大正一三）『新支那論』「六、支那の文化問題」『全集』第五巻 所収。
『全集』第五巻。
一九二八年（昭和三）「近代支那の文化生活」『全集』第八巻 所収。
『全集』第八巻。
一九二六年（大正一五）「民族の文化と文明に就いて」『全集』第八巻 所収。
葭森健介（二〇〇一）「内藤湖南と京都文化史学」内藤湖南研究会（二〇〇一）所収。

第八章　北一輝の日本論・中国論

序

北一輝は一八八三年（明治一六）に佐渡に生まれ、『国体論及び純正社会主義』『支那革命外史』『日本改造法案大綱』を著し、二二六事件（一九三六年（昭和一一））によって検挙され、翌一九三七年八月一九日午前五時五〇分、銃殺刑に処せられた。享年五四才であった。

北一輝の生きた時代は、日清、日露の両戦争を通じて国家権力が確立に向かい、民権と国権の共存がくずれ、その後、国家の膨脹主義が猛威を振るうようになった時代である。日清戦争後、それまでの統一理念としてのナショナリズムは失われ、はっきり国家主義・帝国主義と、平民主義・社会主義の両極に分解していった(1)がその趨勢は爾後も続いていく。その中で北一輝は国家主義と社会主義を対立的にとらえるのではなく共存できるものとして把握し、独自の論を展開した。本章ではそうした北一輝の展開した日本論・中国論について考察してみたいと思う。今後の日中関係を考える上で役立つことがあれば幸いである。

一　北一輝について

一八八三年（明治一六）四月三日、北一輝は父慶太郎、母リクの長男輝次として新潟県佐渡郡湊町一四三番地に生まれた。父慶太郎は酒造業者で、姉に四歳上のイチがおり、二年後に弟昤吉、四年後に弟晶作（のち晶）が生まれる。(2)

湊町は「帯のような細い砂嘴の上に目いっぱいにひしめきあって建てられたまじり気のない町」(3)で、北が「小さいながら町らしい町の生れだったことだけは、ここではっきり確認しておきたい」(4)という識者の言辞には注意しておきたい。更に「一言でいって、彼は農村を知らぬ人、というよりそれに関心の向わぬ人だった。（中略）彼は、小さいながらおよそ農村的なものときれいに切れている港町に育って、知的にものごころがついたときには、意識はつねに本土の文化の中心に向い、一度も後背の地の農村に眼が向かなかった人なのである」(5)という指摘も重要である。後年の二・二六事件との関わりにしろ、また、その前の中国革命との関わりにしろ、北には民衆や農民と一体となり革命を行うという考えはなかった。東洋的共和制という考えや青年将校との関係は北のエリート主義、独裁主義への志向を濃厚に物語っていると言える。

一八八八年（明治二一）湊尋常小学校入学。二年後には眼病のため、一年ほど休学。一八九三年（明治二六）一〇才の時には、漢学者若林玄益の塾で、漢籍を学んでいる。漢籍の素養が中国への尊敬の念を生み、北には中国蔑視の感情が生じなかったように思われる。一八九四年（明治二七）に日清戦争が起こる。一八九七年（明治三〇）佐渡中学校入学。一八九八年（明治三一）一〇月、選抜試験により三年に飛び進級。一八九九年（明治三二）一六才の年、眼病のため新潟の阿部病院に入院、後、帝大附属病院に移り手術、東京に滞在。二学期より復学する。一九〇〇年（明治三三）四月、落第し四年に留まる。一一月一九日に退学届を出す。眼病で阿部病院に七ケ月再入院する。北の眼病については病名は「プカレギーム」といい、「眼尻から肉が出て白眼を覆い、更に黒眼を侵さんと」[6]するものであった。「兄は病院の横臥生活時代、片眼で書物を乱読して、十六、七の年齢の者としては、類のない程の思想の持主となってゐた」[7]と言う。

一九〇一年（明治三四）『明星』に短歌二首採用される。父慶太郎、初代両津町長に選出される。原黒村の造り酒屋の娘松永テルとの恋愛の始まりは、一八九八年（明治三一）で[8]テルの母親の反対もあり、二人は二年後にへだてられ、[9]恋は一九〇四年（明治三七）に終わったようである。[10]北は自らの恋愛体験を通じて明星派詩歌への耽溺《たんでき》を深め、それは彼に自我覚醒、自己絶対、個人主義の徹底化を強いたようである。[11]

父慶太郎は北一輝にとってどのような存在であったかと言うと、一つには「権威」の象徴であった。中学退学後、上京して勉強したいと言う北の希望を父は頑として容れず、北海道へ一輝をやって実業家にしたいと考えた。一八九二年（明治二五）、北の叔父にあたる星野和三次が回船業に乗り出し、慶太郎がそれにかなりの資金をつぎこんだにもかかわらず失敗したこと、そして一九〇〇年（明治三三）に加茂湖に海水が流入したのを知らず、例年のように酒を仕込み二度にわたり酒造りに失敗したことによって北家の家産は傾いたが、[12]一九〇三年（明治三六）五月九日の慶太郎の死（北二〇才）は北一輝に長男としての責任の重さを感じさせるより、権威からの自由を意味する方が大きかったようである。もっとも父慶太郎へ礼、敬意を払う面も北には存在し、『国体論及び純正社会主義』（以下『国体論』と略す）は一九〇六年（明治三九）の五月九日（慶太郎の祥月命日）に発行（自費出版）したし、『日本改造法案大綱』部分削除版も一九二三年（大正一二）の五月九日に出版している。

父の亡くなる前年の一九〇二年（明治三五）には九月より『佐渡新聞』に執筆を始め、翌年、「国民対皇室の歴史的観察」を発表するも六月二五、二六日の二回で、不敬絡みで連載中止となる。「国民対皇室の歴史的観察」

は『国体論』で展開された乱臣賊子論の原型であり、「万世一系の皇統を戴く」「国体論」が「妄想」にすぎぬことをこの論文で北は示そうとした。(13)

一九〇四年（明治三七）日露戦争の起こった年の夏、上京。早稲田大学で聴講し、早大図書館に通う。翌年は上野図書館通いをする。前年、大学のそばの貸家に弟昤吉（早大予科生）と同居していたが、一九〇五年には谷中に一人で下宿した。

一九〇六年（明治三九）二三才の年の五月九日、『国体論』を自費出版する（五〇〇部）。五月一四日発禁、差押さえとなる。七月一三日同書第三編分冊『純正社会主義の哲学』一〇〇〇部出版。一一月一日、第一編分冊『純正社会主義の経済学』製作、発行日前日に発禁となる。『国体論』の出版によって数多くの社会主義陣営からの誘いがあり、同年一一月、宮崎滔天等の革命評論社より勧誘を受けて入社する。中国革命同盟会に入会し演説を行う（一二月）。

一九〇七年（明治四〇）、中国革命同盟会の反孫文の動きに加担し、宋教仁との親交が始まる。地方中心か中央中心かの革命路線の相違が孫文との溝を生んだ。

一九〇八年（明治四一）夏から黒沢次郎家（東京）の食客となる。黒沢次郎は台湾総督府の退職官吏で、国士的風懐をもつ人物であり、北より一一才年長であった。(14) 知り合ったのは革命評論社の萱野長知の紹介による。

一九一〇年（明治四三）の大逆事件の際には幸徳秋水の「知人名簿」に北の名が記されていたことから身辺に捜査が及んだが、当時の北は、黒龍会を通じて中国一辺倒であったことが幸いして事なきを得た。一九一一年（明治四四）の辛亥革命（一〇月一〇日武昌蜂起）の際、黒龍会派遣通信員として同月二六日、上海に向った。一二月、上海で出会った一才年下の間淵ヤスと結ばれる。（後に北夫人スズとなる。一九一六年（大正五）入籍。）一九一二年（明治四五）中華民国成立。臨時大総統孫文、農林総長宋教仁。反袁世凱の宋教仁等が中国革命同盟会を改組して国民党成立（理事長（名義的）は孫文、理事は宋教仁、黄興等）。一九一三年（大正二）宋教仁、上海で袁の刺客に暗殺される（三月二二日没）。四月八日、在上海日本総領事によって「三年間清国在留禁止」の処分を受け、帰国する。夏、中国の第二革命失敗し譚人鳳、范鴻仙等日本に来る。

一九一四年（大正三）第一次世界大戦勃発。日本参戦（八月）。山東省に出兵、青島を攻略。（後に中国に返還。）一九一五年（大正四）大隈内閣、中華民国大総統袁世凱に二一カ条要求提出。一一月『支那革命党及革命之支那』執筆（『支那革命外史』の第八章までの部分。矢野龍渓から大隈と石井外相に中国革命の事情紹介を求められたことによる）。一九一六年（大正五）一月、一輝と号し、法華経信仰に入る。六月六日袁世凱死去。同月「三年間清国在留禁止」処分期限が切れて上海に渡る。一九一七年ロシア革命起こる。一九一九年（大正八）『国家改造案原理大綱』（後に『日本改造法案大綱』と改題）執筆（八月）。八月二三日、帰国を促す大川周明の訪問を受け巻七までを渡す。（残りは二七日に脱稿し、岩田富美夫に渡す。）八月一日に猶存社創設。一二月末、上海から帰国。

一九二〇年（大正九）一月、猶存社に入る。皇太子（後の昭和天皇）に法華経献上。（三月二日付宮内省受領証有り。）

一九二二年（大正一一）四月、西田税の初訪問を受ける。（西田は当時、陸軍士官学校生徒で、後の大正一四年六月、病気のため少尉で退役する。）

一九二三年（大正一二）五月九日『日本改造法案大綱』部分削除版、改造社より出版。九月、関東大震災。一九二九年（昭和四）四月二七日霊告日記を始める。一九三一年（昭和六）九月満州事変。年末、三井の専務理事有賀長文の初訪問を受け三万円受け取る。一九三二年（昭和七）五・一五事件。これを機に北と青年将校の接触が深まる。一九三五年（昭和一〇）一〇月、中野桃園町に豪邸を購う。

一九三六年（昭和一一）二二六事件。二月二八日夕方、憲兵隊に検挙される。一九三七年（昭和一二）八月一四日北及び西田、死刑判決（罪名首魁《しゅかい》）。八月一九日、午前五時五〇分晴天、北、西田、村中、磯部、銃殺刑に処せられる。
以上のような経歴を持つ北一輝は日本や中国に対してどのような考えを持ち、どのように日本、中国を把握していたのであろうか。次に北一輝の日本論、中国論の考察に移る。まず日本論から始める。

二　北一輝の日本論

北一輝は明治天皇制国家を法律上の社会主義国家とみなした。[15]『国体論』（＝『国体論及び純正社会主義』）でその主張はなされている。『国体論』は①社会主義理論の啓蒙②日本近代国家の歴史的性格分析及びその帰結としての日本革命論③基礎的社会理論の構築――という三つの意図を同時に満足させようとした著作であるが、[16]北一輝の日本論を探る上では、②と③がとりわけ重要である。②や③は明治天皇制国家とそれ以前の時代の日本との相違をどのようにとらえるか、社会進化論、生物進化論と日本の関係が問題になる。

まず、明治天皇制国家に関する問題であるが、北は『国体論』第四編所謂国体論の復古的革命主義第九章、で国家の発展段階を国体と政体の二つに分け、中世に至るまでの時代の国体について「即ち此の時代に於《おい》ては君主が自己の目的と利益との為《た》めに国家を統治せしを以《もつ》て目的の存する所利益の帰属する所が権利の主体として君主は主権の本体たり、而して国家は統治の客体たりしなり。此の国家の物格なりし時代を『家長国』と云ふ名を以て中世までの国体とすべし」[17]と述べ、今日《こんにち》については「君主は中世の如く国家の外に立ちて国家を所有する家長にあらず国家の一員として機関たることは明かなり」、「国家が明確なる意識に於《おい》て国家自身の目的と利益との為に統治するに至りし者にして、目的の存する所《ところ》利益の帰属する所として国家が主権の本体となりしなり。此れを『公民国家』と名《なづ》けて現今の国体とすべし」[18]としている。明治維新によって日本は国体としては家長国家から公民国家に変わったと北は言う。政体とは国家の統治権発動の形式[19]であり、家長国家に対応する政体として君主制(古代)→貴族制(中世)を、公民国家に対応する政体として、法律上の民主制(近代)→完全な民主制を設定する。[20]

法律上の民主制とは法律的にのみ民主制である政体であり、完全な民主制とは法律経済両面における完全な民主制である政体のことである。法律上の民主制は明治維新によって達成された。次に必要なのは法律経済両面における完全な民主制を実現することであり、それが第二維新革命であるというのが北の考えである。

家長国家と公民国家の決定的相違は国家が統治の客体であるか主体であるか、換言すれば、君主が国家を所有するのか、そうでないのかにある。君主の問題は日本の場合には天皇の問題となる。天皇を国家の中でどう位置づけるかという問題である。北は当時の「国体論」を山僧のかつぎまわる神輿《みこし》にたとえ、「僧兵の神輿中に未だ嘗て神罰を加ふべき真の神の在りしことなきが」ごとくで国体論の中に、真の天皇はない、あるのは「国家の本質及び法理に対する無智と、神道的迷信と、奴隷道徳と、顚倒せる虚妄の歴史解釈とを以て捏造せる土人部落の土偶」だけであるとし、日本の天皇をこの土偶的「神輿的天皇」に解釈しようとする穂積八束以下の思想を国体を破壊する「復古的革命主義」と名づけた。[21] 穂積八束については更に「『国家統治の主権は万世一系の皇位に在りて変ることなかりしは我国体なり』と云ふかと思へば、忽《たちま》ち『維新革命は主権を回復せる者なり』と論ずる如き何の拠る所あるやを解する能《あた》はず[22]」とその矛盾を鋭く指摘している。美濃部達吉についても「美濃部博士の如く日本の国体は最高機関を一人にて組織する君主国体なりと解釈しては斯《かか》る断言の根拠なくして明《あきら》かに矛盾せる思想たるは論なし」。その根本原因は「国家の本質に就きて不注意に経過すればなり[23]」とする。「現行の憲法其者が亦制定さるる当時の国家学によりて影響されたること」は明らかなのに、今の国家主権論者は「此の態度なく、研究の着手と結末とを顚倒」しており、美濃部達吉が『法律学上の国家とは現行の法律を矛盾なく解釈するには如何に国家なる者を思考すべきかに在り』と「云へる姑息を極めたる国家観」の如きはまさにそれであり、憲法は「国家の本質論」によってしか解釈できず、それは明治国家を維新民主主義革命の産物たる民主国として、その民主国たる本質に照らして法的解釈を行うことであるとする。[24]

民主国では天皇は「土地人民の二要素を国家として所有せる時代の天皇」ではなく「国家の一分子として他の分子たる国民と等しく国家の機関たるに於て大たる特権を有すと云ふ意味における天皇」であり、「臣民」も「天皇の所有権の下に『大御宝《おおみたから》』として存在したりし経済物にあらず、国家の分子として国家に対して権利義務を有すると云ふ意味」の「国家の臣民」である。[25] 北が天皇は国民の支配者ではないと言うとき、北の中には「革命的皇帝」のイメージが存在しており、その革命的皇帝のイメージは明治帝、ナポレオンであり、「国民の一員」としての皇帝であった。北が天皇の国政指導権についてもっていたイメージは、『支那革命外史』における「東洋的共和制」という言葉が指示するもの、つまり、革命のシンボルとしての皇帝をいただく実質的共和制、という概念にほとんど一致するものであったという識者による鋭い指摘があるが首肯できるものである。[26] もっとも北は他面、リアリストであるから天皇機関説論者でもあるが、天皇が単なる立憲君主でなく、革命シンボルである点で、北の天皇像は、久野収の言う支配エリートの申し合わせとしての機関説天皇とは本質的な相違点を持っている[27]と言う渡辺京二（二〇〇七）の言辞は二・二六事件の処刑される時を除けば、少なくとも『国体論』執筆当時においては正しいと言えるであろう。[28]

北の生物進化論、社会進化論と日本の関係はどうか。生物進化論を社会に適用しようとする社会進化論は、明治一〇年（一八七八）代から盛んに日本に移入され始め、丘浅次郎の『進化論講話』はベストセラーとなった。もっとも北の興味は生物進化論の学説にあったわけではなく、進化論を社会学や哲学、宗教などすべての思想的な営みの中心的な理論、統一理論にまで敷衍することこそが興味の中心であり、更に、進化論を未来に適用することにより、北は人類及び社会がたどるであろう進化の未来図を描き出したが、その内容は、もとの生物進化論からはとてつもなく逸脱した、異形としかいいようのない進化論であった。[29] 北は猿から類人猿、類人猿から人類へ進化してきた、その先に「類神人」、更に「神類」を設定する。進化の極点を完全なる「神類」とする。

『類神人』が其の完全に行はるる男女の愛の競争によりて今日の理想とする神を遺伝の累積によりて実現し得るの時来《きた》らば、茲《ここ》に人類は消滅して『神類』の世となるべし。「第一に想像せらるべき本能の変化は『善』の上に来る。即ち、社会主義の実現後、二三代にして（即ち一世紀間にして）道徳は本能化すべし」[30]。北の「神類」は社会主義の実現後、存する「道徳の本能化」した完き、進化の極点として設定されている。「神類」は社会主義社会にこそふさわしい完き進化の極点であった。

　北は国家と社会を同一視したが、個人を生命体とみなすと同時に国家、社会をも生命体とみなした。

　北が神なき時代のニヒリズムの超克をごく安易になしえたのは、北に「国家生命に対する信仰」が根づいていたからだとする考えがある。[31] そして、それは北が島国共同体に育ち、辺境から本土国家全体を眺望できたという偶然性もあずかって力があり、また、易姓革命の思想の根底にある社稷《しょく》という観念も残存していたこと、その明治時代に残存していた社稷的国家観の上に近代的な国家有機体説が自然に織り重ねられて密着して北の国家観の根本を形成したと言う。ともあれ、北にとって個人の発展は社会、国家の発展と軌を一にするものであったのは事実である。

　北が国家と社会を同一視したことについては①日露戦争の開戦時の主張の如く、国民の正義を体現した倫理的な国家という国家感情が北を捉えてはなさなかったこと②進化論的に見た場合現状における最大にして最強の競争単位は国家であるから、国家と社会の二元論的構成は採れなかった③佐渡における強固な一国意識の存在、並びに日本における市民社会の未成熟という状況が国家＝社会という価値判断を容易にした――という考えが存在する。[32]

日本という国家も当然、個人が「神類」へ向かうのと平行して、社会主義へ向かうというのが北の考えであるが、ここに一つの問題が存する。帝国主義と社会主義の折合いをどうつけるかという問題である。一九〇三年(明治三六)六月二五、二六日に『佐渡新聞』に掲載された「国民対皇室の歴史的観察」は『国体論』の日本国民乱臣賊子論の原型であるが、不敬絡みで連載中止となった。その二ケ月後、『佐渡新聞』に発表した論文「政界廓清策と普通選挙」で北は「満韓に膨脹せざるべからざる帝国の将来」という言葉を書きつけ、二ヶ月前に発表した「日本国の将来と日露開戦」でも満州・朝鮮・東南シベリアを「大陸に於ける足台」として領有することを主張している。[33] 二〇歳の時点でこのような対外膨脹論者であった北が依拠したのは「帝国主義の相互性」という論理であった。この帝国主義は強者の帝国主義に抵抗する弱者の帝国主義で、いわば危機の論理であって、明治ナショナリストの基本的危機感の系譜に属する何の変哲もない論理であった。[34] しかし、それとともに北には社会主義の実現には国家の主権の保持が前提されるべきだ、という第一命題があり、北の主張は本質において、一個の生命たる民族国家の生存権の主張であった。[35] 北の社会主義は「下層階級が上層に進化する」ものであり、「全社会の天才主義[36]」であった。北の社会主義では道徳の本能化した「神類」が進化の拠点として存在する。その実現のために帝国主義は一種の必要悪であり、日本においてもその例外ではない、北の社会進化論はそのように日本を規定したのであった。

三　北一輝の中国論

北一輝に中国に対する差別意識は存在しないか稀薄である。「或る一人の思想的欠陥が日本人の因習的対支軽侮観を喚起せしめて終に革命党全部の壮烈雄毅なる意気精神を蔑視せしむるに至るは洪歎に堪へざる所なり[37]」。

「日本人の因習的対支軽侮観」という言葉に執筆当時（一九一五年（大正四））の日本人の対中国観が見てとれるが同時に北がそこから自由な位置に立っていたことも窺い知れる。

「不肖は茲に革命運動の跡を回顧するに当りて先づ支那軽侮観者と着眼点を異にするを前置きせざるを能はず。彼等は排満革命が革命戦争と名けらるるに係らず一の記るすべき勝敗なきを見て罪を民族性に嫁し笑ふべき発火演習に過ぎずと嘲罵す。不肖は之に反して古今凡ての革命運動が実に思想の戦争にして兵火の勝敗に非ざるを知る者なり」[38]。自らが「支那軽侮観者と着眼点を異にする」ことを明瞭に述べている。

「不肖は日本及び日本人が新支那の指導者たらんとする抱負を歎賞するものなりと雖も、其の前提としての道念智見に欠くるよりして今尚ほ伝来的軽侮観の堕力に支配さるる風潮に遺憾なき能はざるなり」[39]と明確に中国への「伝来的軽侮観」を否定している。北にとっては「新支那の指導者」たらんとする日本及び日本人を許容しても「軽侮観」は許容できないものであった。

「諸公。更に革命期の仏蘭西を想起して語らしめよ。是れ支那に対する軽侮観が欧米崇拝と同根なる奴隷心に基くものなるが故に、或種の愚呆にして驕慢なる日本人を啓蒙するに便利なる説明法なればなり」[40]。中国蔑視が欧米崇拝と同根であることを北は見抜いていた。「希くは一切の対支軽侮観より脱却せよ。此の支那に対する軽侮は『愚呆』と『驕慢』の間に産れたる私生児にして、数年来日本の対支外交が諸公の勇敢なる正義に支配されず一に此の私生児の恣にする所たりき」[41]。中国蔑視をやめろと北は言う。

北はどのように中国革命と係わったか。二で述べたように一九〇六年（明治三九）の『国体論』の出版によって同年一一月に宮崎滔天等から勧誘を受けた北は革命評論社に入社する。革命評論社は中国革命同盟会と協同して中国革命に当たろうとする組織であり、両者の関係は深く、事実、北は中国革命同盟会に入会し演説を行っている（同年一二月）。北が中国革命同盟会に入ってまずやったことは同会の内訌《こう》への介入であったと言ってよい[42]。中国革命同盟会は一九〇五年（明治三八）に結成されたが、当時の東京は中国革命の震源地であった。一八九八年（明治三一）の戊戌政変に失敗した康有為、梁啓超が東京に亡命して、『清議報』（後の『新民叢報』）を発行し、満州政府による立憲政治確立を宣伝していたし、本拠地を上海から東京に移した光復会の蔡元培、章炳麟、鄒容等が復古的支那学の立場から「民主共和の古に復る」ことを主張していた(43)。湖南革命運動の伝統を継ぐ黄興、宋教仁の華興会が雑誌『二十世紀』を発刊して民族主義の宣伝に努めていたし、当然、孫文の興中会も存在した(44)。

中国革命同盟会は康有為派を除外した興中会、光復会、華興会を統合して結成された団体である。北が同会への内訌に介入したというのは、同会は結成以来、内部対立が絶えず、とりわけ孫文の指導に対して旧光復会・華興会系の反発が激しく、底流に孫文の国際主義的指向に対する民族主義的な反発が存在し(45)、その内訌に介入したことを指す。孫文の国際主義的指向とは、孫文の「米国的翻訳より来れる各省連邦論を容れて支那の将来は連邦共和制を可とすべし(46)」とするものであり、内藤湖南と考えを同じくするものであった。

北は「建国当時の十三州に五倍せる今日の米合衆国は実に十五回に亙りて斯る独立的邦国が連合し集合したる者たり。則ち米国は国家学上『集合国家』と名けられて『単一国家』に分類さるる支那と全然歴史的発達を異にせるものなり(47)」と言い、アメリカと中国の相違を力説する。北は中国が「統一」を中心とする、「統一」を希求してきた国家であると言う。「支那は歴史ありて以来統一せらる。假令古へ群雄の割拠し両朝の抗争せしことあるも、是れ日本に元亀天正の分立時代あり南朝北朝の争覇時代ありしと同様なり。若し此中世あるが故に日本の帝国憲法に米国の翻訳を輸入して各藩連邦制を採るべしと言はば笑ふべき歴史観に非ずや。春秋の時と雖も天下一に定まる日を待望し、孔明の鼎立策と雖も統一の為の準備に過ぎず。治者と民衆の理想が常に統一に存して其の分立し抗争せる時代は統一的覚醒が未だ拡汎ぜざりし歴史的過程に過ぎざることは多言を要せざる所なり(48)」。

北にとって「各省の頑強なる団結力」は「国家的統一の第一歩」としてとらえられていた。続けて北は言う。

「支那の表皮を観察するものは此の歴史的過程を考へず。各省の頑強なる団結力が其実却て国家的統一の第一歩なることを反対に解釈して、其の土音の相違を示し排他の慣習を挙げて恰も翻訳的連邦論に裏書きせんとするが如きは遺憾なることなり。維新革命が統一的覚醒より来れるを見たる日本人は、尊主の大目的に於てすら薩長互に妨害せる如き獰猛なる藩的感情も過渡時代として軽視するにあらずや。支那の省的感情は維新前の独立国的統治によりて養はれたる各藩の其れに比すべからざる稀薄なるもの。斯かる微細なる障害に逡巡して統一的要求を放棄せんとする如き脆弱なる革命党は不肖の支那に視ざるところなり」[49]。

北が孫文の国際主義的指向を批判するのは、単に孫文が米国的翻訳にとらわれているだけでなく「外国の援助を願望」[50]しているからでもあった。日本軍部やフランス安南総督と結んだり、外国をとびまわって外援を募ったりする精力を、国内の地道な組織活動に注いではどうか[51]というのが北や宋教仁の考えであった。

宋教仁は一九一三年（大正二）に暗殺された。北の盟友であったが、宋教仁の暗殺された三月の翌月、四月に北は三年間の退清命令を受けて帰国することになる。

孫の路線と宋の路線の違いは孫の路線と北の路線の違いでもあったが、それは国際主義と国家主義、辺境革命と中央革命の相違であった[52]。孫が地方的自治政府を外国の資金にたよって樹立しようとしたのに対して、宋は一挙に中央政権を奪取し、国家的統一を失わずに革命を成功させようとする中央革命の方式をとった。国家主義と中央革命方式は、宋のものであると同時に北のものでもあった。

北は中央革命方式のために東洋的共和制を提唱する。それは『支那革命外史』序で「終身大統領制」と言い、具体的人物としてレーニン、ナポレオン、明治天皇を挙げたことからも推察できるがより詳しくは、『支那革命外史』「十六　東洋的共和政とは何ぞや」で述べられている。「支那の共和政が其の大総統を白人の如き選挙運動と議員の投票に求めずして天命と民意の上に立たしむることは、不肖是れを彼と区別せんが為めに『東洋的共和政』と名けざるを得ず。『東洋的君主政』は二千五百年の信仰を統一して国民の自由を擁護扶植せし明治大皇帝あり。『東洋的共和制』とは神前に戈を列ねて集まれる諸汗より選挙されし窩濶台汗が明白に終身大総統たりし如く、天の命を享けし元首に統治せらるる共和政体なりとす」[53]。欧米の共和政治がギリシア古代に理想の姿を見いだしたのに対して、黄色人種の共和国は中世史蒙古の建国に模範を持つと北は言う。「実に成吉思汗と云ひ、窩濶台汗と云ひ、忽必烈汗と云ひ、君位を世襲継承せし君主に非ずして「クリルタイ」と名くる大会議によりて選挙されしシーザーなり。而してシーザーの羅馬よりも遙かに自由に遙かに統一し更に遙かに多く征服したり」[54]とアジア的専制を賛美する。

北の中国、日本のアジアにおける構想は以下のようなものである。日本はドイツと提携してイギリスを打倒し、ドイツは英・仏領のアフリカ植民地を手に入れる。日本は仏領インドシナ、オーストラリア、英領諸島等を獲得する。北はドイツと提携することによって英独が中国分割に向かうことを阻止しようとする。アメリカは中国に対して投資以上の意欲がないと想定されていて、日本が経済同盟を締結して、中国の軍備や鉄道建設を推進する。もしアメリカがイギリスと同様な野心を持つ場合は、日本は中国と兵力を背景にその資産を没収する。こうしてインドは独立し、アメリカはカナダを領有し、中国は蒙古を獲得する。日本は日露戦争の獲得物として、南北満州を領有する。[55]

北にとって元来、中国革命は日本革命の呼び水として位置づけられていた。しかし、一九一九年（大正八）六月、断食に入った北は「さうだ、日本に帰らう。日本の魂のドン底から覆へして日本自らの革命に当らう」と決意し、帰国する。民族主義者にしてマルクス主義者の台頭という新潮流は、北を含めた、それまで中国革命を支援してきたすべての日本人を過去の人物として革命の局外へ振り落としたのであった。[56]

一九一九年八月、断食中に執筆した『国家改造案原理大綱』は後に『日本改造法案大綱』と改題されたが、そ

の巻七　朝鮮其他現在及ビ将来ノ領土ノ改造方針、で「朝鮮ヲ日本内地ト同一ナル行政法の下ニ置ク。朝鮮ハ日本ノ属邦ニ非ズまた日本人ノ植民地に非ズ」「約二十年後ヲ期シ朝鮮人ニ日本人ト同一ナル参政権ヲ得セシム」と述べた北一輝には中国同様、「朝鮮」に対する軽蔑の念はなかったことが窺い知れる。

四　北一輝の評価

久野収は既述のように天皇を二つに分ける。「顕教」としての天皇と「密教」としての天皇である。前者は「無限の権威と権力を持つ絶対君主」としての天皇であり、後者は「権威と権力を憲法その他によって限定された立憲君主」としての天皇である。渡辺京二（二〇〇七）は北の天皇像は久野収の言う「支配エリートの申し合わせとしての機関説天皇」＝「「密教」としての天皇」と本質的な相違点を持っていると言う。もっとも二二六事件の際、処刑される時のことを北昤吉（一輝の弟）が次のように述べていることには注意を要する。「処刑に際して兄は「目隠しの必要はない」と係官に断ったが、規則により白布で隠された。西田税は目隠しされた儘、「われわれも天皇陛下万才を唱えて死にましょう」と兄をさそったが「私は万才はいわないで置こう」といい、この時、立ち会った法務官の話によると「自ら死を欲している態度であった」ということである」[57]。これは有名な話であるが、北の最後の天皇観を象徴的に物語っているもののように思える。北のあだ名は「魔王」であったが北自信の不遜さを表しているとも言えるであろう。

松本健一は北一輝を使命感に駆られた自己絶対主義者であると言う[58]。そして、この自己絶対主義者は徹底せる個人主義を根底にすえているとし、個人主義思想浸透の要素として、ブルジョア階級出身、自由民権思想、基督教、恋愛、明星派詩歌、ニーチェなどを挙げている。[59] その個人主義がなぜ国家の否定へ向かわなかったかについて松本健一氏は「彼にとって、個人とは国民と同義であったのだから、この国民意識を内にかかえた個人主義者にとって、悪しきは国家ではなく、国家に所属する権力を牛耳《ぎゅうじ》る支配階級なのであった」[60]と述べている。非常にわかりやすい説明であるが、わかりやすいだけに腑《ふ》に落ちない感もある。

既引用の「彼が島国共同体に育ち、その辺境から本土国家の全体を眺望できたという偶然性も力あずかって」北には国家生命に対する信仰が根づいたと言うのは、あまりにも安易な言辞ではないだろうか。北は現実の「本土国家」そのものを全き良きものとは考えていなかった。若き日に憧れはあったであろうが、それと国家生命に対する信仰を根づかせるものとは別物であろう。

渡辺京二氏は「一言でいって、彼は農村を知らぬ人、というよりそれに関心の向かわぬ人だった。（中略）つまり、彼は、小さいながらおよそ農村的なものときれいに切れている港町に育って、知的にものごころがついたときには、意識はつねに本土の文化の中心に向かい、一度も後背の地の農村に眼が向かなかった人なのである」[61]と言う。松本健一氏の、北が島国共同体に育ち云々より、はるかに説得力のある視点であろう。渡辺京二氏はまた、次のように述べている。

もちろん彼は、国民の愛国的な衝迫に革命の動力を求めようとした。さらにその場合、「国家」共同社会と読みかえることによって、市民社会になじもうとしない基層民の心性と、おのれの革命の論理のあいだに、通路をつけようとした。だが彼は、彼らのいちばん深い欲求に、火をつける方法を知らなかった。というより、彼には、そういう方法を必要とする感覚がなかった。そして、その感覚の欠如は、やはり、基層民のこころのいちばん深部にねむっている〈共同的なもの〉への憧憬を感じとる能力の欠如に、対応しているように考えられる。[62]

北が「農民に眼が向かなかった」のは、「基層民のこころのいちばん深部にねむっている。〈共同的なもの〉への憧憬を感じとる能力の欠如」と同種のものによるものであったと考えられる。北には一種の潔癖性のようなところがあった。スズ夫人に死体は汚いから見るなと処刑される前に言ったと言うが、そうした潔癖性的なところが北にはあった。「愛国とか国家意識とかいう衣裳をかぶっている下層民の共同願望の、もっとも初原的な、蒙昧で粗野なありかたについては、彼はそこまで降りて行くことを嫌った」[63]。「彼の革命の論理は、本来、下層民のもっとも深部の衝動を顕在化するような方法論を要求していた。しかし、それを顕在化する方法に、ある種の嫌悪ないし盲点をもっていたために、彼はほんとうの方法論を持たぬ革命家となった」[64]。北の根底には他者との共同的なものに対する「嫌悪」が存在する。それを単なる自己絶対主義で片づけるのは単純にすぎるであろう。北には不遜の臭《にお》いが存在するのである。

北一輝は一〇才の時に漢学者若林玄益の塾で漢籍を学んでいる。そのことが北が中国蔑視をしなかった大きな要因となったのかもしれない。北にとって中国革命は日本革命の呼び水として位置づけられていたが、民族主義、マルクス主義の高まりとともに、北は帰国し、日本革命の機の熟するのをひたすら待ち続けた感がある。待ち続ける際に北が依拠したものは「何らかの超越的なるもの」[65]であった。それは法則としては進化律であり、儒教的思考としては天、地上における現世変革の主体としては倫理的有機体たる国家、仏典としては『法華経』であり、更には種々なる神々であった。北にとっての現実の世は日本革命を待つ世界であったのかもしれない。北はその機の熟するのを待っていたが青年将校との関わりによって処刑されることとなってしまう。権力者は北の体から発散する不遜な臭いを敏感に嗅ぎ分け、北を厳しく断罪したのではないだろうか。

五　結語

民権と国権、個人主義と国家主義、個人と「臣民」＝「国民」、個人主義と社会主義、こうした二項対立的な図式に対して北一輝は、どちらか一方を捨象するのではなく、両者の共存、平行的進化を標榜《ぼう》した。北にとって個人が生命体であることとともに、国家、社会も生命体であることはなんら矛盾することではなかった。そして両者の進化を平行的な関係でとらえた。

「帝国主義の相互性」には一種の後ろめたさが存在するが、個人が「神類」へ向かう基盤に国家の伸長があり、それは社会主義の顕現へと向かうのであるから首肯できるものと考えられた。国家と社会を同一視し、国家主義と社会主義の一体化をもくろんだ北は皮肉なことに国家権力によって「首魁」の罪で銃殺刑に処せられる。国家権力は北の国家社会主義に不穏、不遜さを察知し有無を言わさず断罪し、世の見せしめとしたのであろう。

【注】

（1）色川大吉（昭和五二）一三二頁。
（2）北一輝（北輝次郎）（二〇〇五）北一輝略年譜（八五九―八六二頁）による。以下の記述等もそれに準じる。
（3）渡辺京二（二〇〇七）「序章」一〇頁。
（4）北一輝（北輝次郎）（二〇〇五）北一輝略年譜　一一頁。
（5）北一輝（北輝次郎）（二〇〇五）北一輝略年譜　一二頁。
（6）北昤吉（昭和一一）宮本盛太郎（昭和五一）二三一頁。

(7)北昤吉（昭和一一）宮本盛太郎（昭和五一）二三二頁。
(8)渡辺京二（二〇〇七）「第一章　早熟の魔」四四頁。
(9)渡辺京二（二〇〇七）「第一章　早熟の魔」四五頁。
(10)渡辺京二（二〇〇七）「第一章　早熟の魔」四八頁。
(11)松本健一（一九九六）「唯一者とその浪漫的革命」二七頁。
(12)渡辺京二（二〇〇七）「第一章　早熟の魔」四〇頁。
(13)渡辺京二（二〇〇七）「第二章　貧と戦闘の運命」六一頁。
(14)渡辺京二（二〇〇七）「第八章　中国革命の虹」二四四頁。
(15)渡辺京二（二〇〇七）「第六章　第二革命の論理」一五九頁。
(16)渡辺京二（二〇〇七）「第四章　人類史総括の思想」一一四頁。
(17)北一輝（北輝次郎）（二〇〇五）『国体論』第四編「所謂国体論の復古的革命主義　第九章」三六八―三六九頁。
(18)北一輝（北輝次郎）（二〇〇五）『国体論』第四編「所謂国体論の復古的革命主義　第九章」三六九頁。
(19)岡本幸治（一九九八）「第七章　北一輝のアジア主義」一八二頁。
(20)岡本幸治（一九九八）「第七章　北一輝のアジア主義」一八三頁。
(21)田中惣五郎（一九五九）「第二章　国体論及び純正社会主義　七節　国体論の復古的革命主義」七八頁。
(22)北一輝（北輝次郎）（二〇〇五）『国体論』第四編「所謂国体論の復古的革命主義　第九章」三七〇―三七一頁。
(23)北一輝（北輝次郎）（二〇〇五）『国体論』第四編「所謂国体論の復古的革命主義　第九章」三九四頁。
(24)渡辺京二（二〇〇七）「第五章　天皇制止揚の回廊」一五〇頁。
(25)北一輝（北輝次郎）（二〇〇五）『国体論』第四編「所謂国体論の復古的革命主義　第九章」四一一頁。
(26)渡辺京二（二〇〇七）「第五章　天皇制止揚の回廊」一五二頁。
(27)久野収は「天皇を無限の権威と権力を持つ絶対君主とみる解釈」＝「顕教」としての天皇と「天皇の権威と権力を憲法その他によって限定された立憲君主とみる解釈」＝「密教」としての天皇に二分する。この機関説天皇とは

「密教」としての天皇を指す。
(28) 渡辺京二（二〇〇七）「第五章　天皇制止揚の回廊」一五二頁。
(29) 藤巻一保（二〇〇五）五二頁。
(30) 北一輝（北輝次郎）（二〇〇五）『国体論』第三編「生物進化論と社会哲学　第八章」三二四頁。
(31) 松本健一（一九九六）「唯一者とその浪漫的革命」六六頁。
(32) 宮本盛太郎（昭和五〇）「第一章『国体論及び純正社会主義』の論理　第二節　純正社会主義の哲学」六七頁。
(33) 渡辺京二（二〇〇七）「第二章　貧と戦闘の運命」六五―六六頁。
(34) 渡辺京二（二〇〇七）「第二章　貧と戦闘の運命」六七頁。
(35) 渡辺京二（二〇〇七）「第二章　貧と戦闘の運命」七二―七三頁。
(36) 渡辺京二（二〇〇七）「第四章　人類史総括の思想」一二七頁。
(37) 北輝次郎（昭和三四）『支那革命外史』「二、孫逸仙の米国的理想は革命党の理想にあらず」一二頁。
(38) 北輝次郎（昭和三四）『支那革命外史』「四、革命党の覚醒時代」二三頁。
(39) 北輝次郎（昭和三四）『支那革命外史』「八、南京政府崩壊の経過」七二頁。
(40) 北輝次郎（昭和三四）『支那革命外史』「十二、亡国借款の執達吏」一一三頁。
(41) 北輝次郎（昭和三四）『支那革命外史』「十三、財政革命と中世的代官政治」一一七―一一八頁。
(42) 渡辺京二（二〇〇七）「第八章　中国革命の虹」二三五頁。
(43) 田中惣五郎（一九五九）「第三章　中国革命への参加」一二二―一二三頁。
(44) 田中惣五郎（一九五九）「第三章　中国革命への参加」一二三頁。
(45) 渡辺京二（二〇〇七）「第八章　中国革命の虹」二三五頁。
(46) 北輝次郎（昭和三四）『支那革命外史』「二、孫逸仙の米国的理想は革命党の理想にあらず」八頁。
(47) 北輝次郎（昭和三四）『支那革命外史』「二、孫逸仙の米国的理想は革命党の理想にあらず」八頁。
(48) 北輝次郎（昭和三四）『支那革命外史』「二、孫逸仙の米国的理想は革命党の理想にあらず」八頁。

(49) 北輝次郎（昭和三四）『支那革命外史』「三、孫逸仙の米国的理想は革命党の理想にあらず」八―九頁。
(50) 北輝次郎（昭和三四）『支那革命外史』「三、孫逸仙の米国的理想は革命党の理想にあらず」一〇頁。
(51) 渡辺京二（二〇〇七）「第八章　中国革命の虹」二五二頁。
(52) 渡辺京二（二〇〇七）「第八章　中国革命の虹」二五二頁。
(53) 北輝次郎（昭和三四）『支那革命外史』「十六、東洋的共和政とは何ぞや」一五八頁。
(54) 北輝次郎（昭和三四）『支那革命外史』「十六、東洋的共和政とは何ぞや」一五八頁。
(55) 米原謙（二〇〇三）一九一頁。
(56) 渡辺京二（二〇〇七）「第十章　擬ファシストへの道」三〇〇頁。
(57) 北昤吉（昭和一一）宮本盛太郎（昭和五一）二七四頁。
(58) 松本健一（一九九六）「唯一者とその浪漫的革命」二一一頁。
(59) 松本健一（一九九六）「唯一者とその浪漫的革命」二一一頁。
(60) 松本健一（一九九六）「唯一者とその浪漫的革命」三三頁。
(61) 渡辺京二（二〇〇七）「序章」一二頁。
(62) 渡辺京二（二〇〇七）「第六章　第二革命の論理」二〇二頁。
(63) 渡辺京二（二〇〇七）「第六章　第二革命の論理」二〇四頁。
(64) 渡辺京二（二〇〇七）「第六章　第二革命の論理」二〇四頁。
(65) 宮本盛太郎（昭和五一）「第三章『国家改造案原理大綱』の成立」二五九頁。

【引用文献・参考文献】

色川大吉（昭和五一）『明治精神史（下）』講談社　講談社学術文庫

北一輝（北輝次郎）（二〇〇五）『北一輝思想集成』書肆心水。

渡辺京二（二〇〇七）『北一輝』筑摩書房　ちくま学芸文庫。

北昤吉（昭和一一）「兄北一輝を語る」宮本盛太郎（昭和五一）所収。

宮本盛太郎（昭和五一）『北一輝の人間像』有斐閣　有斐閣選書。

松本健一（一九九六）「唯一者とその浪漫的革命」松本健一（一九九六）所収。

松本健一（一九九六）『北一輝論』講談社　講談社学術文庫。

岡本幸治（一九九八）『MINERVA 日本史ライブラリー⑤　近代日本のアジア観』ミネルヴァ書房。

田中惣五郎（一九五九）『北一輝』未来社。

藤巻一保（二〇〇五）『魔王とよばれた男　北一輝』柏書房。

北輝次郎（昭和三四）『北一輝著作集』第二巻　みすず書房。

米原謙（二〇〇三）『徳富蘇峰　日本ナショナリズムの軌跡』中央公論新社　中公新書一七一一。

松本健一（二〇〇四）『評伝北一輝Ⅰ――Ⅴ』岩波書店。

野村浩一（昭和三四）「『支那革命外史』について」北輝次郎（昭和三四）所収。

橋川文三（二〇〇二）「北一輝と柳田国男」橋川文三（二〇〇二）所収。

橋川文三（二〇〇二）『柳田国男論集』作品社。

近藤秀樹（一九八四）「明治の侠気と昭和の狂気――革命と反革命」責任編集近藤秀樹（一九八四）所収。

責任編集近藤秀樹（一九八四）『中公バックス　日本の名著四五　宮崎滔天・北一輝』中央公論社。

久野収（一九七五）「北一輝《革命の実践》」朝日ジャーナル編集部編（一九七五）所収。

朝日ジャーナル編集部編（一九七五）『新版日本の思想家下』朝日新聞社　朝日選書四六。

松本健一編（一九八七）『北一輝霊告日記』第三文明社。

宮本盛太郎（昭和五〇）『北一輝研究』有斐閣。

木村時夫（二〇〇七）『北一輝と二・二六事件の陰謀』恒文社。

G・M・ウィルソン　岡本幸治訳（一九七一）『北一輝と日本の近代』勁草書房。
粂康弘（一九九八）『北一輝　ある純正社会主義者』三一書房。
小西豊治（一九八七）『石川啄木と北一輝』御茶の水書房。
野口武彦（一九八五）『三島由紀夫と北一輝』福村出版。
松本健一（一九八五）『北一輝の昭和史』第三文明社。
萩原稔（二〇一一）『北一輝の「革命」と「アジア」』ミネルヴァ書房。

〔付記〕
本章は二〇一二年一二月、日本比較学会関西支部・関東支部合同例会（於京都市）での口頭発表「北一輝の日本論・中国論」の内容をもとにしたものであることを付言しておく。

第九章　石橋湛山の日本論・中国論

序

石橋湛山（一八八四年（明治一七）―一九七三年（昭和四八））は日本の大日本主義を批判し小日本主義を唱えた。小日本主義は単なる理想主義ではなく、湛山の対外認識であるとともに、湛山の経済思想に基づくものであった。湛山は「僕は飽までも経験論者《エンピリシスト》である」[1]と言う。いい意味での経験論者、功利主義者であった。逆に言えば、形而上的なものを認めないところがある。湛山は「人道」や「恩恵」という言葉が嫌いだと言う。[2]徹底した現実主義者、経験論者として日本論・中国論を展開した。狭小な国家主義、官僚主義を批判した。本章では石橋湛山の日本論・中国論について明治・大正期を中心として考察してみたい。

一　石橋湛山について

石橋湛山は一八八四年（明治一七）九月二五日、父、杉田湛誓《たんせい》（日蓮宗東京大教院助教、のち日布と改め、身延山久遠寺第八一世法主）と母、きん（江戸で累代続いた畳材料店、江戸城内の畳表一式を請け負った畳問屋石橋藤左衛門の次女）の長男省三《せいぞう》として、東京市麻布区芝二本榎一丁目一八番地（現在の東京都港区高輪）に生まれた。[3]生まれた翌年、父が故郷の山梨県にある昌福寺の住職となったため、母とともに甲府市内に移住する。（六歳まで当時の宗門の習慣で母子は直接、寺院内に住むのを避けた。）一八八九年（明治二二）甲府市立稲門《いなかど》尋常小学校入学。三年生のとき（一八九二年（明治二四））、父と同居することになり稲門から二〇キロ奥まった増穂村尋常高等小学校へ転校する。一八九四年（明治二七）、湛誓が静岡市池田の本覚寺に転じることとなり、山梨県巨摩郡鏡中条村（現若草町）の長遠寺住職、望月日謙（当時三〇歳前後の青年僧で、のちに身延山久遠寺第八三世法主となる）に湛山（当時一〇歳）は預けられることとなる。後、父母と生活をともにすることはなかった。後年、湛山がなぜ望月日謙に自分を預けたのかと問うと、日布は『孟子』に「古者《いにしえ》は子を易《か》えて、之《こ》れを教ゆ」とあるではないかと答えたと言う。[4]

山梨県尋常中学校入学（一八九五年（明治二八）四月）、のち同校卒業（卒業時には山梨県立第一中学校、現甲府一高（一九〇二年（明治三五）三月））まで湛山は日謙師のもとで過ごしている。（中学校卒業時に先の昌福寺に古くから湛の字をつけるならわしがあったことから湛山と改名したと言う。）昌福寺の時期と合わせて約一三年間、日蓮宗の寺院で生活したことは、湛山の宗教家的素質を形成する上で少なからぬ影響を与えたことであろうと思われる。[5]また、日布は「人間は正直でなくてはならない。勉強心のないものは堕落する。信心さえあれば困ることはない」と語るのが口ぐせであったと言う。[6]日布の「厳」に対して、日謙は「寛」で、中学時代、湛山が授業料を使い込んで買い食いをしたことがあったが学校からの督促に対して日謙は何も言わず、授業料を払い込んでくれたというエピソードがある。かえって湛山は恐縮し、反省させられたとのことである。[7]

湛山は県立第一中学校で二度落第する。最初の落第は一年生のときで、小学校の高等科二年修了（当時、中学入学試験受験者は、小学校の尋常科四年、高等科四年、合計八年の課程を卒業した者が多かったが、湛山は高等科二年修了で受験し合格した）で中学に合格した湛山の「体操」（＝体力）が合格レベルに達していなかったことが原因であった。二度目の落第は四年生のときであるが、理由はつまびらかではない。[8]ただ、落第のおかげで札幌農業学校の第一回卒業で、直接、クラーク博士の薫陶を受けた大島正健校長の謦咳《けいがい》に接することができ、湛山はクラーク博士の"Be gentleman!"（紳士たれ）という言葉に強く魅《ひ》かれたと述懐している。[9]

第一高等学校受験に二回失敗した湛山は人の勧めで一九〇三年（明治三六）七月、早稲田大学高等予科の編入試験を受け合格し、九月の第二学期に入学する。翌年七月、高等予科を終了し、文学科哲学科第一学年に入学し、哲学を専攻する。一九〇五年（明治三八）九月、哲学科二年に進級した湛山は初めて田中王堂（当時、東京高等工業学校教授。後、早稲田大学哲学科教授）から倫理学史の講義を受けプラグマティズム（実用主義）の哲学に触れ、強く感化される。湛山は「私は、先生によって、初めて人生を見る目を開かれた。（中略）先生の思想は深かったが、学問も広かった」[10]と述懐している。

田中王堂は個人主義・自由主義に立つ急進的評論家として明治末から大正時代に活躍した人で、官学のドイツ観念論偏重に対して、英米流の経験主義・個人主義的傾向を強く持つ早稲田の哲学科の特徴を形成する上で大きな役割を果たした。[11]「王堂哲学」はあくまで「個人」本位の哲学で、自己の欲望の実現を哲学の出発点であると同時に帰結点とした。「作用的」（＝相対的）に、機能的に「個人主義」と「国家主義」の関係を捉え、「私欲」と「理想」、「個人」と「社会」の円滑な協調を唱え、社会の要求と乖離した教育勅語流の「国民道徳論」を排撃し、個人中心の社会生活にマッチする新しい倫理意識の樹立を唱えた。極端に走らず、社会生活の機能を重視し、社会と個人との二側面の「動的平衡」を保とうとするのが、王堂哲学の最大特徴であった。[12]王堂は福沢諭吉の「軽重長短善悪是非等の字は相対したる考より生じたるものなり」（『文明論之概略』巻之一）という「作用的」（＝相対的）思考を激賞している。[13]また「総べての改革者は、最も正しき意味に於て、功利主義者でなければならぬ。」と述べ「直截《せつ》な、徹底した功利主義者」[14]として福沢を高く評価した。湛山もまた福沢を高く評価している。湛山はいい意味における「徹底した功利主義」を王堂から学んだと言えよう。

一九〇七年（明治四〇）、湛山は哲学科を首席で卒業し、特待研究生として宗教研究科に入学したが、文学科の実力者、坪内逍遥《しょうよう》等の覚えが良かったようではなく、[15]翌年八月、大学を去ることになる。一二月、島村抱月の紹介で『東京毎日新聞』主筆田中穂積《ほずみ》に会い、同社に採用が決まり社会部に配属される。一九〇九年（明治四二）七月、徴兵検査を受け、甲種合格となる。一二月、第一師団歩兵第三連隊（麻布）に一年志願兵（のち幹部候補生）として入営し、翌年一一月末、軍曹に昇進し、歩兵第三連隊を除隊となっている。歩兵の実弾演習で標的の下の看視壕《ごう》に入って見た光景はその後の戦争反対論の原点となった。湛山は往時を振り返って言う。「その折、撃ったのはわずか一千発程度の小銃弾に過ぎなかった。しかし、それが頭上をうなって通過し、あるいは付近の樹木その他に当ってはね返る音響は、身の毛のよだつ、すごさであった。もしこれが実戦で、この弾雨の中に飛び出さねばならぬとすれば、私には到底できそうもないと思った。その後の私の戦争反対論には、理屈の外に、実はこの実弾演習の実感が強く影響していたと思う」[16]。また、第一次世界大戦の際、日本では欧州出兵論があったが、ある会合で出兵論者の中に出征しなければならない者は一人もおらず、自分は戦争に行かず、「安全」な位置にいる者ばかりであった、「私はこのことを指摘して、とにかく私だけが諸君の犠牲になって、戦争に行って死ぬのはいやだといったら、彼らは一言もなかった」、「もし世の人が皆戦争をさように身近かに考えたら、軽率な戦争論は跡を絶つに違いないと、当時私は痛切に感じた」。これが私が「軍隊で得た一つの教訓であった」[17]と言う。湛山は当時、日本で当然視されていた大日本主義、膨張主義を批判し、戦争反対論を主張したが、それは軍隊の経験による実感に裏付けられたものであった。

除隊した翌一九一一年（明治四四）一月、二七歳の年、湛山は田中穂積の紹介で東洋経済新報社に『東洋時論』の編集記者として入社する。翌一九一二年（大正元）五月発表の「国家と宗教及文芸」では、「国民として生きる為《ママ》めに」国家をつくるのではなく、「人類」「個人」「人間」として生きる為めに国家を形成し、国民として団結するのであると[18]述べ、個人主義を国家主義の上に置くことを主張している。同年一〇月発表の「加藤弘之博士の『自然と倫理』を評す」では「経験的に知らるる自己《イーゴー》は即ち欲望である。」、「僕は飽までも経験論者《エンピリシスト》である。」と述べている（既述）。加藤博士は形而上学者で、存在を形而上的に解釈し、「君主」や「国家」を神化し、個人の国家への服従を説いているが、「日々夜々国家が個人の欲望の発現を制限しておると同時に、個人の欲望も絶えず国家を変化をせしめつつあるのである」[19]と国家を絶対視せず、国家や社会は「個人の生活の必要上起こったもの」であり、「個人が欲望を満足せんが為めには孤立ではうまく行かぬ、故に共同生活の形式を採った。これが即ち国家であり、社会である」[20]とするのは王堂哲学と軌を一にする考えである。

一九一五年（大正四）一月、日本は対華二一カ条要求を中華民国に突きつける。同年五月、湛山は「先ず功利主義者たれ」を発表し（「社説」）、「唯一の途は功利一点張りで行くことである、我れの利益を根本として一切を思慮し、計画することである。我れの利益を根本とすれば、自然対手の利益も図らねばならぬことになる、対手の感情も尊重しなければならぬことになる」、「明瞭なる功利の立場から行く時に、始めて我れと、彼れとは十分に理解し合い、信用し合い、而して感情の齟齬《そご》から衝突を惹き起すが如き危険は全く茲に避くることが出来る」[21]と述べている。その文章には他国、中国尊重の考えがみてとれる。

第一次世界大戦の際には、青島領有に反対し、大正デモクラシーの際には普通選挙期成同盟会の結成に参加し、普通選挙示威運動実行委員となっている。大日本主義を批判し、小日本主義を提唱し、日本の膨張主義を対外認識の面と経済思想の両面で批判した。

一九二七年（昭和二）、一九二八年の中国の北伐の際には、「無用なる対支出兵」「対支強硬外交とは何ぞ」を書き、日本の中国への出兵、干渉を無用と説いた。

一九四五年（昭和二〇）の敗戦後、ＧＨＱ費が日本の国家予算の三分の一を占めていることに抗議し、日本の負担額が二割削減となったこと等により（一九四七年（昭和二二）、衆議院議員となるも、ＧＨＱ経費削減で目をつけられ）、公職追放令によりＧＨＱから公職を追われる。それは一九五一年（昭和二六）六月二〇日、午前、公職追放解除発表まで続いた。一九五六年（昭和三一）一二月二三日に自民党総裁に当選し内閣総理大臣となるも、脳梗塞のため翌年二月二三日、総理大臣を辞職。その後一九五九年（昭和三四）九月には中華人民共和国を訪問し、同月一七日には周恩来首相と会談した。

米ソ冷戦構造を打破し、日中米ソ平和同盟を主張し、日本がその架け橋となるべきだと唱えた石橋湛山は、一九七三年（昭和四八）四月二五日、午前五時一七分死去する。享年八八歳であった。

二　石橋湛山の日本論

石橋湛山は前述のように経験論者、自他共の利益を図る功利主義者、「人類」「個人」「人間」（の欲望）を「君主」や「国家」の上に置きつつ、作用的（＝相対的）に、機能的に両者の調和を目指した人である。換言すれば、大正時代、知識人の間に流布《るふ》した文化主義・人格主義（文化主義・人格主義においては「文化」は「自然」と範疇《はんちゅう》的に区別され、文化価値の担い手である「人格」は、文化価値から切り離された「自然人」と対比されていたように、「価値」の世界と「事実」の世界の峻別が思考の出発点をなしていた[22]）とは対照的に、湛山は人間が人間として生きる事実、人間が自らの欲望を実現するために生きるという「自然的な事実それ自体に人間的価値の根源を見出す立場[23]」をとった。

湛山は「文明史上の原則」は「文明は常に客観に始《ママ》って主観に入る[24]」ことであると言う。「客観に始る」とは人間が生活を改善しようとして周囲を眺めると、現在の生を「不適当」「不愉快」ならしむるものがある、これを改正しなければならぬと先ず考えて努力することを言う。[25]「主観に入る」とは周囲を改正してみると、不満、

「故障《ママ》」の「底止」することがないのに疑問を持ち、不満の起こる根本原因として「我れ」なるものを明らかに意識するに致り、一切の文明を根底から批判し、改整しようとする、この経過をいう。[26] 西洋文明の圧迫によって生活の改善を迫られた日本国民もこの文明史上の原則に従って進んだのであり、この潮流は明らかに明治文芸の上に現れていると湛山は考える。湛山は明治文芸は、次のように変遷したとする。幕末文学の継承↓政治文学（明治一一、二年頃より一四年の国会開設を約束した詔勅が下された前後まで）↓写実小説、人情小説（欧化主義とそれへの反動による復古主義、国粋保存主義の衝突によって内省が生じ、従来の戯作風、漢文崩し風の形式に代わって、小説がその形式を写実にとり、内容を人情にとることを主張し（坪内逍遥の『小説神髄』及び『書生気質』）明治二七、八年頃まで写実小説、人情小説が全盛となる等）↓観念小説、心理小説、宗教小説（日清戦争後、「浅薄なる写実より一歩を進めて、何物か我が内心に共鳴するが如きものを取って、茲《ここ》に描き出さん努力」としての露伴、風葉、天外等の観念小説、心理小説等を指す。明治三七、八年に至るまで続いた）↓自然主義（日露戦争後、西洋文明に倣って成功した日本人が「何者か未だ足りぬものがある、落着かぬ処がある」と感じて、「明かな我れの意識から此の原因を尋ね出さんとしたもの」）。

　湛山は自然主義文学の歴史的意義を高く評価したが、自然主義文士がモットーとする「自己観照」は徹底性に欠けると批判した。「若し徹底的に自己を観照するならば、そこには食色等の原始的欲望があると共に、またそこには社会的要素がなければならぬ筈であった、国家的要素がなければならぬ筈であった、経済的要素がなければならぬ筈であった」、「然るに我が自然主義派の文士は事ここに至らずして、僅かに色食の原始的欲望、若しくは社会的関係の極《ごく》一小局部、例えば夫婦親子というが如きもののに対して、批評し得たに止って、それ以上それ以外に出づることを能くし得なかった」とその狭隘《きょうあい》さを批判して、「不足せる自己観照をもっともっと強く、深く、徹底せしむることである」[27]と結論している。

　湛山は以上のように明治の文芸に「文明史上の原則」（＝「客観に始って主観に入る」）が現れていると考えるので

あるが、それは自他共のバランスのとれた「自我」「自己の欲望」を中心とする思想の顕現であったと言えよう。

湛山はこうした「自我」「欲望」中心の考えとともに前述のように体験に基づく戦争反対論を堅持したが、思想の「堅持」という面では日蓮の影響も大きかったと思われる。佐渡流罪から帰った日蓮は鎌倉幕府の平左衛門頼綱《へいのさえもんのじょうよりつな》から他宗批判の言辞を控えたら、寺を建立し、寺領を付そうと言われるが「王地に生たれば身を随へられたてまつるやうなりとも心をば随へられたてまつるべからず」と決然と拒否する。湛山は「日蓮の偉大は最もよくこの瞬間に於て発揮せられた」、「日蓮の意気」がないなら、不平の声など挙げぬがよい、僅かの金や人情で節を売り、説を曲げる現代の学者、宗教家、政治家、評論家、教育家は日蓮の「心をば随へられたてまつるべからず」の一句を日に三唱するがよい、と述べている。[28]また「彼が、時の政府及権門から極端な圧迫を蒙ったに拘らず、敢然として其主張を枉《ま》げず、遂に一宗を開いた意気と結果とは、単に之を七世紀の昔の事とのみ云い難い感が深い」[29]と述べるのはやはり日蓮の「意気」への共感であろう。

日露戦争後、政党（政友会）と閥族、官僚間の政治的妥協や勢力の膠着《こうちゃく》が政治情勢の特質となるが、それは換言すれば藩閥・官僚勢力の後退と政党勢力の拡大を意味していた。[30]やがて軍・藩閥の二個師団増設の要求をめぐって西園寺内閣が要求を拒否し、総辞職すると、増師反対の世論が元老、軍・藩閥攻撃へと転化し、長年の軍・藩閥反対のエネルギーが憲政擁護の叫びとなり、第三次桂内閣（一九一二年一二月一日組閣）打倒へ向かい噴出する。政党政治家、ジャーナリスト、実業家たちは「憲政擁護・閥族打破」のスローガンの下に結集し、第三次桂内閣は成立後五〇日で倒れる。[31]大正政変である。

湛山は第一次護憲運動以降、次のような普通選挙論を掲げるようになる。それは「民衆利益」論の立場からの態度表明であった。[32]湛山は言う。「元来制限選挙制というものは道理に合わざる制度」であり、「財産」によって制限を設ける（直接国税一〇円以上納める者のみ国政に参政する権ありとする）のは、日清・日露で戦ったり、直接税よりはるかに多い間接税を払っているが、直接税一〇円以下しか納めない者を国民としてみないことを意味している、当時の総人口五一七五万人のわずかに一五四万人、すなわち三％しか選挙権所有者がいない、普通選挙制要求の声を国民の中に起こし、今日の政党と議会と政府を悉く改造することに努めなければならない[33]。この普選論の根底には民衆主義（＝民主主義）と自由主義思想がある[34]。湛山は民衆主義は政治上の主義ではない、なぜなら近代文明は経済、社会、文学、道徳すべての面で民衆化し、更に民衆化していく勢いにあり、民衆主義は「人類が最新に発明したる生活法」で、生活を豊かにし、福利を増進する手段であるからであるとする[35]。他のところでは民衆主義は「一切の責任を民衆自らに負わする主義」であり、「人類が過去幾千年の経験の結果生産せし最も実用的にして而して最も偉大なる思想なり」（傍点筆者[36]）と述べている。それは、自己責任と「実用」性（プラグマティズム）を基調とするものであり、傾倒した王堂哲学と軌を一にするものであった。

湛山の日本論としてとりあげないといけない必須不可欠のものとして小日本主義がある。次にそれについて言及する。湛山は「大日本主義」という文章でイギリスには小英国主義を標榜する自由党と大英国主義を旗幟《きし》とする保守党があって、交互に政局を占めるが、日本には小日本主義を標榜する政党がなく、皆、大日本主義を旗幟とする保守党ばかりであると嘆き、日本は挙国一致で帝国主義を奉じている、「日本にも主義として相反対する政綱を取る政党が欲しい[37]」と一九一二年（大正元）一〇月の時点で述べている。日本の近代史上、わずかに顔をのぞかせる小日本主義は①社会主義者（幸徳秋水等）②キリスト教者（内村鑑三等）そして③自由主義者（『東洋経済新報』の三浦銕太郎や湛山等）の三つのイデオロギー的系譜より成っている[38]。③の思想的系譜は東洋経済新報社の骨格を作り上げた天野為之（明治期における三大経済学者の一人）に始まり、天野はアダム・スミス（自由放任論と反帝国主義を結びつけ、植民地放棄の必要を唱えた人物として、マンチェスター学派から「小英国主義」の開祖とみなされる。同学派はのちに小英国主義を確立する）を思想的母体とするミルの経済思想を継承し、その思想を日本に生かすことに尽力した。

天野を継承した三浦銕《てつ》太郎は対外政策面で具体的に小英国主義を小日本主義に転化し、その後継者として育成したのが湛山であった。(39)

湛山は一九二一年（大正一〇）七月三〇日・八月六日・一三日号「社説」「大日本主義の幻想」で経済思想面と対外認識面の両面から大日本主義を批判している。それは換言すれば小日本主義の主張である。経済思想面では一九二〇年、日本は朝鮮、台湾、関東州の三地を合わせて輸出入合計九億円の商売《ママ》をしたが、米国に対する商売の合計は一四億三八〇〇万円で、三地に対する商売を合わせたよりも五億三千余万円多い、即ち貿易上の数字で見る限り、米国は三地を合わせたよりも日本に対して、一層大いなる経済的利益関係を有している（英国に対する商売の合計は三億三千万円で三地のいずれの一地よりも多い）、また貿易の総額が少なくても工業や国民生活上不可欠な物という場合もあるが、三地にその供給を専ら仰ぎ得るものは一つもない。(40) つまり経済思想面で重視すべきは米国（や英国）ということになる。

対外認識面では他国を侵略するか他国から侵略せらるる虞《おそ》れのない限り、軍備を整うる必要はない、もし日本が中国やシベリヤを縄張りとしようとする野心を棄てるなら、満州、台湾、朝鮮、樺太等は入用《ママ》でないという態度に出るなら、戦争は絶対起こらないし、従って日本が他国から侵略されるということも決してない、台湾、中国、朝鮮、シベリヤ、樺太を「国防の垣」（筆者注：山県有朋の言った「利益線」に当たる）とし、それを守らんとするがゆえに国防の必要が生じるが、その垣を棄てれば（＝そうした対外認識を棄てれば）、国防も必要なくなる(41)と湛山は言う。また、帝国主義の領土拡張が主流の時代に日本がそれをしないのは「不公平」であるという論があるが、①領土拡張は「四隣の諸民族諸国民を敵とするに過ぎず、実際に於て何等利する処」なく②列強の過去における海外領土は漸次独立すべき運命にある③（①の如くならば）我国は逆に出て、列強にその領土を解放させる策を取るのが最も賢明の策である(42)——と湛山は大日本主義を批判する。（現実の日本は大日本主義の道を歩み敗北することになる。）

湛山は「日本はなぜ貧乏か」という文章で、日本が貧乏なのは「天然資源」を発明する国民の力が不足しているからであると述べている。河は人類の歴史以前から流れていたが、それを天然資源としたのは人間がそれを電気に変える方法を発見したからである、石炭と鉄も人間が天然資源に作り上げたのである、近代の科学史は天然資源製造史と言える。[43] 湛山は日本人に発想の転換を求めて次のように言う。

明治維新以来輸入した西洋其儘の技術文明で、日本の天然資源を開拓する――私の言葉で云えば天然資源を作り出す――仕事は、日露戦争頃までに一巡成し得るだけは成し終えました。此上の天然資源は、もうそれでは作り出せぬ。何うしても日本人自らの新たな発明に依らねばならぬと云う時期に、ここで逢着したのでありました。（中略）が日本人は、此歴史的意味を自ら悟らない、そして天然資源は天から与えられるもの、人の力を以てしては何うすることも出来ぬものと、一途に悲観しているのであります。（中略）所謂天恵或は天然資源は、誰れしも一応天から与えられる物と考えるのが当り前でありますが、それさえ実は人力が作るのである。（中略）日本は決して天恵が乏しいから貧乏であるのではなく、国民の力が足らずしてその天恵を作らぬから貧乏であるのです。之が、日本は何故貧乏かと云う問題に一致する私の答です。[44]

そして湛山は「総べての方面に亘って、国民各個人の独創心を奨《しょう》励し助長する政治、教育、経済、其他の社会制度」を打ち建て、国民の力＝独創心の発露を妨げる諸制度は端から取り除き、之を助長する制度を作って行く、之が人間の取るべき最も賢明な策であると[45]自らの日本論を述べている。

三　石橋湛山の中国論

前年の一一月三〇日に歩兵第三連隊を除隊した湛山は一九一一年（明治四四）一月一日、東洋経済新報社に入社し『東洋時論』の編集を担当する。一九一二年一〇月号『東洋時論』は『東洋経済新報』に併合され、湛山も『新報』記者として再出発する。[46]『東洋経済新報』は日本における経済専門紙の草分け的存在であったが一九一〇年（明治四三）、従来の中国軽視の態度を改め、中国人の秀れた資質を強調し、中国覚醒のあかつきには「歴史上未曾有の強国ならん」と予測し、「常に大なる同情と大なる嘱望の態度を以て之に対せん」との見解を明らかにした。また辛亥革命に対しても明治維新に匹敵する革命とみなし、徹底不干渉と民族自決の尊重を主張した。[47]湛山も同様の中国論を展開している。

湛山は日清、日露戦争をどのように見ていたのであろうか。「兵を軽く見る弊[48]」では日本人はすべて兵を甚だ軽く見る弊に陥りつつあると言う。それは「日清戦争で勝ち、日露戦争に成功し、己れがと云う増長慢を生じた結果である」[49]。湛山は日清戦争は中国が日本の消極策（征韓論時機尚早論）に付けこんで、朝鮮の併合を企てたもの[50]とし、日清戦争前、日本は「窮鼠の立場」であったと考えている。日本は戦争の結果に自信がなかったと言うのである。日露戦争に当たっても必勝の成算はなかったと湛山は考える。また、日清・日露戦争を当局ができるだけ早く戦局を終結することに努力したことを評価し、やむをえず戦争を行うことになっても出来るだけ之を短期に片づけるのが賢明の策であると述べている[51]が、これはそれを述べた前年一九三七年（昭和一二）七月七日の盧溝橋事件を意識しての言辞であろう。

第一次世界大戦が一九一四年（大正三）、オーストリアがセルビアに宣戦布告して始まる。八月四日、イギリスがドイツに宣戦布告したために、日本にも関係あるものとなり、日本は加藤高明外相の対独参戦論によって一〇月三一日、青島総攻撃を開始し、一一月七日、ドイツ軍は白旗を掲げる。

湛山は一一月一五日号「社説」で「青島は断じて領有すべからず」(52)を書き、「我が国の青島割取は実に不抜の怨恨を支那に結び、欧米列強には危険視せられ、決して東洋の平和を増進する所以にあらずして、却って形勢を切迫に道《みちび》くものにあらずや」と青島領有を徹底的に批判している。十日後の一一月二五日号「社説」「重て青島領有の不可を論ず」でも再度、青島領有を批判している。湛山によると、青島割取によって日本が得るのは「支那人の燃ゆるが如き反感」と「列強の嫉悪」のみである(53)。日本経済を発展させるには中国の富源を開発し、経済上の発達を企て、中国人の販売力を増進することだと言う(54)。

翌一九一五年（大正四）三月五日号「小評論」の「干渉好きな国民」では「吾輩は寧《むし》ろ此の際青島も還したい、満州も還したい、放順も還したい、其の他一切の利権を挙げて還したい、而して同時に世界の列国に向っても、我が国と同様の態度に出でしめたい、而して支那をして自分の事は自分で一切処理するようにせしめたい。日本の為め、支那の為め、世界の為め、之れに越した良策は無い。而して今は其の絶好の機会だ」(55)と植民地全面放棄論を主張している。同年四月五日「小評論」の「対支外交の失敗」では「侵略的に出ることは、愈々益々外交を失敗に終らするものである」(56)と侵略を否定する。第一次世界大戦終了後、当該戦争を総括し、一九一九年（大正八）八月一五日号「社論」「袋叩きの日本」を書き、この戦争の結果、袋叩きにあった国が二つある、それはドイツと日本である。日本は山東問題（青島領有問題）で全くの孤立となった、日本ほど公明正大の欠けた、自由平等の精神の乏しい国はない、悪いのは日本国民ではなく実に元老、軍閥、官僚、財閥の特権階級であり、国民は実際に政治に関与していない(57)と述べて国民不在の政治を批判している。

第一次世界大戦中の日本の対華二一カ条要求の時期（一九一五年一月）に湛山は、前述のように「先ず功利主義者たれ」（一九一五年（大正四）五月二五日号「社説」）で「我れの利益を根本とすれば、自然対手の利益も図らねばならぬことになる、対手の感情も尊敬しなければならぬことになる」と述べ、自分の利益のみでなく対手（＝相手）の利益も考えるのが真の功利主義であると考えている。

　個人間だけでなく国家間でも親善を重んじ、礼節を持たなければならないとするの[58]は福沢諭吉とは異なる。また日本人は「彼の国民」（＝中国人）を初めから「劣等扱い」していて、その根底には日本人の「帝国主義」がある[59]、日支親善の方策は帝国主義を捨てる以外にないと断言する。「日支新条約の価値如何」（一九一五年（大正四）六月一五日号「社説」）では隣邦中国の富強は日本の富強を増す原因になる、然るにこの原因を今度の対華二一カ条要求新条約は遮断した。「畢竟此のたびの日支交渉は根本的に大失敗[60]」であると断じている。

　「所謂対支二十一個条要求の歴史と将来」（一九二三年（大正一二）三月三一日・四月七日・一四日・二一日・二八日号「社説」）では「二十一個条中、此一条（筆者注：中国領土保全を述べる第四号）を除くの外、悉く支那の勢力を縮め、主権を侵害するものならざるなきに見ても明かならずや[61]」と対華二十一カ条を主権侵害とみなしている。後年になっても「二十一個条問題に就ての我が外交に関しては、国内にも賛否両論がありましたが、兎に角支那人から非常の恨みを買うた結果から申しますと少なくとも其の遣り方の失敗であったことは覆うべからざる事実と存じます[62]」と述べているから、湛山が対華二十一カ条を日本の大失敗であったと考えていたのは明白な事実であろう。

　一九二七年（昭和二）五月から八月にかけて田中義一首相は日本の支持する北方の張作霖支援のために国民政府軍の北伐を阻止しようとして、第一次山東出兵を行う。湛山は「国民と国民との交際は永遠」で「支那の混乱は一時である」、今日の混乱は「新しき支那の生まるる生みの苦しみ」で、「一時の状態が何うであろうと、それを以て決して国民を侮ることは出来ぬ[63]」と中国を侮ってはいけないと警鐘を鳴らしている。対支出兵が行われると「ああ遂に対支出兵」を書き、田中義一首相は前に陸相としてシベリア出兵を行い大失敗を招いたが、今回の

対支出兵も又、この覆轍《ふくてつ》を踏むであろうと予測した。(64)

翌一九二八年（昭和三）、田中内閣は蔣介石が北伐を再開したのを契機に済南及び膠済沿線の日本人保護を名目として第二次山東出兵を行う（四月二〇日）。湛山は「無用なる対支出兵」を書き、在留邦人一万八〇〇〇人に対して、その保護のために一万人近い兵を派遣するのは大袈裟すぎる、中国国民の反感を買うのは必死である、中国の政治は「善くも悪くも、之を支那人の好む所に任せる外はない」と一貫して田中内閣の山東出兵を批判した。(65)

山東出兵は関東軍による張作霖爆殺事件（一九二八年（昭和三）六月四日。「満州某重大事件」として民衆に真実は伝えられなかった）を経て、やがて海軍の統師権干犯問題と並んで政党内閣の崩壊、軍部ファシズムの台頭を招く先ぶれであった。(66)

湛山は中国革命について民衆が関与していないからダメだと言う者がいるが、明治維新も少数の武家が成し遂げたのであり、中国革命も多数の民衆が関与せずとて、成功し得ないとは言えないとし、(67)中国革命の未来に光を見い出そうとしている。

中国は国土広く、南北感情を異にし、日本には皇室が存在するが、中国には統一的偶像もない。中国の動乱は永く続くかもしれないと湛山は言う。(68)中国の排日運動は日本の幕末の攘夷のようなもので、国民意識の覚醒に根ざしたものである。(69)中国の統一にはナポレオンやレーニンのような国民の崇拝の的となる英雄が出現する必要がある。(70)国民の代表者による国民会議を開くことを主張する中国共産党（一九二三年（大正一二）八月時点）には聴くべき節が多い。(71)先ず中国国民を尊敬することである。(72)中国は所詮中国人の中国だ。(73)中国は中央政府なしで成り立っていた国で地方自治が強い、それは日本や欧米の近代国家と著しく異なっている、機構が粗笨であるもの程、ある場合には強い等、(74)湛山は自らの中国観、中国論を述べている。中国は地方自治が強いというのは内藤湖南な

ど と軌を一にする考えである。

日本の中国政策について湛山の評価は厳しい。「対支強硬外交とは何ぞ　危険な満蒙独立論」（一九二八年（昭和三）二月一日号「社説」）では満蒙独立論を「何か為にするものの外は恐らく一人として相手にするものはあるまい」[75]と切って捨て、「田中外交の決算」（一九二九年（昭和四）七月六日号「時評」）では「満蒙に、旨く行ったら独立国でも作って見ようと云う無鉄砲の外交が、一九二九年の世界に於て成功しよう筈がない」[76]と重ねて満蒙独立論を否定し、「満蒙問題解決の根本方針如何」（一九三一年（昭和六）九月二六日・一〇月一〇日号「社説」）では満蒙問題の根本的解決の第一の要件は中国の「統一国家建設の要求を真っ直ぐに認識すると云うことだ」[77]と中国尊重を訴えている。更に満州国誕生の一ヶ月前には「支那に対する正しき認識と政策」（一九三二年（昭和七）二月六日・一三日号「社説」）で日本国内にさえ実現できない理想を中国人の住む土地である満蒙に実現できるはずがない[78]と断じ、「今後の対支政策と事件費予算調整の必要」（一九三八年（昭和一三）一月二二日号「社論」）では一月一六日の「国民政府を対手にせず」という第一次近衛声明の後、政府が一月一八日に「対手にせず」とは「否定か抹殺する」意味だと補足したのに対して、「既にその存在を無視し、抹殺し、対手とせずと宣言したものを対手に、尚お長期戦争を継続することは自己矛盾である」[79]と皮肉り批判している。

もっとも湛山もすべて中国を擁護したわけではなく、北伐完成後、中国がそれまでの列国との条約を突然、破棄したことには「甚だ遺憾とする所である」[80]と述べ、中国が今まで後れていたのは、中国国民が「内に自ら実力を養うを計らずして、常に他力に頼って我に利せん」としたからであると批判している[81]。しかし、それも中国に世界の中でゆるがぬ地位を保ってもらいたいという湛山の切なる願いからでた批判であったと考えられる。

四　結語

以上、石橋湛山の日本論、中国論について考察し論じてきた。日本は日清戦争を境として大日本主義、膨張主義の道を露骨に歩むようになったが、その中で吉野作造や石橋湛山という中国を尊重し、友好関係を保とうとした人がいたことを銘記しておきたい。

日本は中国の一部軍閥を手なづけて、自らの意に従う傀儡《かいらい》を作ろうとした。朝鮮、満州へと侵略の手を進め、満州国を建立したが、中国の「反日」の火の手は燎原の火のように中国全土に燃え広がり、抗日戦線が結成され、やがて勝利する。他国を自国の幸福、発展のための手段と化そうとする、植民地主義としての大日本主義、膨張主義が潰《つい》え去るの一九四五年八月一五日である。我々は今一度、明治・大正の日本論、中国論、更には東アジア論を再検討し近隣諸国との友好関係を築くべき時代に生きていることを再認識する必要がある。本稿は明治・大正の日本論・中国論を一組として、歴史の流れの中でそれをとらえようとするマクロ的な比較文化学的試み（文化〈＝ある種の傾向〉の比較を体系を持つ学とする試み）の中に存在することを理解されたい。

【注】

（1）石橋湛山　一九一二年（大正元）一〇月「加藤弘之博士の『自然と倫理』を評す」石橋湛山（昭和四六）『全集』第一巻　所収　一一六頁。

（2）一九一五年（大正四）五月「先ず功利主義者たれ」『全集』第一巻　所収　四〇五頁。

（3）湛山の年譜やその記述は（昭和四七）「石橋湛山年譜」（補訂版）『全集』第十五巻　所収　二一二―二九八頁、『全集』第一巻の解説を参考にした。
（4）（昭和四七）『湛山回想』『全集』第十五巻　所収　五頁。
（5）（昭和四六）『全集』第一巻　解説　六二三頁。
（6）（昭和四六）『全集』第一巻　解説　六二四頁。
（7）（昭和四六）『全集』第一巻　解説　六二五頁。
（8）（昭和四六）『全集』第一巻　解説　六二六頁。
（9）（昭和四六）『全集』第一巻　解説　六二六頁。
（10）『湛山回想』（昭和四七）『全集』第十五巻　所収　四六頁。
（11）（昭和四六）『全集』第一巻解説　六二八頁。
（12）姜克實（平成六）一〇頁。
（13）田中王堂（一九八七）六三頁。判沢弘（一九七五）朝日ジャーナル編集部編（一九七五）所収　二六八―二六九頁。
（14）田中王堂（一九八七）五二頁。
（15）（昭和四六）『全集』第一巻　解説　六二九頁。
（16）（昭和四七）『湛山回想』『全集』第十五巻　所収　八四頁。
（17）（昭和四七）『湛山回想』『全集』第十五巻　所収　八五頁。
（18）（明治四五）「国家と宗教及文芸」（昭和四六）『全集』第一巻　所収　七三頁。
（19）（大正元）「加藤弘之博士の『自然と倫理』を評す」（昭和四七）『湛山回想』『全集』第一巻　所収　一二八頁。
（20）（昭和四六）『全集』第一巻　所収　一二七頁。
（21）（昭和四七）『湛山回想』『全集』第十五巻　所収　四〇六―四〇七頁。
（22）松本三之介（二〇一一）。
（23）松本三之介（二〇一一）二一二頁。

(24)（明治四五）「明治時代の文芸に現れた思想の潮流」一九一二年（明治四五）一月号『東洋時論』「社論」（昭和四六）『全集』第一巻　所収　三三頁。
(25)（昭和四六）『全集』第一巻　所収　三三頁。
(26)（昭和四六）『全集』第一巻　所収　三三頁。
(27)一九一二年（明治四五）五月号『東洋時論』「社論」「自己観照の足らざる文芸」（昭和四六）『全集』第一巻　所収　六八—七一頁。
(28)一九一一年（明治四四）九月号『東洋時論』「食堂会議」「宮内官と地方管理」（昭和四六）『全集』第一巻　所収　一八五頁。
(29)一九二一年（大正一〇）「小評論」「日蓮生誕七百年」ほか（昭和四六）『全集』第四巻　所収　四四六頁。
(30)姜克實（平成六）二九頁。
(31)姜克實（平成六）二九—三〇頁。
(32)姜克實（平成六）三〇頁。
(33)一九一三年（大正二）四月五日号「社会」「第三十議会の成績」（昭和四六）『全集』第一巻　所収　三三一—三三四頁。
(34)増田弘（一九九五）『石橋湛山』五三頁。
(35)一九一三年（大正三）四月二五日号「社説」「経済界と民衆主義」（昭和四六）『全集』第一巻　所収　三三八頁。
(36)一九一三年（大正三）七月一五日号「社説」「選挙権拡張の要義」（昭和四六）『全集』第一巻　所収　三四四頁。
(37)一九一二年（大正元）一〇月号『東洋時論』「評論」「大日本主義」（昭和四六）『全集』第一巻　所収　二四三—二四四頁。
(38)増田弘（一九九五）『石橋湛山』六三頁。
(39)増田弘（一九九五）『石橋湛山』六三—六四頁。
(40)（大正一〇）「大日本主義の幻想」（昭和四六）『全集』第四巻　所収　一六頁。
(41)（大正一〇）「大日本主義の幻想」（昭和四六）『全集』第四巻　所収　一九頁。

(42)（大正一〇）「大日本主義の幻想」（昭和四六）『全集』第四巻　所収　二五―二六頁。

(43)一九二八年（昭和三）三月号『婦人公論』「日本はなぜ貧乏か」（『全集』未収録）。

(44)一九二八年（昭和三）三月号『婦人公論』「日本はなぜ貧乏か」（『全集』未収録）。

(45)一九二八年（昭和三）三月号『婦人公論』「日本はなぜ貧乏か」（『全集』未収録）。

(46)増田弘（一九九五）『石橋湛山』二八―二九頁。

(47)増田弘（一九九五）『石橋湛山』六一頁。

(48)一九一五年（大正四）四月五日号「小評論」「兵を軽く見る弊」（昭和四六）『全集』第二巻　所収　三三五頁。

(49)（昭和四六）『全集』第二巻　所収　三三五頁。

(50)一九三八年（昭和一三）一月八日号「日清、日露両戦役後の回顧と今次事変の経済」「社説」（昭和四七）『全集』第一一巻　所収　六―八頁。

(51)（昭和四七）『全集』第十一巻　所収　二一―二二頁、二五頁。

(52)（昭和四六）『全集』第一巻　所収　三七七頁。

(53)（昭和四六）『全集』第一巻　所収　三八一頁。

(54)（昭和四六）『全集』第一巻　所収　三七九頁。

(55)（昭和四六）『全集』第二巻　所収　三二八頁。

(56)（昭和四六）『全集』第二巻　所収　三三五頁。

(57)（昭和四六）『全集』第三巻　所収　八七頁、八八―八九頁。

(58)一九一五年（大正四）六月五日号「社説」「日支親善の法如何」（昭和四六）『全集』第一巻　所収　四〇八頁。

(59)（昭和四六）『全集』第一巻　所収　四一〇頁。

(60)（昭和四六）『全集』第一巻　所収　四一五頁。

(61)（昭和四六）『全集』第四巻　所収　一三九頁。

(62)一九三九年（昭和一四）一〇月二八日号「講演」「欧州動乱と我が経済の前途」（昭和四七）『全集』第十一巻　所

収　三四二頁。
(63)一九二七年（昭和二）四月一六日号「時評」「支那を侮るべからず」（昭和四六）『全集』第五巻　所収　一五六頁、一五九頁。
(64)一九二七年（昭和二）六月四日号「時評」「ああ遂に対支出兵」（昭和四六）『全集』第五巻　所収　一六〇頁。
(65)一九二八年（昭和三）五月五日号「社説」「無用なる対支出兵」（昭和四六）『全集』第六巻　所収　二一六―二一七頁。
(66)（昭和四六）〈解説〉二　解説（昭和四六）『全集』第五巻　所収　六二二頁。
(67)一九一二年（明治四五）六月二五日号「社会」「労働問題の性質の変化」（昭和四六）『全集』第一巻　所収　一七〇―一七一頁。
(68)一九一六年（大正五）六月二五日号「小評論」「両者国情の差」（昭和四六）『全集』第二巻　所収　四三四―四三五頁。
(69)一九二三年（大正一二）六月二三日号「小評論」「日本の攘夷支那の排日」（昭和四六）『全集』第五巻　所収　四六一頁。
(70)一九二三年（大正一二）六月二三日号「小評論」「国民的英雄の出現」（昭和四六）『全集』第五巻　所収　四六一―四六二頁。
(71)一九二三年（大正一二）八月四日号「小評論」「国民会議を開け」（昭和四六）『全集』第五巻　所収　四六七―四六八頁。
(72)一九二三年（大正一二）五月一二日号「小評論」「先ず支那国民を尊敬せよ」（昭和四六）『全集』第五巻　所収　四五三頁。
(73)一九二四年（大正一三）一〇月四日号「時事非時事」「卒業証書の販売」ほか（昭和四六）『全集』第五巻　所収　五一六頁。
(74)一九三九年（昭和一四）四月二九日号「講演」「長期建設の意義と我経済の耐久力」『全集』八巻　所収　二八七―二

八八頁。
(75)（昭和四六）『全集』第六巻　所収　二三七頁。
(76)（昭和四六）『全集』第七巻　所収　三九二頁。
(77)（昭和四六）『全集』第八巻　所収　二七頁。
(78)（昭和四六）『全集』第八巻　所収　五七―五九頁。
(79)（昭和四七）『全集』第十一巻　所収　一八〇―一八一頁。
(80)一九二八年（昭和三）七月二八日号「社説」「支那は先ず其実力を養うべし」（昭和四六）『全集』第六巻　所収　二二三頁。
(81)一九二八年（昭和三）八月四日号「社説」「駄々ッ子支那　軽薄なる列強の態度、我国は特別利益を棄てよ」（昭和四六）『全集』第六巻　所収　二二七―二二八頁。

【引用文献・参考文献】


石橋湛山（昭和四五―昭和四七）『石橋湛山全集』（『全集』と略す。）東洋経済新報社。

石橋湛山（一九一二年一〇月）「加藤弘之博士の『自然と倫理』を評す」（昭和四六）『全集』第一巻　所収。

石橋湛山（一九一五年（大正四）五月）「先ず功利主義者たれ」（昭和四六）『全集』第一巻　所収。

石橋湛山（昭和四七）『湛山回想』（昭和四七）『全集』第十五巻　所収。

（昭和四六）『全集』第一巻　解説。

姜克實（平成六）『石橋湛山　自由主義の背骨』丸善　丸善ライブラリー一四一。

田中王堂（一九八七）『福澤諭吉』みすず書房。

判沢弘（一九七五）「田中王堂《多元的文明論の主張》朝日ジャーナル編集部編（一九七五）所収。

朝日ジャーナル編集部編（一九七五）『新版　日本の思想家　中』朝日新聞社　朝日選書四五。
松本三之介（二〇一一）『近代日本の中国認識　徳川期儒学から東亜共同体論まで』以文社。
石橋湛山　一九一二年（明治四五）一月号『東洋時論』「社論」（昭和四六）『全集』第一巻　所収。
石橋湛山　一九二一年（大正一〇）「小評論」「日蓮生誕七百年ほか」（昭和四六）『全集』第四巻　所収。
石橋湛山　一九一三年（大正二）四月五日号「社会」「第三十議会の成績」（昭和四六）『全集』第一巻　所収。
増田弘（一九九五）『石橋湛山』中央公論社　中公新書　一二四三。
石橋湛山　一九一三年（大正三）四月二五日号「社説」「経済界と民衆主義」（昭和四六）『全集』第一巻　所収。
石橋湛山　一九一三年（大正三）七月一五日号「社説」「選挙権拡張案の要義提出」（昭和四六）『全集』第一巻　所収。
石橋湛山　一九一二年（大正元）一〇月号『東洋時論』「評論」「大日本主義」（昭和四六）『全集』第一巻　所収。
石橋湛山　一九二一年（大正一〇）「大日本主義の幻想」（昭和四六）『全集』第四巻　所収。
石橋湛山　一九二八年（昭和三）三月号『婦人公論』一三巻三号「日本はなぜ貧乏か」（『全集』未収録）。
石橋湛山　一九一五年（大正四）四月五日号「小評論」「兵を軽く見る弊」（昭和四六）『全集』第二巻。
石橋湛山　一九三八年（昭和一三）一月八日号「社説」「日清、日露両戦役後の回顧と今次事変の経済」（昭和四七）『全集』第十一巻　所収。
石橋湛山（昭和四七）『全集』第十一巻。
石橋湛山（昭和四六）『全集』第三巻。
石橋湛山　一九一五年（大正四）六月五日号「社説」「日支親善の法如何」（昭和四六）『全集』第一巻　所収。
石橋湛山　一九三九年（昭和一四）一〇月二八日号「講演」「欧州動乱と我が経済の前途」（昭和四七）『全集』第十一巻　所収。
石橋湛山　一九二七年（昭和二）四月一六日号「時評」「支那を侮るべからず」（昭和五五）『全集』第五巻。
石橋湛山　一九二七年（昭和二）六月四日号「時評」「ああ遂に対支出兵」（昭和五五）『全集』第五巻　所収。
石橋湛山　一九二八年（昭和三）五月五日号「社説」「無用なる対支出兵」（昭和四六）『全集』第六巻　所収。

石橋湛山（昭和四六）〈解説〉二　解説（昭和四六）『全集』第五巻　所収。
石橋湛山　一九一二年（明治四五）六月二五日号「社会」「労働問題の性質の変化」（昭和四六）『全集』第一巻　所収。
石橋湛山　一九一六年（大正五）六月二五日号「小評論」「両者国情の差」（昭和四六）『全集』第二巻　所収。
石橋湛山　一九二三年（大正一二）六月二三日号「小評論」「日本の攘夷支那の排日」『全集』第五巻　所収。
石橋湛山　一九二三年（大正一二）六月二三日号「小評論」「国民的英雄の出現」（昭和四六）『全集』第五巻　所収。
石橋湛山　一九二三年（大正一二）八月四日号「小評論」「国民会議を開け」（昭和四六）『全集』第五巻　所収。
石橋湛山　一九二三年（大正一二）五月一二日号「小評論」「先ず支那国民を尊敬せよ」（昭和四六）『全集』第五巻　所収。
石橋湛山　一九二四年（大正一三）一〇月四日号「時事非時事」「卒業証書の販売」ほか（昭和四六）『全集』第五巻。
石橋湛山　一九三九年（昭和一四）四月二九日号「講演」「長期建設の意義と我経済の耐久力」（昭和四六）『全集』第八巻　所収。
石橋湛山（昭和四六）『全集』第七巻。
石橋湛山　一九二八年（昭和三）八月四日号「社説」「駄々ッ子支那　軽薄なる列強の態度、我国は特別利益を棄てよ」（昭和四六）『全集』第六巻。
石橋湛山　一九二八年（昭和三）七月二八日号「社説」「支那は先ず其実力を養うべし」（昭和四六）『全集』第六巻　所収。
石橋湛山　一九一二年（明治四五）五月号『東洋時論』「社論」「自己観照足らざる文芸」（昭和四六）『全集』第一巻　所収。
石橋湛山　一九一一年（明治四四）九月号『東洋時論』「食堂会議」「宮内官と地方管理」（昭和四六）『全集』第一巻　所収。

〔付記〕

本章は二〇一三年一〇月、日本比較文化学会関西支部一〇月例会での口頭発表「石橋湛山の日本論・中国論―明治・大正時代を中心として」の内容をもとにしたものであることを付言しておく。

第十章　内村鑑三の日本論・中国論・対外論

序

内村鑑三はアマスト時代（一八八五年九月上旬―一八八七年九月上旬）、自らの墓碑銘として（"To be Inscribed upon my Tomb"）愛用の聖書に次のような有名な英文を書き留めていた。

I for Japan;　　　　私は日本のために
Japan for the World;　　日本は世界のために
The World for Christ;　　世界はキリストのために
And All for God　　　　そしてすべては神のために

内村鑑三のいう「日本」には「現実の日本」と「理想の日本」の二つがあり、もちろんここでの「日本」は後者の「理想の日本」のことである。「世界」も「現実の世界」と「理想の世界」の二つがあり、ここでの世界は「理想の世界」を指す。「理想の世界」は「キリスト」という、人でありながら神性をもっとも発揮した「神」のために捧げられ、最後に、すべてが「神」のために捧げられるように、そう願いたいというのが鑑三の思いであろう。

内村鑑三は大日本帝国が日清・日露戦争で勝利し、大日本主義を標榜して膨脹主義を推進する中で、大日本主義へのアンチテーゼとして、小日本主義を標榜した三つのイデオロギー的系譜の一つを形成している。[(1)] 内村の「理想の日本」には武士道や法然、親鸞の他力宗、不撓不屈の日蓮、西郷隆盛などが存在する。『代表的日本人』は内村の日本論としてとりあげなければならない不可欠のものである。内村の社会主義との不和などもその日本論で考察しなければならない。

武士道や良質な過去の「日本」を土台として、日本でこそ真のキリスト教が生まれる（これこそが真の「理想の日本」である）と考えた内村鑑三は不敬事件をはじめとする横難（＝思いがけない不慮の災難）に遭いながら、真摯に「義」を基本として「キリスト教」に生涯を捧げた。以下、各論に移る。

一　内村鑑三について　――人と時代――

内村鑑三は一八六一年（万延二）、江戸小石川鳶《とび》坂上、高崎藩（藩主松平右京亮大河内輝声《てるな》）の武士長屋に生まれた。父は同藩藩士内村宜之、母はヤソ。内村はその長男であった。達三郎、道治、ヨシ、順也の弟妹（他に三人早世）が後に生まれる。[(2)]

鑑三の名の由来は、三度、自己を鑑みる意味で父宜之が名づけたと言われているが、中国の『唐書』「魏徴伝」の三鑑（＝人の心身を正しくする鏡と歴史の鏡と人の鏡の三つの鑑《かがみ》）にちなむものなのかもしれない。[(3)] 父宜之は高崎藩きっての儒者で、若い藩主大河内輝声《てるな》から重用された。しかし、一八七一年（明治四）、廃藩置県により、高崎藩知事を務めていた旧藩主大河内輝声が罷免となり、やがて高崎県が群馬県の名のもとに他の九県とあわせて統合され廃県となると、父宜之も県貫属を免ぜられ、この後、公的要職に就くことはなく、もっぱら学問好きの旧藩主の相手役をした。四〇歳前にして隠居同然の身となってしまうのである。(4) その結果、一家の期待と責任は一気に長男鑑三に覆いかぶさってくる。鑑三、一二歳（数え年。以下同じ）の年（一八七二年（明治五））のことである。

一八七四年（明治七）、前年、上京し入学した赤坂の有馬私学校英文科から東京外国語学校（のち東京英語学校、東京大学予備門）英語学下等第四級に編入した内村は経済的理由（札幌農学校に入ると官費ですべて生活がまかなわれる）を直接的理由として応募した(5)結果、一八七七年（明治一〇）開拓使付属札幌農学校に第二期生として入学を許可される。当時においては札幌農学校は東京大学と並ぶ数少ない官立の高等教育機関であった。

翌一八七八年六月二日、メソジスト監督教会宣教師M・Cハリスより太田（新渡部）稲造、宮部金吾らとともに受洗し、一二月一日にはメソジスト監督教会に入会している。内村は一年前の一二月に、クラークの遺した「イエスを信ずる者の誓約」に署名しているが、第一期生はキリスト教に全員入信を誓っていて、彼らがてぐすね引いて待ちかまえている中、(6) 第二期生は入学したのであった。札幌農学校では全員寮生活で外国人教師から英語による講義を受け、そこでの生活様式は衣服には洋服を支給され、食事も西洋料理で、衣食住すべて洋風によっていた。(7)

一八八一年（明治一四）七月九日、札幌農学校を卒業後、官費生の約束にしたがって、開拓使御用係准判任となったが、二年経たない一八八三年の四月二二日、病気療養を理由に札幌県に辞表を提出し、六月三日、それは受理されている。その間の五月八日から一二日に第三回全国基督信徒大親睦会に札幌教会を代表して出席し、九日、「空ノ鳥ト野ノ百合花」と題して講演し、信徒は鳥や花を愛《め》でるだけでなく「信徒ハ造花ヲ観テ造花ニ止ラズ当ニ造花ノ神ヲ見ルニ至ルベキナリ」(8)と述べ、現世、現実の中に神を見出さなければならないとしている。

一八八四年（明治一七）三月二八日、前年の夏、鑑三が安中《あんなか》教会（牧師は海老名弾圧）を訪問したときに知り合った浅田たけ（新島襄が安中教会で最初に受洗した三〇人の一人）と結婚式を挙げるが、たけに（精神的）「姦淫」の動かぬ証拠が見つかり、半年ほどで別居（正式離婚は（一八八九年））する。現在、わかっているのは、たけが自ら家を出て行き、内村が調査した結果、「姦淫」が判明したということである。(9)

農商務省（一八八三年（明治一六）一二月、農商務省農務局水産課に勤め始める）を一八八四年一〇月、辞職した内村は、一一月六日アメリカに向け出航し、一一月二四日にサンフランシスコ港に着いている。外国行きは私費によるもので両親、友人の意向でもあった。(10) エルウィンのペンシルヴァニア知的障碍児養護院で「糞尿の世話迄」する看護人として約半年間、働いて後、新島襄の勧めに従い、内村は一八八五年（明治一八）九月一〇日、アマスト大学に選科生として入学し、二年後の一八八七年六月二九日、同大学を卒業し理学士の称号を受けている。その後、九月ハートフォード神学校に入学するも過度の睡眠不足、神学校での授業内容への不満、学資の欠乏などのために、(11)一八八八年（明治二一）一月末にはハートフォード神学校を去り、三月、ニューヨークを出航し、サンフランシスコを経て、五月一六日帰国する。

アメリカ滞在中での最重要事は一八八六年（明治一九）三月八日の「回心」の体験である。前月には、たけを「妊婦」と呼び、天の賜うた「鞭」と手紙で述べていた鑑三(12)（精神的に苦悩していた）は、アマスト大学のシーリー学長の言葉に天啓を受ける。

> 内村、君は君の衷《うち》をのみ見るから可《いけ》ない。君は君の外を見なければいけない。何故己に省みる事を止《や》めて十字架の上に君の罪を贖《あがな》ひ給ひしイエスを仰ぎ瞻ないのか。君の為《な》す所は、小児が植木を鉢に植えて其成長を確定《たしか》めんと欲して毎日その根を抜いて見ると同然である。何故に之を神と日光とに委《ゆだ》ね奉り、安心して君の成長を待たぬのか。(13)

鑑三の「回心」については、行為主義（善の行為の多寡でその人間の価値を決める）を捨てて、信仰主義（善行の多寡を問わない信仰のみによる信仰義認の思想）を確立したとする考えや[14]「贖罪主キリストという「垂直軸」が啓示を介していわば受動的に獲得されることにより、内村の在り方は確かに「キリスト中心へ」と転換されていると言え、内村の「宗教的回心」は、すなわち贖罪信仰の獲得であった[15]」という考えがある。[16]

帰国後の内村は北越学館（新潟）仮教頭、東洋英和学校、水産伝習所の教師を経て、一八九〇年（明治二三）九月二日、第一高等中学校嘱託教員となる。そして、翌一八九一年一月九日、当該校で教育勅語奉読式が行われ、「不敬事件」が起こる。

内村は天皇親署の教育勅語に低頭はしたが「その下げ方があいまいなため、「不敬」として学校内外から集中非難を浴びることになった[17]」というのが事件の真相であった。一八八九年（明治二二）の大日本帝国憲法の発布、翌年の国会開設は深くはイギリス流、フランス流の自由主義思想とプロシア式国家主義思想の鬩《せめ》ぎ合い、相克の中での事柄ととらえることができるが、後者の具現化の流れの中に森有礼文部大臣が行った諸学校令の制定とそれによる学校、試験の制度化、そして同時に整備された官吏任用制度が存在し、一八九〇年（明治二三）一〇月三〇日の「教育に関する勅語」（＝教育勅語）も国家主義＝天皇崇拝主義確立のために発布されたものであった。天皇親署への「礼拝」はキリスト者内村にとってはありえないことであり、内村は「唯一神」以外は神と認めない。事件の根源はここにあったと言える。[18]もっとも「低頭」が「あいまい」であったのは、内村の中に「低頭」を（慣習的、儀礼的）「尊敬」による低頭ととらえる内村とキリスト者としてあるまじき宗教的、礼拝的低頭ととらえる内村が存在した、内に「躊躇《ちゅうちょ》」が存在したというのも事実であることは付言しておきたい。不敬事件の際や井上哲次郎の批判から当時のキリスト教徒への厳しいまなざしが想像できる。内村は井上哲次郎に対して、「勅語に向て低頭せざると勅語を実行せざると不敬何れか大なる、我聖明なる天皇陛下は儀式上の拝戴に勝りて実行上の拝戴を嘉し賜るは余が万々信じて疑はざる所なり」[19]と井上に反駁している。

不敬事件で第一高等中学校を逐《お》われた内村は一八九二年（明治二五）一二月、京都の判事岡田透の娘、しづと結婚し、翌一八九三年八月から三年間、京都に住んでいる。この間、文筆で生活したが、困窮を見かねた便利堂（コロタイプの美術印刷物の製作会社）の中村弥左衛門、弥二郎兄弟が経済的に支えた。鑑三は、妻の実家からもらった正月の餅を自分の経済的ふがいなさに怒り、鴨川に投げ捨てたという。[20]

もっとも京都時代（しづとの結婚からを含む）には経済的困窮の中で今日に残る名著、名論文が書かれている。『基督信徒の慰』（一八九三年（明治二六）二月刊行）、『紀念論文 コロムブス功績』（同）、『求安録』（同年八月）、『貞操美談 路得記』（同年一二月）、『伝道の精神』（一八九四年（明治二七）二月）、『地理学考』（同年五月）、**'Japan and the Japanese'**（同年一一月）、**'How I became a Christian'**（一八九五年（明治二八）五月）等がそれである。『基督信徒の慰』では第三章「基督教会に捨てられし時」で「無教会」の言葉の最初の使用が見られることには注意したい。内村は一九〇一年（明治三四）三月に『無教会』を創刊しているが、「教会のない者の集まり」＝「無教会」主義を標榜し、形式主義的な「教会」主義を否定し、神と聖書にのみ基づき、外国の経済的援助にたよらない独立教会を是とした人である。

一八九六年（明治二九）九月一八日、名古屋英和学校教師として名古屋に赴任した内村は、一八九七年（明治三〇）二月から一八九八年（明治三一）五月まで黒岩涙香の招聘で『万朝報』に英文欄主筆として執筆した。退社後、六月『東京独立雑誌』を創刊し、社会、政治、文学、科学、教育、宗教上の諸問題を広汎に論じた。

一九〇一年（明治三四）四月には足尾銅山鉱毒被害を視察しているが、足尾銅山鉱毒問題は一八九七年（明治三〇）三月一六日の『万朝報』英文欄で言及して以来の関心事であった。鑑三はその原因は天災ではなく、経営者古河市兵衛の起こした人災であると断じた。[21]

一九〇〇年（明治三三）九月三〇日、『聖書之研究』を創刊。一九〇一年（明治三四）七月、個人と社会の変革を目指して「理想団」を万朝報社の黒岩周六（涙香）、堺利彦と結成する。個人の変革を中心とする鑑三と、社会変革を中心とする社会主義者との相克は徐々に鮮明になっていった。

鑑三の絶対的非戦論は一九〇三年（明治三三）に入ってからのことで、それは鑑三がひたすら聖書に沈潜した結果であると思われる。(22)

愛娘ルツの死（一九一二年（明治四五）一月一二日。享年一九歳）と第一次世界大戦の勃発（一九一四年（大正三）七月二八日）によって内村は一九一八年（大正七）から再臨運動を開始した。再臨運動の開始は、ルツの死と第一次世界大戦の勃発がこの世での人の手による理想世界の実現の希望を消失させた結果であるが、(23)同時に、律法主義、行為主義に対する福音主義、信仰主義の確立をもたらした。(24)

一九三〇年（昭和五）三月二八日午前一時半、「非常に調和がとれているがこれでよいのか」と長男祐之に尋ねた鑑三は同日午前八時五一分、この世を去った。享年七〇歳であった。(25)

二　内村鑑三の日本論

(一)「二つのJ」「理想の日本」と「現実の日本」

「イエスと日本、私の信仰は一つの中心を有つ円ではない。それは二つの中心を持つ楕円である」(26)とは内村の信仰＝内村の「二つのJ」（Jesus と Japan）を表す言辞である。

それは普遍性を持つ「イエス」と愛する「日本」の両方を信仰の対象とすることの表明である。次に「イエス」（キリスト教）と「日本」の関係、そして「イエス」と「日本」の内容について考察してみたい。

内村は「我等の基督教(27)」で「我等のキリスト教」は①「福音的」(＝「基督を拝すべき神なりと信じ、奇績《マス》を信じ罪の贖《あがな》ひを信ずる」)で②「常識的に適ふた基督教」であり、③「愛国的」(＝「愛国とは勿論外国人を嫌ふと云ふ事ではありません、愛国とは其国の天職を信じて之を総ての事業に現はさうとする事」)である――と述べている。内村は「外国直輸の基督教」に満足しないし、「愛国的の基督教であれば独立は勿論であります、(中略)国を愛する者が外国の補助を避けんとするのは当然であります、私共の基督教が全く外国宣教師より離れた者であるのは私共が日本国の天職を重んずるからであります、外国人に頼る教会が何時まで待つても健全なる成長を為さないのは全く此事を忘れて居るからであります(28)」、と述べている。内村の「愛国」の「キリスト教」はアメリカからの帰国後、一時、働いた北越学館でも外国の援助を拒否した(そのため赴任後四ヶ月で辞職している)のと同様、「愛国」ゆえに外国の経済的援助を拒否し、「独立」を志向したものであった。

「イエス」＝キリスト教と「日本」に関連する言辞を編年体的に見てみよう。「キリストと武士」(一九〇三年(明治三六)五月(29))では「人類の理想はキリストである、日本人の理想は武士である、而《しか》して武士が其魂を失はずして直にキリストを信ぜし者が余輩の理想である、(中略)得難きは此武士的の基督信者である」と「日本」の「武士」を「台木《だいぎ》」(＝つぎ木の台にする木)としたキリスト教を理想としている。「日本人と基督教」(一九〇四年(明治三七)八月(30))では「日本人は基督教を日本化せんと努めて、日本を基督教化せんとはしない、(中略)我儕《われら》は思切つて我儕固有の愛国心を脱却し、政治家の根性を断絶し、全く天の属《もの》となつて、神の聖徳を此国に持来さなければならない」とし、「キリスト教」の精神による日本の変革を主張している。しかし「武士道と基督教」(一九一八年(大正七)一月(31))では「日本」の「台木」の一つ、「武士道」の重要性について述べている。曰く「我等は人生の大抵の問題は武士道を以て解決する、正直なる事、高潔なる事、寛大なる事、約束を守る事、借金せざる事、逃げる敵を逐《お》わざる事、人の窮地に陥るを見て喜ばざる事、是等の事に就て基督教を煩はすの必要はない、我等は祖先伝来の武士道に依り是等の問題を解決して誤らないのである、（中略）武士道を棄《すて》、又は之を軽《かろん》ずる者が基督の善き弟子でありやう筈が無い、神が日本人より特別に要求《もと》め給ふ者は《ママ》武士の霊魂《たましい》にキリストを宿らせまつりし者である」。ここには「イエス」と「日本」（＝この場合は「武士道」）が「二つの中心」で不可分のものであることが述べられている。「武士道と基督教」（一九二八年（昭和三）一〇月）[32]でも同様のことを述べている。明治初年に「純然たる日本武士」（＝「勇気」「正義」「真理」のために生命を惜しまない人々）の新島襄や横井時雄等はイエスの「武士気質《かたぎ》」（＝「勇気」や「其犠牲の精神」）に「牽《ひ》かれて其従僕と成つた」のであるとするとともに、

「私供日本の基督信者の日常の生涯に於て、私供は大抵の場合に於て、聖書に行くまでもなく、私供の祖先伝来の武士道に由て私供の行路を定めて間違いないと思います。正義正直を歩む上に於て、義務責任を充たす上に於て、公明正大な点に於て、弱者を憐む事に於て武士道の命ずる所は基督教の教ゆる所と多く異なりません」

と述べ、教会関係の問題を静岡県の信者に手紙で問われて「日本人の武士道に由つてお決《きめ》なさい」と答え、多くの教会問題は「此方法に由て解決すべきである」と「日本人の武士道」が「キリスト教」と一致することを表明している。それゆえに中心は「イエス」＝キリスト教と「日本」の二つなのであった。その意味で「内村は「イエスと日本」をそのキリスト教的信仰の「楕円」の二つの中心にしたが、そのために「日本」という観念を再構成しキリスト教化したのである」[33]というのは「イエス」と「日本」の関係について、前者を上と見、後者を下と見る考えに囚われているといえるであろう。少なくとも正確さを欠いている。内村は「日本の武士道」と「キリスト教」の合一を目論でいるところがある。

「イエス」と「日本」の関係については以上のような考察がなされるのであるが、内村の「イエス」と「日本」について、次に個々をより詳しく考察してみたい。

内村の「イエス」について、キリスト教については、二で述べたようにアメリカ滞在中の一八八六年（明治一九）三月八日の「回心」の体験が軸となるのはいうまでもない。アマスト大学のシーリー学長の忠告が契機となり、一八八六年（明治一九）三月八日の日記にあるように内村は次のような回心を得るに到った。

> 三月八日　わが生涯に大きな意味をもつ日。キリストの贖罪の力がはっきりと、今までのいつにもまさってはっきりと示される今日までわが心を苦しめて来たあらゆる難問の解決は、神の子が十字架にかけられたことの中にある。キリストはわが負債をことごとく支払って、罪に堕ちる前のアダムの潔白無垢に立ち返らしめたもう。今や我は神の子、わが義務はイエスを信ずることである。彼ゆえに、神はわが求むるものをすべて与えたもうだろう。神は我をその栄光のために用いて、ついには天国に救いたもうだろう。……[34]

内村は宗教が個人的であると強調している。[35] そして、自らを嫌い、自分が神にそむく罪人《つみびと》であることを発見し、「神に自己の罪を曝露されて消え入るばかりの恥辱の淵に臨」み、「援助《たすけ》を天に向つて求め」「十字架のキリストが心の眼に映り、其結果として、罪の重荷」が心より取り去られる、[36] それが「回心」で、それなくしてはいくら受洗してもキリスト教徒とはいえないと内村はいう。

内村にとってキリスト教は絶対他力宗である。松沢弘陽（一九七一年）は次のように的確に内村の回心や回心後の内村について述べている。『余はいかにしてキリスト教徒となりしか』や『求安録』が描くように、内村において、自己義認の努力の放棄とキリストの贖罪による救いという福音信仰への回心は、神との激しい対決に力つきて、神に無条件に屈服し、自己を全面的に引き渡すことだった。おそらく、このように自己の力がつきはてるまで真剣に神と対決し、自己を全面的に放棄するという極点を通った結果と思われるが、その後の内村には、自己へのとらわれがおよそ見られない。それは、ある種の「近代的」な「個我の意識」にまつわる、ナルシシズムその他のセンチメンタリズムとはおよそ異質な剛健なものだった[37]。もっとも一九一五年（大正四）「宗教と其の必要」で、「人間を監視する者は彼の衷《うち》に宿り給ふ真の神である」[38]と述べているのは、矛盾するようだが、内村が「衷」＝「内」も重視していたことがわかる。

内村にとっての「日本」には「理想の日本」と「現実の日本」の二つがある。「天職を帯びた日本」や「あるべき聖書国」という理想国の日本は前者の「理想の日本」に含まれるものであろう[39]。「福音の台木」としての日本は「理想の日本」を創るために「現実の日本」の中から精華を抽出し（再構成しキリスト教化するのではなく）、「あるべき聖書国」へと導くよるべであろう。

「理想の日本」とは西洋と東洋の「媒酌人」となる日本[40]であり、インドで亡びた仏教を保存し、中国で衰えた儒教を闡明《せんめい》にした日本人が「今回は又欧米諸国に於て棄てられし基督教を日本に於て保存し、闡明し、復興して、再び之を其新らしき貌《かたち》に於て世界に伝播する」[41]という日本である。これは「天職を帯びた日本」である。「あるべき聖書国」としての日本（＝理想の日本）については、内村はキリスト教の教義との関係で「理想の日本」の政治制度について比較し述べている。比較の結果、キリスト教の教義に反対する要素がその政治制度にあればその政治制度全体を拒否している[42]。民主主義や社会主義、帝国主義について、後述するように内村は拒否している。それは、近代人の批判にまで広がっている。

「現実の日本」については、内村は「貴族、政治家、軍隊の代表する日本」と「勤勉正直なる平民の日本」の二つをその内容と考え、前者は亡ぶべきものとする。「平民」については①社会におけるキリスト教徒の模範としての平民と②必ずしもキリスト教徒に限らず、儒者の伊藤仁斎なども含めた平民を考えている。(43) 内村の「二つのJ」は「無制約的なパトス」であり、その思想を貫くものは矛盾した「二元論」であるという常套的批判(44)に対して、私は内村の「二つのJ」や「平民」観は両者の重要性を最大限認めようとする選択、思考の結果であったと考える。一九一八年（大正七）の「武士道と基督教」や一九二八年（昭和三）の「武士道と基督教」にはその考えが明瞭に表明されている。

(二)『代表的日本人』の日本論

次に、『代表的日本人』における日本（人）論について考察することにしたいと思う。『代表的日本人』は一八九四年（明治二七）一一月、内村、三四歳の年にJapan and Japaneseと題して民友社によって刊行された著書から一九〇八年（明治四一）、序文とJustification of the Korean Warなど四篇を削除してRepresentative Men of Japan（警醒社書店）として刊行された書の邦訳である。(45)

『代表的日本人』には二つの性格があり、①「日本の西洋に対する自己防衛」②「道徳的規範による日本への自己批判」の二つであるという。(46) 同じ訳者は、五四年後、本書の主題の要約として五項目を挙げ、その中で上記類似のものとして①「西洋のキリスト教信徒に伍し、優るとも劣らぬ日本人のいたことを紹介しようとしている」②「近代の西洋文明と、それを安易に受容した近代の日本文明への批判」――を挙げている。(47) ①については時代の相違もあるが、①「日本の西洋に対する自己防衛」と考えると、岡倉天心の『東洋の目覚め』（一九〇二年（明治三五））や『日本の目覚め』（一九〇四年（明治三七））と重なってくる。そして天心が『東洋の理想』（一九〇三年）や「茶の本」（一九〇六年）で「アジアおよび日本の現状に対する批判と、掘り起すべき独自の価値・理想の提示」(48)を行ったのと同様に、内村も（自己防衛とともに）②「道徳的規範による日本への自己批判」（傍点筆者）を行ったと考えるのは（五四年後〈一九九五年の時点〉に）①西洋キリスト教信徒対等の日本人の紹介②近代西洋文明とそれを安易に受容した近代日本文明批判――と考えるのより明晰で説得力があると思われる。なぜなら、日本、日本人（アジア文明）への批判と「回復すべき独自の価値、理想の掘り起こし、提示」は分かちがたく結びついていた[49]、そして西洋への自己防衛と日本の批判・独自の価値の掘り起こしは、密接不可分であったからである。内村の「武士道」も西洋への「自己防衛」と、あるべき「道徳的批判」の両面を持つのである。

『代表的日本人』で内村が採り上げた人物は西郷隆盛、上杉鷹山、二宮尊徳、中江藤樹、日蓮上人の五人である。順に軍人、政治家、農民、教育者、宗教家を採り上げたのであるが、「西郷隆盛」では、西郷の無欲、徳、節約を賞讃し、「上杉鷹山」では「富は徳の結果である」とする鷹山を高く評価し、「二宮尊徳」では尊徳の道徳力、至誠を重要なものとしている。「中江藤樹」では、徳と人格を重んじ、学問、学識を軽視し、「一文不通《いちもんふつう》（筆者注：無学）の人なりとも、仁義の徳明かなる人は、凡夫にあらず、文学（筆者注：常識）なき儒者（筆者注：学者）なり[50]」と述べている。

「日蓮上人」では日蓮の勇、厳しい宗教的迫害に遭ったこと、不屈の霊魂、正直を高く賞讃し「斯くの如き人のみが独り国身の脊椎骨《せきついこつ》（筆者註：柱）である[51]」と述べている。

内村が『代表的日本人』で行ったのは「旧」日本の中から（「新」日本が忘れてしまった、しかし）「新」日本に必要な「旧」日本の道徳的規範である徳、至誠、「富は徳の結果である」という考え、勇、不屈の霊魂等を再評価し、それらを体現した五人の代表的日本人を世に現したことである。

「西郷隆盛」や「上杉鷹山」で次のようにいう内村は明治の世を決して肯定していない。それゆえ、日本の道徳的規範を再認識し再提示したのである。それが『代表的日本人』における内村の日本論であった。

『文明』とは道の普く行わるるを賛称せる言にして、宮室の荘厳、衣服の美麗、外観の浮華を言うに非ず。』此が、西郷の文明の定義であった。余輩は、彼の言うが如き意味に於ける文明は、彼の時代以来、多くの進歩をしなかったのではないかを惧れるものである。（西郷隆盛）[52]

封建制度にいろいろの欠陥があった、そして其等の欠陥のために我々は封建制度を立憲制度に換えたのである。併し鼠を焼こうとした火は納屋をも焼きはしなかったか、封建制度とともに其に結び付いていた忠義、武勇、多量の雄々しさや人情味が我々より喪われはしなかったかを、我々は惧れるのである。（上杉鷹山）[53]

内村が「武士道」を重要視するのも、この心においてであった。

(三) その他の日本論

その他の内村の日本論について考察する。内村鑑三は絶対的非戦論者となったが、日清戦争の頃には義戦論者で日清戦争を支持し、“Justification of the Korean War”（邦訳「日清戦争の義」（一八九四年八月一一日（邦訳は九月三日））を発表している。当時、日清戦争を「文明」と「野蛮」の戦争ととらえるのが日本の主流の考え方であった。内村もその流れに乗っていたといえる。もっとも同年七月には「後世への最大遺物」と題して講演して後世に金銭や事業ではなく「勇ましい高尚なる生涯」を遺すことを説いているから、ただ時流に乗っての保身主義からの義戦論主張ではなかったであろう。その内村も一八九五年四月講和条約が調印されると日清戦争が「欲の戦争」であったことを知り、自ら「義戦」を訴えたことを後悔し、「時勢の観察」（一八九六年八月一五日）では、「余輩の如き馬鹿者ありて」義戦論者の「宣言を真面目に受けて」と記し[54]反戦詩「寡婦《やもめ》の除夜」（一八九六年一二月）を書いている。

（二）で述べたように一九〇三年から内村は絶対的非戦論者になっている。（内村の戦争観（日清戦争観、日露戦争観、第一次世界大戦観等）については「三　内村鑑三の中国論・対外論」で詳しく論じることにしたい。）

内村は「理想の日本」＝「あるべき聖書国の日本」＝「キリスト教国の日本」の視点がキリスト教の教義と比較して、キリスト教に反する要素がある政治的制度の「主義」は要素のみでなく、その政治制度自体を拒否した。[55]社会主義にキリスト教に反する要素＝①唯物論②社会主義的制度によって社会を救済しようとする考え[56]——を見出した内村は社会主義を批判した。「基督教は中より外に向て働くものでありまして、社会主義其他総て此世の主義が外より中に向て働くのとは全く其行動の方法を異にします」（一九〇三年（明治三六）三月）と「基督教と社会主義」[57]で述べた内村は三年後には社会主義について次のような厳しい批判の言辞を述べている。社会改良の方法を個人に見出すか社会制度に見出すかの決定的相違によるものであろう。曰く「基督教に似て而かも最も非なる者を今日我国に於て唱へられる丶社会主義となす、是れ聖書に所謂《いわゆ》る不法の隠れたる者なり、是れに敬虔《けいけん》なし、恭順なし、平和なし、是れ単に不平と頑抗と破壊の精神なり、（中略）即ち特に叛逆の精神なり、服従を絶対的に拒絶せしむる悪魔の精神なり」[58]。

民主主義についても民主主義の多数優先原理が必ずしも正義を守るとはいえない、本来の法律は普遍的な神の法律（律法）であるから人間が定めるものではない、と反キリスト教的要素を見出して批判している。[59]帝国主義はもちろん「専制、独裁、暴虐の精神」＝非キリスト教的要素を持つから厳しく批判すべきと主張した。[60]

内村の批判は近代人自体に及ぶ。近代人は「自己中心の人である、自己の発達、自己の修養、自己の実現と、自己、自己、自己、何事も自己である」[61]、「近代人他なし、自己を神として仰ぐ者である。道徳の標準を自己に求むる者である。極端の主観的主義者である」[62]と痛罵する内村は「武士道」と同様の意味の「台木」を日本の他力宗に見出した。「我国の源信僧都、法然上人、親鸞上人も亦我が善き信仰の友である」[63]、神の恩恵が人の罪悪に勝ってのみ真《まこと》の救済《すくい》はあるのである。（中略）日本国に既に此信仰が在った、我等は信仰の事に関しては必しも之を欧米人に学ぶの必要はない」[64]と法然、親鸞に「深き信仰の原理」を見出した内村は、既述のように不屈の日蓮にも共感を覚え、代表的日本人の一人として賞讃している。内村の日本論は「理想の日本」＝「あるべき聖書国の日本」＝「キリスト教国の日本」を目指すが、それは日本の「台木」による「独立」の日本でもあった。

「基督教は日本人を待つて其完全に達するのであると思ひます。基督教に就て西洋人の解らない点がまだ沢山にあります。それを闡明《せんめい》するが日本人の天職であります」[65]と述べるところに、内村鑑三の日本論の特徴が最も端的に表現されていると考えられる。内村の基本は「二つのＪ」論であることが見てとれる。

三　内村鑑三の中国論・対外論

内村鑑三は一八八五年（明治一八）九月一〇日から一八八七年（明治二〇）六月二九日までアメリカのアマスト大学で学び理学士（Bachelor of Science）の称号を受けたが在学中、史学のモース教授から歴史の見方とそれへの興味とを与えられている。[66]内村はキリスト教的立場から言うまでもなく無神論的進化論ではなく有無論的進化論を採った。[67]『地理学考』（一八九四年（明治二七）五月一〇日）では日本国の天職は「東西両洋間の媒介者」[68]となることであるとしている。『地理学考』は社会進化論によって裏打ちされた歴史哲学の書であり、それはまた人類の歴史的進歩の「一定の方式」が服従時期→良心発達期→自由発達期→意志発達期と進み、それぞれの発達段階に各々一定の地域が対応するという一種の地理的決定論であり、アジアは服従時期の幼児のままで停滞しているとする。(69) 日本の天職は欧米から受容した自由主義をアジアに伝え、一方、アジア的美徳である団結和合の精神を欧米に示すことである、(70) それが「東西両洋間の媒介者」の意味であった。『地理学考』の出版された一八九四年（明治二七）五月一〇日の三ヶ月後の八月一日、日本は清国に宣戦布告し、日清戦争が開始される。以下、日清戦争をめぐる内村の言説を考察することによって内村の中国論の一部を明らかにしてみたい。

（一）日清戦争をめぐる内村鑑三の言説

日清戦争は何如章らの朝鮮についての「属国論」に対して、「属邦自主論」を採る李鴻章の清国、平たくいえば、朝貢体制、冊封体制と欧米流独立自主論の両方を維持しようとする李鴻章の清国と欧米流独立自主論を推動する日本が朝鮮の覇権をめぐって始めた戦争である。清国に先に撤兵をせよ、さもなくば朝鮮の独立を損なうとして日本が「義」によって清を成敗せんとして仕かけた戦争であるとも言え、その点から考えれば「義戦」とも考えられるが、実状は中国の「積威」（朝貢体制下での中国の朝鮮に対して積もった権威）に対して「武威」（武力による権威、武の威力）によって中国に対抗して日本が始めた戦争であるといっても過言ではない。(71) そのことがやがて明らかになる。

日清戦争の最中《さなか》に出版された志賀重昂《しげたか》の『日本風景論』は日本の風景が地球上、「絶特」であるというナショナリズム（拝外性と一組となることが多い）によってベストセラーとなったが、内村は旧知の志賀のその著に対して「志賀重昂著『日本風景論』」（一八九四年（明治二七）一二月一五日）を書き、それを「patriotic Bias（愛国偏）」と呼び次のように評している。「偉大なる美、是れ日本風景の欠乏ならずや、我国の風景は人を酔はしむるものなり（細工に過ぎて）、人を高むるの美、即ち自己以上に昇らしむるの美は吾人は汎《あまね》く之を万国に求めざるべからず、余輩は信ず志賀氏の之を言はざりしは彼の文学的技術の然らしめし所ならんと、然れども余輩の爰《ここ》に之を言ふは批評家としての義務ならん、愛国心上騰の今日に方《あたっ》て此非国家的の言を発する批評家の任亦難《かない》かな」[72]と批判した。内村は排外主義者ではないし内村には福沢諭吉のように『脱亜論』（一八八五年〈明治一八年〉）を書く余地はなかった。

では何故、内村は日清戦争を「義戦」として支持したのであろうか。次にこの点について考察してみたい。内村は「世界歴史に徴して日支の関係を論ず」（一八九四年〈明治二七〉七月二七日、『国民新聞』掲載、八月一日、日本が清に宣戦布告する直前、五日前）で「日支両国の関係」は新文明を代表する「小国」が旧文明を代表する「大国」に対する関係であり、「人類の進歩歴史」＝「世界歴史」に徴すれば（＝証拠・根拠を求めれば）小ギリシアが大ペルシアに対せし、小ローマがカルタゴに対せし、小英国が大スペインに対せし、皆、この関係であるとして次のように続ける。

旧は大なるが故に新を侮り、小は新なるが故に旧を賤しむ。二者の衝突は免かるべからざる所、正流逆流の相接する処、之をして平和に経過せしめんと欲す、是れ宇宙の大理に反するもの歴史の趨勢に逆ふもの、平和を愛して進歩を憎むものなり。[73]

この当時、内村が非意思的な自然法則である進化法則を中軸とする社会進化論を一面では信奉していたことが[74]窺い知れる。もっとも「空ノ鳥ト野ノ百合花」（一八八三年〈明治一六〉）の、現実の中に理想の神を見出すエトスも持っていたであろうし、そのことがやがて義戦論から絶対的非戦論（一九〇三～）に転じる因ともなる。この引用で注意すべきことのもう一つは内村が中国（清）を大なる「旧」ととらえていることである。日清戦争までの日本は、中国に対して①政治的には固陋《ろう》、②歴史と文化的には大国、そして③軍事的には脅威――という捉え方、イメージを持っていた。[75]しかし日清戦争では福沢諭吉のように「文野の戦争」（文明＝日本と野蛮＝清の戦争）ととらえる見方が一般的で、文明が野蛮を教化する宗教戦争だという考えは福沢から植村正久（キリスト教徒）まで同時代の知識人にかなり共通する傾向だったと言える。[76]

一ヶ月半余り後の開戦後の「日清戦争の義」（訳文）（九月三日）では、中国を批判している。[77] 金玉均は上海で殺され（暗殺）、「支那軍艦を以て朝鮮国に護送され」、「暗殺者は渾《すべ》ての栄誉を以て冠せられ」た、中国は「社公律の破壊者」、「人情の害敵」、「野蛮主義の保護者」である、よって中国は正罰を免かるる能わずである。東学党の乱の際には、朝鮮の傀儡《かいらい》政府に援兵を中国本国に乞わしめ、朝鮮を「永く其依頼国たらしめん事を欲」している、これは「残虐なる娼家の主人が其詭計の中にある扶助なき可憐少女に対して常に執行する政略」である。こうした中国の所作は自由を愛し人権を尊重する者が一日も忍び得べき所ではない、内村は日本の清国への戦いは「義」による戦争であるとし、「義戦」の定義とも言うべきものを述べている。曰く、「隣人が餓死に瀕する時、強盗隣人を犯す時、明白なる吾人の常識が隣人が非常の速度を以て滅亡の絶壁に向て走りつゝありと示す時は、吾人は干渉の権利を有し、又実に干渉せざる可からず」[78]。後に述べるように内村の伝統的要素として儒教思想は不可欠のものであるが、この文には「義を見て為《な》さざるは、勇なきなり」（「見義不為、無勇也」『論語』（為政））、「仁は人の心なり。義は人の路《みち》なり」（「仁人心也。義人路也」『孟子』（告子上））といった儒教思想のエトスが濃厚に感じられる。

同年一〇月三日の「日清戦争の目的如何」では中国の「討滅」はその目的ではないと述べている。内村は単なる侵略主義賛美者ではない。「東洋若し東洋として宇内に独歩せんと欲すれば支那の独立は日本の独立と均しく必要なり」、「吾人の利益は朝鮮の独立を計るに止まらずして亦支那の独立を画するにあり」、「支那討滅論は迂謬の最も其だしきものなる」、「余輩は外科医が截断器を以て病躰治療に従事する時の念を以て清国に臨むものにして、強盗が刀を提げて富家を侵す時の心を以てせず」[79]。中国の独立を日本の独立と同等に重視している。日清戦争の目的は中国の覚醒にあると内村は考えていた。中国討滅論は採っていない。

日清戦争は中国の干渉によって妨げられていた朝鮮の独立を確保し、更に東アジアの平和を計ることによって義戦と考えられた。しかし、一八九五年（明治二八）四月一七日、日本の勝利で日清講和条約が締結されると、すぐさま六日後の四月二三日にロシア、ドイツ、フランスによる三国干渉が行われ、日本は遼東半島の返還を強いられることになる。日清戦争は中国の弱体化を世界にしらしめ、列強の中国分割に拍車をかけることになった。賠償金二億両《テール》（約三億一〇〇〇万円。当時の日本の国家予算の二倍以上の金額）で八幡製鉄所を設立し、資本主義の飛躍的発展を見た日本には労働問題や風俗、道徳まで種々の社会問題が現出した。内村鑑三は一八九五年五月二二日のベル宛の手紙で「〝義戦〟は海賊のような戦争に変じてしまいました。その〝正義〟を発表した預言者の私は今、そのことを恥じています[80]」と「利欲」の戦い＝日清戦争を支持したことを反省している。

もっとも内村は旧文明の大国に対して新文明の小国が挑む戦争を依然、義戦と考えており、一九〇二年（明治三五）には「杜軍の大勝利」でイギリス軍と戦うボーア軍に支援を送っている。戦争絶対廃止論者になるのは一九〇三年である。その理由は殺すことが大罪悪であるとの理由に尽きていた[81]。

「満州問題解決の精神」（一九〇三年（明治三六）八月二五日）では「満州は先ず第一に満州人のものであるから、我等は満州問題を決せんとするに方《あたっ》ては先ず第一に満州人の利害を謀るべきである[82]」と述べている。ときあたかも同年六月一〇日に戸水寛人以下東大七博士が桂首相へ対ロシア強硬策の申し入れを建言した二ヵ月後の言辞である。

（二）内村鑑三の中国論

内村の創出しようとした「日本的キリスト教」は台木《だいぎ》（＝土台）としての日本の思想的伝統を重視する。ユゼフ・ティシュネルがキリスト教と古代ギリシアやローマの文化との結合の二つのタイプ――①キリスト教の福音の意味を説明するために非キリスト教の文化の観念を利用するもの（たとえば古代ギリシア哲学の観念と「創造者」としてのキリスト教の神を同一視する考え方）。②神が啓示した真理を非キリスト教の哲学をもって証明しようとするもの。（たとえばアリストテレス哲学に基づいている「神の存在の証明」など）――を挙げていることに鑑みれば、内村の「日本的キリスト教」は②のタイプに属している。[83] 内村は福音の台木となる日本の思想的伝統をもって、福音の真理を証明するのに努力したのであり、それは「イエス」と「日本」の二つの中心のように両者とも必要不可欠のものという意味において、「イエス」とともに必要不可欠な台木としての「日本の思想的伝統」であった。次に述べるのはその台木としての「日本の思想的伝統」の一部として考えられる儒教思想、及びそれに関連する内村の中国論である。

内村鑑三は一八六七年（慶応三）一月、旧来の刀と槍による軍の編制改革を画策した父宜之が御側頭取兼従士頭の職を解かれ謹慎の身となり、高崎に移る駕籠の中で父から『孝経』の素読を受け（鑑三、五歳）、その後、『大学』『孟子』などの手ほどきも受けている。[84] 父宜之は漢学により藩主の侍講をつとめ、御側頭取に取り立てられていた、高崎藩きっての儒学者であった。

儒教的なエトス（基礎的な精神的雰囲気）の中で育った内村は遅くとも一六歳の札幌農学校入学以来、儒教的教育を離れ、西欧思想、中でもキリスト教信仰が心の中心となる。しかし、儒教は内村の中で意識的に復活される。すなわち『代表的日本人』（一八九四年一一月、英文著作）はこの意識的な接触、儒教の学び直しから生じた著作[85]であった。色川大吉（二〇〇八）は明治青年を第一世代（一八五〇年代生まれ）と第二世代（一八六〇年代生まれ）に分け、明治二〇年代の文化を後者が開いていったとしたが、[86] 澁谷浩（一九八八）は幕末に青少年期を過した者を第一世代とし、維新後、明治一五年（一八八二年）までに生を享けた者を第二世代、それ以後に生まれた者を第三世代と分けている。その観点からすれば内村は幼少期に受けた儒教教育を通して、その世界観を確信する第一世代に属するが、札幌農学校入学で直接的儒教体験は断たれたのであるから、儒教的エトスは持つものの、教養は「洋才」の第二世代にも属すると言える。[87]

第一世代は幼少期に受けた儒教教育を通して、その世界観を確信したと述べた。内村が意識的に儒教から学び直した（『代表的日本人』で表された）世界観が以下の内村の中国論の中心的内容となる。それは『代表的日本人』で、一つには陽明学として、いま一つには陽明学というより儒教一般に共通する、「個人的論理と国家倫理の相即的連関」[88]として表現されているものである。

陽明学については『代表的日本人』ではとりあげられた五人の人物のうちの二人、すなわち西郷隆盛と中江藤樹がその学統、学派に一致する。

「西郷隆盛」の章で内村は王陽明は「支那哲学者中、良心〔良知〕と、仁慈且つ峻厳なる天の法則〔天理〕とに関する、偉大な学説に於て、亜細亜に同じく起源を有するかの尊厳きわまりなき信仰〔基督教〕に、最も近くまで達した人である」[89]と絶讃している。また、続いて旧幕府が助成した保守的な朱子学と異なり、陽明学は「進歩的、前望的」で「希望に満てるもの」、それはキリスト教に似ているとしている。陽明学の要諦は「良知」＝人間に固有な道徳的直感力の生々潑剌たる働きが「万物一体の仁」を実現するところにある。[90]西郷は「敬天、愛人」を宗《むね》としたが、「天」は「至誠」を尽くして到達せられるべきものであり、[91]それを「進歩的、前望的」と呼んだのであるが、[92]陽明学の思想が濃厚に反映されている。次の中江藤樹の歌は陽明学の精神を内村が、歌の形で示したものである。[93]「暗くともただ一向にすすみ行け心の月のはれやせんもし。志つよく引立むかうべし石に立つ矢のためし聞くにも。上もなくまた外もなき道のために身をすつるこそ身を思うなれ」。[94]

いま一つの儒教一般に共通する「個人的倫理と国家倫理の相即的連関」は、『代表的日本人』の「上杉鷹山」の章では「東洋の学問の一つの美しい特徴は、道徳から離れて経済を取り扱わなかったことである。富は、東洋の哲学者にとりては、必ず徳の結果である」(95)と表現され、「二宮尊徳」の章では、「万民一心、報恩の志を以て力を用いて、始めて事は成るべし。それゆえに幕府は彼等に『仁術』を施し、寡婦を慰め、孤児を養い、今日の道徳頽廃の民をして有徳なる民たらしむべし。万民誠意を主となす時は、たとひ山を抜き石を穿つというとも、成らずんばあるべからず」(96)と表されている。

次に『代表的日本人』以外の内村の中国についての言説を振り返ってみたい。一九二〇年（大正九）二月一二日（木）の日記で内村は訪中し山東省孔子廟を参詣した老牧師の談を引用し「宗教起源地に其宗教なし」との歴史上の法則は儒教に於いても事実である」(97)と儒教への厳しい現実について述べている。しかし、中国自体、日本と中国の関係については一九二二年（大正一一）六月一〇日の日記で「日本は支那を離て考ふべからずである、支那あつての日本である。支那を離れて日本は存在する事が出来ない、地理的にさうである、経済的に、政治的に、道徳的にさうである」(98)と記し、一九二四年（大正一三）の「CHINA AND JAPAN 支那と日本」では中国と日本、「二者の関係は幹が枝に対する関係である。而して日中の大樹は共に生長せざれば枯死す。是は天然の配列であつて、又神の聖意である」(99)と地理的決定論（『地人論』（一八九七年）の立場）と神的決定論（＝意志的な人格神を中心とする神学。(100)（『興国史談』（一九〇〇年）の立場））両方の立場から日本と中国の一体性について述べている。

内村は儒教の精華である陽明学や「個人的倫理と国家倫理の相即的連関」を「日本的キリスト教」の台木と考えたが、『孟子』についても巻頭第一で「王何ぞ必しも利を曰はん、亦《また》仁義ある而已《のみ》矣」と言ったことに対して「利よりも仁義を貴んだ所はたしかに偉大である。」とし、自分の一生で患難に際して幾たびか自分を慰めてくれた『孟子』の言は告子章句下の次の言であると言う。「天将《まさ》に大任を是人に降さんとするや必ず先づ其心志を苦しめ、其筋骨を労し、其体膚《たいふ》を餓《うや》し、其身を空乏にし、行ひ為す所に払乱《ふつらん》し、心を動かし性を忍びて、其能《あた》はざる所を會益《ぞうえき》する所以《ゆえん》なり」。不敬事件の際もこの孟子の言に励まされたことであろう。内村は「自分の生みの父が幾たびか孟子の此言を引いて自分を慰めて呉れた。今之を読んで父の言を聞くが如くに感ずる。昔の支那や日本に貴き教のあつた事を感謝する」[101]と述べている。内村には隣人愛が実質的に存在し、このような中国への言辞となったのであろう。

（三）内村鑑三の対外論

最後に内村の対外論について考察する。義戦論者から絶対非戦論者になった内村は愛娘ルツの夭折《ようせつ》と第一次世界大戦の勃発、アメリカのそれへの参戦によってキリスト再臨論者となった。内村の対外論もその流れの中で展開される。

内村が一九〇三年に絶対的非戦論者になったことは先に述べたが、その年の九月に「殺す者は殺される」という題の文章を内村は書き、軍人を「刺激」して外敵を「撃たしむる者」は最後はその軍人に撃たれることになる、「軍人をして支那を撃たしめし日本人は過去十年間軍人の困《くるし》める所となり、其富の殆《ほとん》ど全部を捧げて軍人保育の料に奉つた」[102]と因果応報的な「殺す者は殺される」という考えを述べている。帝国主義に「転向」した徳富蘇峰やそれに続いた山路愛山と考えを異にした内村は、日本の将来について、農業立国の小国という理想をかかげ、日本の「過剰人口」問題についてははけ口を自由な農業移民に求めていた。それゆえ、アメリカが日本の移民を受け入れるのは、日本が生存を確保しつつ、世界に対して「天職」を果たすための重要な条件であった[103]。

アメリカは日露戦争後、日本を警戒し、両国間の対立が激化する。その象徴がアメリカにおける日本人移民排斥であった。日本人移民排斥の前には中国人移民排斥があった。内村が渡米した三年前の一八八二年、連邦議会で中国移民禁止法（一〇年間有効）が成立し、一九〇二年には中国人移民は全面的に禁止されている。内村の在米留学期間（一八八四―一八八八年）は排中運動が排日運動に引き継がれる時期に当たり、一八八七年にサンフランシスコで最初の排日運動が、市長選挙運動の一環として行われている。[104]一九〇六年（明治三九）のサンフランシスコでの日本人小学生隔離問題からくすぶり出した西部での日本人移民排斥運動は、一九〇八年（明治四一）の日米紳士協約による日本人移民の渡航の自主規制を経て、一九一三年（大正二）のカリフォルニア州での排日土地法の成立にまで至った。[105]農業こそ在米邦人の成功、富裕の唯一のチャンスであったので、この法律（＝カリフォルニアで日本人の農地購入を不可能にした）は彼らに甚大な打撃を与えた。[106]内村はアメリカ人にアメリカは日本人、アメリカ人いずれのものでもない、「天地万物の造主《つくりぬし》なる神の有なり」[107]と抗議しつつ、在米邦人には無抵抗主義を説いた。兵役を甘受し、自らの生命を犠牲にしての「死の贖罪」を召集への回答とする「非戦主義者の戦死」[108]と似たエトスが感じられる。

一九二四年（大正一三）五月、アメリカ連邦政府と議会は日本人の移民を事実上完全に禁止する（ヨーロッパ移民は制限を受けただけであった）新移民法を制定した。内村は絶交状態にあった徳富蘇峰の『国民新聞』など数紙に二〇回以上、寄稿し（『万朝報』退社以来、二〇年以上公に時事を論じていなかった）アメリカを批難し、日本国民と日本のキリスト者はこれを機に「アメリカニズム」やアメリカの「近代的キリスト教」の毒を除いて思想的・信仰的に自立せよと説いた。[109]もっとも内村はアメリカの排日の原因を「日本人が余りに米国人に頼りしが故に、今回の大侮辱を蒙つたのである」[110]とし、一方的に日本がアメリカに恩恵を受ける関係をやめて独立国同士の対等の関係に入らなければならないと日本の非も認めている。

内村は愛娘ルツの死（一九一二年（明治四五）享年一九歳）とともにキリスト教国同士が争う第一次世界大戦の勃発、更には希望を託していたアメリカの参戦によって現実世界に絶望するとともに終末論を導き出し、一九一八年（大正七）から翌年にかけてキリスト再臨の宣教＝キリスト再臨運動を展開した。

一九二四年の新移民法制定の翌年、内村が「日本国と基督教」で「基督教は日本人を待つて其完全に達する。

のであると思《おも》ひます。基督教に就て西洋人の解らない点がまだ沢山にあります。それを闡明《せんめい》するが日本人の天職であります」[111]と述べているのは、「日本的キリスト教」の創出による世界への貢献を内村が目論でいたからと考えられる。一九二六年（大正一五）三月五日、内村（主筆）によって創刊された英文雑誌The Japan Christian Intelligencerは対米批判運動の中から、対米批判のために生まれ出た雑誌[112]であるが、同誌創刊号に内村は短文「日本の最善」を載せている。それは内村の対外論の総結算とも言うべきものである。内村は言う。

> 日本には日本独自の善があつて、それを認めた上で世界にそれを示し、お返しに他国の最善なるものを受け取るのが日本の義務である。わが国の最善を世界に知らせようとするからとて、わが国が他に優つていると主張するわけではない。われわれが主張するのは、わが国の独立と他国との平等のみである。（中略）各民族の最善なるものが寄与されることによつて、世界は完成するということを、われわれは信じている。[113]

内村は関東大震災の際の朝鮮人虐殺に心を痛め、また「鮮人」という当時の差別的な言葉は使わず、「朝鮮人」という言葉を使用している。[114]朝鮮人留学生の中から内村の聖書研究会に出席する者も多かった。東京高等師範学校に学んでいた全教臣や咸錫憲たちがそうであり、彼らはのちに韓国で雑誌『聖書朝鮮』を創刊し、朝鮮での無教会主義キリスト教の集会を開始している。[115]

内村の対外論は「二つのJ」に基づくものであったとも言える。「日本」（Japan）への愛国主義はキリスト教の隣人愛の顕現であり、「日本的キリスト教」の創出等によって、「日本の最善」を世界に示し、最終的にすべてが「イエス」（Jesus）のために存在するように尽力するというのが内村の対外論であったと考えられる。

四　結語

以上、「一　内村鑑三について　――人と時代――」「二　内村鑑三の日本論」「三　内村鑑三の中国論・対外論」と考察し論じてきた。内村鑑三という人は「義」を重んじる武士道をエトスとして濃厚に持ち、「日本的キリスト教」の創出を目論み、日本の台木として武士道、陽明学、「個人的倫理と国家倫理の相即的連関」などを見出した。それらの一部は中国から日本が学んで日本化したものとも言える。内村には中国や朝鮮への差別意識は皆無である。日清戦争は日本の中国観の分水嶺ともいうべき戦争であったが、内村ははじめそれを「義戦」と見た自分を後に恥じている。内村の目指した世界は「日本の最善」で述べられたような「最善」の授受による相互扶助の世界であったと考えられる。「義」の人、内村鑑三を日本の近現代に持ったことを我々は誇りにしたいと思う。

【注】

（1）増田弘（一九九五）六三頁。

（2）内村鑑三の年譜は主として鈴木範久（二〇一二）の「内村鑑三年譜」（二三九―二九七頁）に依った。その他、土肥昭夫（一九六二）の「略年譜」（二八二―二九五頁）、小原信（一九九二）の「内村鑑三年表」（五二九―五三九頁）等を参照した。

（3）鈴木範久（一九八四）六頁。

（4）鈴木範久（一九八四）六―七頁。

(5) 鈴木範久（一九八四）一四―五五頁。
(6) 鈴木範久（一九八四）一六頁。
(7) 鈴木範久（一九八四）一七頁。
(8)（一九八一）『全集』一　所収　三九六頁。
(9) 鈴木範久（二〇一二）五一頁。
(10) 鈴木範久（二〇一二）五三頁。
(11) 鈴木範久（二〇一二）七八頁。
(12) 一八八六年一二月六日内村宣之宛て手紙及び広井勇等に宛てた手紙。（一八八三）『全集』三六　所収　二二六頁。
(13) 一九二五年一二月「クリスマス夜話＝私の信仰の先生」（一九八三）『全集』二九　所収　三四三頁。
(14) 鈴木範久（一九八四）三七―三八頁、一八九―一九〇頁。
(15) 徳田幸雄（二〇〇五）三八五―三八六頁。
(16) 他には土肥昭夫（一九六二）六七―七〇頁、責任編集　松沢弘陽（一九八四）三二一―三三三頁などを参照。前者は回心と内村の日本観の関係、後者は内村の回心の無条件の「屈服」性について言及している。
(17) 鈴木範久（二〇一二）九六頁。
(18) 小沢三郎（一九六一）二一六頁。
(19) 一八九三年「文学博士井上哲次郎君に呈する公開状」（一九八〇）『全集』二　所収　一二八頁。
(20) 小原信（一九九二）一八四―一八五頁。
(21) 鈴木範久（一九八四）一二二頁。
(22) 鈴木範久（一九八四）一三〇―一三一頁。
(23) 鈴木範久（一九八四）一七六頁。
(24) 鈴木範久（一九八四）一八九―一九〇頁。
(25) 鈴木範久（二〇一二）二二六頁。

(26) 内村鑑三(一九五三)一七一頁。
(27) 一九〇一年(明治三四)一一月(一九八一)『全集』九 所収 三八七―三八八頁。
(28) (一九八一)『全集』九 所収 三八八頁。
(29) (一九八一)『全集』一一 所収 二四一頁。
(30) (一九八一)『全集』一二 所収 三四九―三五〇頁。
(31) (一九八二)『全集』二四 所収 八頁。
(32) (一九八三)『全集』三一 所収 二九二―二九七頁。
(33) アグネシカ・コズィラ(二〇〇一)一五九頁。
(34) 『余はいかにしてキリスト教徒となりしか』責任編集 松沢弘陽(一九八四)の訳 一八〇頁。
(35) アグネシカ・コズィラ(二〇〇一)二八頁。
(36) 一九〇三年七月・一二月〔キリスト教問答 キリストの神性〕(一九八一)『全集』一一 所収 三三四―三三五頁。
(37) 松沢弘陽(一九七一)責任編集 松沢弘陽(一九八四)所収 三二一―三二三頁。
(38) (一九八二)『全集』二一 所収 四六九頁。
(39) アグネシカ・コズィラ(二〇〇一)三五頁では内村の「日本」を①「天職を帯びて存在するネーション」②「福音の台木」としての日本③「あるべき聖書国」という理想国④「勤勉正直なる平民の国」と同時に「貴族、政治、軍隊の代表する国」という現実的国――に分けて説明している。
(40) 一八九二(明治二五)「日本国の天職」(一九八一)『全集』一 所収 二九〇―二九一頁。
(41) 一九二四年(大正一三)「日本の天職」(一九八三)『全集』頁四〇七。こうした日本の「文化復興の使命」ともいうべきものは他の岡倉天心、三宅雪嶺、内藤湖南といった明治人の考えの中にも見られる。
(42) アグネシカ・コズィラ(二〇〇一)六七頁。
(43) アグネシカ・コズィラ(二〇〇一)七九―八三頁。
(44) 土肥昭夫(一九六二)二七五頁。

(45) 内村鑑三著　鈴木俊郎訳（昭和一六＝一九四一年）『代表的日本人』岩波書店　岩波文庫の昭和四九年第三刷を日本語訳の基本として採用した。鈴木範久訳（一九九五）『代表的日本人』岩波書店　岩波文庫もあるが、和語が多すぎるきらいがあり、採用しなかった。もっとも鈴木範久（昭和一六）を採用したとはいえ、読者の便に供するため、旧かなづかいは新かなづかいにし、旧字は新字に基本的に改めたことを付言しておく。
(46) ［解説］鈴木範久訳（昭和一六）一八二―一八五頁。
(47) ［解説］鈴木範久訳（一九九五）二〇二頁。
(48) 大岡信（昭和五〇）四五頁。
(49) 大岡信（昭和五〇）四四頁。藤田昌志（二〇一一）一五一頁。
(50) 鈴木範久訳（昭和一六）一二二頁。
(51) 鈴木範久訳（昭和一六）一七三頁。
(52) 鈴木範久訳（昭和一六）三五頁。
(53) 鈴木範久訳（昭和一六）五五頁。
(54) （一九八二）『全集』三　所収　二三三頁。
(55) アグネシカ・コズィラ（二〇〇一）六七―六八頁。
(56) アグネシカ・コズィラ（二〇〇一）六九頁。
(57) （一九八一）『全集』一一　所収　一九三―一九八頁とくに一九八頁。
(58) 一九〇七年（明治四〇）五月（一九八一）『全集』一五　所収　六一頁。
(59) アグネシカ・コズィラ（二〇〇一）六八頁。
(60) アグネシカ・コズィラ（二〇〇一）七一頁。
(61) 一九一四年（大正三）一月「近代人」（一九八二）『全集』二〇　所収　二三九頁。
(62) 一九二五年（大正一四）一月「近代人の神」（一九八三）『全集』二九　所収　七頁。
(63) 一九一五年（大正四）七月「我が信仰の友 源信法然都と親鸞」（一九八二）『全集』二一　所収　三四三頁。

(64) 一九一五年（大正四）九月「我が信仰の祖先」（一九八二）『全集』二一　所収　四二〇―四二一頁。
(65) 一九二五年（大正一四）八月「日本国と基督教」（一九八三）『全集』二九　所収　二七七頁。
(66) 鈴木範久（二〇一二）六九頁。
(67) たとえば一九二三（大正一二）二月の「三種の進化論」（一九八三）『全集』二七　所収　四六三―四六四頁。
(68) （一九八〇）『全集』二　所収　四六四頁。
(69) 澁谷浩（一九八八）六八―六九頁。
(70) 澁谷浩（一九八八）六九頁。
(71) 小倉和夫（二〇一三）一九九―二〇〇頁　参照。
(72) （一九八二）『全集』三　所収　一五四頁。
(73) （一九八二）『全集』三　所収　三〇頁。
(74) 渋谷浩（一九八八）八一―八二頁　参照。
(75) 松本三之介（二〇一一）五九―七六頁。
(76) 松沢弘陽（一九八四）三　八頁。
(77) （一九八二）『全集』三　所収　一〇六―一〇九頁。
(78) （一九八三）『全集』三　所収　一〇七頁。
(79) （一九八二）『全集』三　所収　一四二―一四三頁。
(80) （一九八三）『全集』三六　所収　四一四頁。
(81) 鈴木範久（二〇一二）一六四頁。
(82) （一九八一）『全集』一一　所収　三七九頁。
(83) アグネシカ・コズィラ（二〇〇一）一六六―一六七頁。
(84) 鈴木範久（二〇一二）二頁。
(85) 澁谷浩（一九八八）一二六頁。澁谷浩（一九八八）は「エトスとしての儒教」と「教養としての儒教」（＝学統の問題）を分けるが、ここでの儒教は後者を指している。
(86) 色川大吉（二〇〇八）六九―七〇頁。
(87) 澁谷浩（一九八八）一二五―一二七頁。
(88) 澁谷浩（一九八八）一二七―一三〇頁。
(89) 鈴木範久訳（昭和一六）『代表的日本人』岩波書店　岩波文庫　昭和四九年九月一〇日第三〇刷を使用。一二二頁。旧仮名遣い、旧字等は現在、通用するものに適宜、改めた。以下、同じ。
(90) 渋谷浩（一九八八）一二八頁。
(91) 鈴木範久（昭和一六）四三頁。
(92) 澁谷浩（一九八八）一二九頁。
(93) 澁谷浩（一九八八）一二九頁。
(94) 鈴木範久（昭和一六）一三一頁。
(95) 鈴木範久（昭和一六）六九―七〇頁。
(96) 鈴木範久（昭和一六）一〇七―一〇八頁。
(97) （一九八三）『全集』三三　所収　二〇九頁。
(98) （一九八三）『全集』三四　所収　五五頁。
(99) （一九八三）『全集』二八　所収　一九八―一九九頁。
(100) 澁谷浩（一九八八）八一―八二頁。
(101) 一九二六年（大正一五）一一月「孟子を読む」（一九八三）『全集』三〇　一五九頁。
(102) （一九八二）『全集』一一　所収　四二二頁。
(103) 松沢弘陽（一九八四）五五頁。
(104) 澁谷浩（一九八八）一六六頁。
(105) 松沢弘陽（一九八四）五六頁。

(106) 澁谷浩（一九八八）一六八頁。
(107) 一九一三年（大正二）「日米問題」（一九八二）『全集』所収　二〇七頁。
(108) 一九〇四年一〇月（一九八一）『全集』一二　所収　四四七―四四九頁。
(109) 松沢弘陽（一九八四）七一頁。
(110) 一九二四年（大正一三）「争ひの後の平和」（一九八三）『全集』二八　所収　三一二頁。
(111) 一九二五年八月　（一九八三）『全集』二九　所収　二七七頁。
(112) 澁谷浩（一九八八）一八四頁。
(113)（一九八三）『全集』二九　所収　四二一頁。澁谷浩（一九八八）一八五頁の訳による。
(114) 鈴木範久（二〇一二）二一四―二一五頁。
(115) 鈴木範久（二〇一二）二一四―二一五頁、鈴木範久（一九八四）一八六―八七頁。

【引用文献・参考文献】


増田弘（一九九五）『石橋湛山』中央公論社　中公新書一二四三。

中野好夫（一九八〇）「小国主義の系譜」『新沖縄文学』第四四号（一九八〇年三月刊）所収。

鈴木範久（二〇一二）『内村鑑三の人と思想』岩波書店。

土肥昭夫（一九六二）『内村鑑三　人と思想シリーズ』日本基督教団出版部。

小原信（一九九二）『内村鑑三の生涯・近代日本とキリスト教の光源を見つめて』ＰＨＰ研究所。

鈴木範久（一九八四）『内村鑑三』岩波書店　岩波新書（黄版）二八七。

内村鑑三（一九八〇―一九八四）『内村鑑三全集』（『全集』と略す。）岩波書店。他に内村鑑三（一九五三）『内村鑑三著作集』第七巻　岩波書店の引用もある。

徳田幸雄（二〇〇五）『宗教学的回心研究』未来社。

松沢弘陽（一九七一）「近代日本と内村鑑三」責任編集　松沢弘陽（一九八四）所収。

責任編集　松沢弘陽（一九八四）『日本の名著三八内村鑑三』中央公論社。

小沢三郎（一九六一）「日本キリスト教史双書　内村鑑三不敬事件」新教出版社。

アグネシカ・コズィラ（二〇〇一）『日本と西洋における内村鑑三――その宗教思想の普遍性』教文館。

内村鑑三著　鈴木俊郎訳（昭和一六）『代表的日本人』岩波書店　岩波文庫　昭和四九年第三〇刷。

内村鑑三著　鈴木範久訳（一九九五）『代表的日本人』岩波書店　岩波文庫。

大岡信（昭和五〇）『岡倉天心』朝日新聞社　朝日評伝選。

藤田昌志（二〇一一）『明治・大正の日中文化論』三重大学出版会。

江端公典（二〇〇六）『内村鑑三とその系譜』日本経済評論社。

鈴木範久（一九八〇）『内村鑑をめぐる作家たち』玉川大学出版部　玉川選書一三五。

前田英機（二〇一一）『信徒内村鑑三』河出書房新社。

丸山照雄編（『近代日蓮論』）朝日新聞社　朝日選書一九二。

岩田友彦（一九七五）「内村鑑三《キリスト教とナショナリズム》」朝日ジャーナル編集部編（一九七五）所収。

朝日ジャーナル編集部編（一九七五）『新版日本の思想家　中』朝日新聞社　朝日選書四五。

渋谷浩（一九八八）『近代思想史における内村鑑三――政治・民族・無教会論――』新地書房。

鈴木範久（一九九二）『内村鑑三日録一二　一九二五〜一九三〇　万物の復興』教文館。

富岡幸一郎（二〇〇一）『内村鑑三』五月書房。

大竹庸悦（二〇〇二）『内村鑑三と田中正造』流通経済大学出版会。

岩谷元輝（一九九〇）『内村鑑三の再臨信仰――その紹介と批判――』泉屋書店。

森有正（一九七九）「内村鑑三」森有正（一九七九）所収。

森有正（一九七九）『森有正全集』第七巻　筑摩書房。

矢内原忠雄（昭和三六）「日本の思想上における内村鑑三の地位」鈴木俊郎編（昭和三六）所収。

鈴木俊郎編（昭和三六）『内村鑑三と現代』岩波書店。

笹森建美（二〇一三）『武士道とキリスト教』新潮社　新潮新書五〇五。

山本泰次郎（一九六六）『内村鑑三　信仰・生涯・友情』東海大学出版会。

内村鑑三（昭和五六）『キリスト教問答』講談社　講談社学術文庫。

関根正雄編著（昭和四二）『内村鑑三　人と思想二五』清水書院。

松尾尊兊（一九九三）「内村鑑三と堺利彦」松尾（一九九三）所収。

松尾尊兊（一九九三）「大正デモクラシーと戦後民主主義」松尾（一九九三）所収。

松尾尊兊（一九九三）『大正時代の先行者たち』岩波書店　同時代ライブラリー一四三。

野村耕三（一九七六）「内村鑑三　一八六一―一九三〇」野村（一九七六）所収。

野村耕三（一九七六）『日本人の回心』新教出版社。

正宗白鳥（一九九四）『内村鑑三』講談社　講談社文芸文庫。

鈴木範久（一九九八）『内村鑑三日録一　一八六一～一八八八　青年の旅』教文館。

赤江達也（二〇一三）『「紙上の教会」と日本近代――無教会キリスト教の歴史社会学』岩波書店。

上村敏文・笠谷和比古編（二〇一三）『日本の近代化とプロテスタンティズム』教文館。

小林勝人訳注（一九六八）『孟子〈上〉』岩波書店　岩波文庫等。

小林勝人訳注（一九七二）『孟子〈下〉』岩波書店　岩波文庫等。

小倉和夫（二〇一三）『日本のアジア外交　二千年の系譜』藤原書店。

松本三之介（二〇一一）『近代日本の中国認識　徳川期儒学から東亜協同体論まで』以文社。

丸山照雄編（一九八一）『近代日蓮論』朝日新聞社。

鈴木範久（一九九二）『内村鑑三日録一二　一九二五～一九三〇　万物の復興』教文館。

岩谷元輝（一九九〇）『内村鑑三の再臨信仰―その紹介と批判』泉屋書店。

〔付記〕

本章は二〇一三年一二月、日本比較文化学会九州・四国・関西支部一二月合同研究会（於京都市）での口頭発表「内村鑑三の日本論・中国論・対外論」の内容をもとにしたものであることを付言しておく。

あとがき

「比較文化学とは要を以ってこれを言えば、従来の「分析」的研究に対する「総合」的研究であり、本書が「日本論・中国論」をワンセットとして「総合」的に明治・大正の日本論・中国論を考察するのも比較文化学的考察（＝研究）の一つである。従来、こうした研究手法は日本では好まれなかったようであるが、研究のための研究ではなく、「総合」的研究を行うのは研究者に対する時代の要請のように思う。時代の要請とは国際化時代の要請という意味である」と「はじめに」で述べた。比較文化学は筆者の場合、言語の対照研究を基礎において客観性を鍛えて構築するが、二点測量よりは三点測量が望ましく、日本、中国に更に第三の文化を加えたほうがよいのは言うまでもない。比較文学的に言うなら、影響関係を主とするヨーロッパ型と影響関係にとらわれないアメリカ型があるように、比較文化学にも同様の二種がある。また、「総合」的研究を中心とするのであるから、日本論・中国論に新たに〇〇論を加えることも可能であろう。こうしたことは今後の課題で後進の比較文化学研究者にゆだねたいというのが正直な今の心境である。

筆者は二〇代を東京で日本語教師として過ごし、三〇代を研究生活を主として、四〇代を教育中心に、五〇代は途中から研究成果を世に問うことを中心にして過ごしてきた。後二冊ほど本を出版する予定であるが、それを認めるかどうかは他人様がすることである。日本の社会というのはどうやら保守的で、一〇歩先のものは認めず、半歩先のものしか認めない傾向がある。認める基準も相変わらず欧米基準で、最近はアメリカ基準が甚だしい。昔は漢語を造ったが、最近はよく意味のわからないカタカナ英語がやたら多い。文化的には後退ではないかと思う。

筆者が中国語を一九歳のときに初めて習ってから四〇年以上が経つ。初めに習った伊地智善継先生には今も感謝している。外国語を学ぶことのメリットの一つはその外国語を話す人たちのことを差別的に見たり感情的に全的に嫌うという情動から自由になれることである。私の場合、更に日本のことを研究したが、原点は中国語学習にある。比較文化学にしてもまず、外国語で書かれたものを読む力がなければ始まらない。英会話は相変わらず人気があるようだが、専門のものを英語で読めなければ研究は始まらない。明治時代の鷗外や漱石が偉大なのは、日本の理解、漢籍の素養による中国の理解、西洋語の習得による西洋の理解を並行的に行っていることである。当時、世界に鷗外や漱石のような教養と視野の広い人はどれほどいたであろうか。

最後に、自己を相対化する双方向の比較文化学の研究が盛んになり、隣国、世界の国々と日本の間に独立と平等の関係が築かれんことを祈ります。

二〇一六年十月六日

藤田昌志

初出一覧

第一章　明治・大正の日本論・中国論　――比較文化学的考察――　総論
……二〇一六年三月『三重大学国際交流センター紀要』第一一号　六三―七八頁　三重大学国際交流センター。

第二章　勝海舟・福沢諭吉・中江兆民の日本論・中国論
……未発表。

第三章　徳富蘇峰の日本論・中国論
……二〇一一年三月『比較文化研究』Ｎｏ・九六　一三―二六頁　日本比較文化学会。

第四章　高山樗牛の日本論・中国論
……二〇一二年三月『比較文化研究』Ｎｏ・一〇一　一五―二八頁　日本比較文化学会。

第五章　石川啄木の日本論・対外論
……二〇一二年一一月『比較文化研究』Ｎｏ・一〇四　二九九―三一〇頁　日本比較文化学会。

第六章　吉野作造の日本論・中国論
……二〇一二年一一月『比較文化研究』No・一〇九　二九九―三一〇頁　日本比較文化学会に「吉野作造の日本論」として一部掲載。

第七章　内藤湖南の日本論・中国論
……未発表。

第八章　北一輝の日本論・中国論
……二〇一三年三月『比較文化研究』No・一〇六　五一―五九頁　日本比較文化学会。

第九章　石橋湛山の日本論・中国論
……二〇一四年四月『比較文化研究』No・一一一　七三―八二頁　日本比較文化学会に「石橋湛山の日本論」として一部掲載。

第十章　内村鑑三の日本論・中国論・対外論
……二〇一四年一二月『比較文化研究』No・一一四　二三一―二四〇頁　日本比較文化学会に「内村鑑三の中国論・対外論」として一部掲載。

——索　引——

【人名索引】

＜あ＞

足利義満　39
アダム・スミス　16,21,85,230
阿部次郎　24,169
天野為之　230
新井白石　153,158
有島武郎　152
安重根《アンジュングン》　140,141
石川啄木　17,113,127,132,137,142
石橋湛山　18,21,22,25,222,227,238
板垣征四郎　128
板垣退助　8,14,41
伊藤博文　12,41,43,48,56,67,140,159,160
井上馨《かおる》　12,15,48,82
井上毅《こわし》　56,57
色川大吉　266
岩倉具視　8,56
岩崎弥太郎　48,56
ウィルソン　11,152
上杉鷹山　23,258,259,267
内村鑑三　1,2,17,21,22,83,95,104,230,246,247,259-261,265,266,272
(内村) ルツ　252,269,270
榎本武揚　50
海老名弾正　156,168
袁克定《こくてい》　150,161
袁世凱　11,161,162,202,203
王陽明　267
大久保利通　9,36,40,56,66
大隈重信　8,41,48,82,84,179
大島友之丞　38
丘浅次郎　206
岡倉天心　16,19,64,104,179,180,257
岡松甕谷　57,63

＜か＞

勝海舟　17,33,35,37,39,41,43,44,48,50,54,55,65,67
桂太郎　9,12
加藤弘之　15,226
ギゾー　12,49
北一輝　18,20,25,68,87,167,199,200,201,204,208,213,215,216
北村透谷　106
木戸孝允　8,38,56
木村喜毅《よしたけ》　34,38
キリスト　115,149,246,250,253-256,270
金田一京助　128,129
陸羯南《くがかつなん》　16,179
九鬼隆一　56
久野収　206,213
厨川白村　25,151
黒田清隆　12
黄興　203,210
高坂正顕　95
幸徳秋水　17,21,58,66,68,95,104,130,131,202,230
高宗《コジョン》　9
後藤象二郎　14,41,56,58
近衛篤麿　58,66
ゴルバチョフ　1

＜さ＞

西園寺公望　12,57
蔡元培　210
西郷隆盛　8,22,23,34,36,66,247,258,259,267
西郷従道　12
堺利彦　17,95,252
坂本竜馬　55,56
シーリー　249,255

志賀重昂　15,19,103,104,111,178,179,180,262
島田虎之助　34,37
島津久光　65,66
章炳麟　210
親鸞　22,247,261
鄒容　210
杉浦重剛　179
宣統帝　11
宋教仁　202,203,210,211
曾国藩　189,191
曹汝霖　164
孫文　11,202,203,210,211

＜た＞

高橋健三　20,179,180
高山樗牛　17,95,103,104,121
竹内栖鳳　104
田中王堂　22,224
田中義一　166,235
田中正造　39,41
田中智学　104,114,115
谷崎潤一郎　152
津田梅子　56
津田左右吉　25
坪内逍遥　225,228
大院君《テウォングン》　9
寺内正毅　9,84,91
寺尾亨　162
頭山満《とうやまみつる》　162
徳富蘇峰　16,80,81,95-97,104,179,269
トルストイ　137,140

＜な＞

内藤湖南　2,19,24,25,93,157,158,167,177,178,182,210,236
中江兆民　15,34,35,55,68
中江藤樹　22,23,258,267
那珂通世《なかみちよ》　182,184
夏目漱石　19,24,104,283
ニーチェ　103,107,112-114,117,121,124
西田税　203,213
日蓮　22,104,108,115-117,229,247,258,261
新渡戸稲造　104
二宮尊徳　23,258,268

＜は＞

バックル　13
長谷川天渓　134
福沢諭吉　9.13,15,25,33,34,38,40,43,45,48,55,59,64,67,68,224,235,263
福地源一郎　56
二葉亭四迷　105
ヴィルヘルム二世　10
ブッシュ　1
古河市兵衛　251
ヘーゲル　154,155,158
ペリー　10,34,38
法然　22,247,261
穂積八束　205

＜ま＞

マカロフ提督　139-141
牧野富太郎　104
松方正義　12,15,43,179
松本健一　213,214
丸山真男　96
三浦銕《てつ》太郎　21,230,231
箕作麟祥《みつくりりんしょう》　56
美濃部達吉　205
三宅雪嶺　15,19,104,111,151,157,178-180
森有礼《もりありのり》　46,47,250
森鷗外　19,104,105,129,283

＜や＞

柳田国男　25
山県有朋　9,11,12,231
（与謝野）晶子　128

与謝野鉄幹　128
吉野作造　1,18,19,69,94,147,148,154,155,158,167,169,192,238
米《よ》内光政《ないみつまさ》　128
米原謙　95,96

＜ら＞
李鴻章　42,43,52,189,262
ルース・ベネディクト　80,90,97
黎庶昌　43

＜わ＞
若山牧水　131
渡辺京二　206,213,214

【事項索引】

＜あ＞
足尾鉱毒（事件、問題）　35,39
アナーキスト　151
「ある調書の一節」　152
『一握の砂』　129,131,136,137,140
『一年有半』　59
岩倉使節団　8
『所謂対支二十一個条要求の歴史と将来』　235
「所謂日本の天職」　157,177,181
億兆の民　36
「恩賜の民権」　58,63,69

＜か＞
「恢復の民権」　58,69
「学問のすすめ」　9,46,49,52
臥薪嘗胆　17,33
『悲しき玩具』　129-131
「漢学の衰頽」　117,118
共同的なもの　214,215
キリスト教　21,23,47,49,81,84,85,109,147,149-151,154,155,158,159,180,230,247,248,250,253-258,260,261,264-266,267,270,271
キリスト再臨運動　270
「近代支那の文化生活」　188,192
義　22,23,35,60,67,83,247,259,262,264,272
『菊と刀』　80
教養　17,19,22,24,35,56,67,93,94,190,267,282
教養主義　24
近代人　256,260,261
「軍閥の日本」162
経済思想面　231
「現実の日本」　246,256
「憲政の本義を説いて其有終の美を済すの途を論ず」　18,150
「憲政擁護・閥族打破」　12,229
江華島事件　10
甲申事変　15,53,54,62
功利主義　35,51,60,61,119,181,222,224,227,235
功利主義者　60,222,224,226,227
国粋主義　16,95,104,179,181
『国体論及び純正社会主義』　199,201,204
国民国家　25,86
『国民の友』　16,82,86,179
国家　2,7-9,12,14,15,17,21,23,25,35,39,43,44,57,60,64,68,83-85,87,88,91,94,95,104-108,110-117,120,121,130-137,142,151,153,155-157,160,167,168,181,183,191,199,203-208,210-212,214-216,222,225-228,235-237,250,263,265
国家主義　14,17,20,21,80,87,95,109-112,115,116,120,121,151,157,199,211,216,222,224,226,250
国権　7,9,14,21,47,48,57,84,86-89,94,95,107,111,127,137,163,199,216
国権論　17,57,87,94,95
五四運動　11,12,19,22,152,163-165
個人　17,20-23,60,87,104,105,106,121,132,133,135,154-157,179,181,183,190,207,208,214,216,224-226,232,235,252,255,260

個人主義　17,20,21,24,51,87,103-104,107-109,112,113,121,129,132,156,157,201,213,214,216,224,226
「個人的倫理と国家倫理の相関的連関」　23,267,268,272
坤輿《こんよ》文明　2,181-183,192

＜さ＞

三一運動　151,164,168
三国干渉　10,17,33,43,83,84,86,94,110,265
『三酔人経綸問答』　15,62,64,65,68
山東半島要求問題　11
GHQ費　226
実証主義精神　61
『支那革命外史』　167,199,203,206,211
「支那文学の価値」　117-120
『支那漫遊記』　91,92
自然主義（文学）　11,17,61,106,113,132,134,135,142,229
「時代閉塞の現状」　113,131,134,135
資本主義　16,18,24,265
社会主義　21,68,142,151,199,202,204,207,208,216,247,252,256,260
社会主義者　17,21,95,130,151,230,252
小日本主義　21,22,222,226,230,231,247
『将来の日本』　16,63,82,85
自由民権運動　8,9,14-16,19,41,64,105,148,153,158-160,179
儒教　22,23,49,117,118,215,256,264,266,267,268
儒教的教養　22
儒教的「智徳」　13
辛亥革命　11,91,94,138,202,233
壬午事変　53,60,61
『新支那論』　188
「新日本の青年」　104
侵略主義的側面　68
「神類」　207,208,216
征韓論（者）　36,39,40,44,66,233
政教社　15,16,30,82,103,179,180
生産主義　16,85
『聖書之研究』　252
世界市民主義　24
『世界文明史』　117,119,120
「総合」的研究　1,282
『続一年有半』　59

＜た＞

第一次憲政擁護運動　12
第一次世界大戦　18,22,91,150,164,203,225,226,233,234,252,260,270
対華二一カ条（要求）　11,18,19,161,164,226,234,235
対外認識　222,226,231
対外論　65,127,137,142,260,269,271,272
大逆事件　130,131,134,137,202
台木《だいぎ》　22,253,256,261,265,266,268,272
「対支出兵問題」　163,166
大正（時代）　1,2,7,8,11,12,14,18,24,97,151,177,203,222,224,227,229,282
大正教養主義　24
大正デモクラシー　12,18,69,147,151,158,160,184,226
第二次憲政擁護運動　12,22
大日本主義　7,21,22,222,225,226,230,231,238,247
「大日本主義の幻想」　231
『大日本膨張論』　87,89
『代表的日本人』　23,247,257,258,261,266-268
台湾出兵　10,35,36,53
高島炭坑問題　16
「瀧口入道」　103
脱亜論　14,47,54,67,96,263
『地勢臆説』　182,187
中国移民禁止法　269
中国革命　21,68,153,154,162,167,200,202,203,209,210,212,215,236
中国論　1,2,7,8,14,15,18,19,21,23-25,33,36,41,

42,51,53,54,65,67-69,80,89,92,93,96,106,120,121,147,162,166,167,169,177,187,192,199,204,222,233,236,238,260,262,266,267,272,282
超国家主義　80
長州閥　9
朝鮮人　44,136,152,154,158,162,163,168,213,271
「朝鮮人虐殺事件に就いて」　152
朝鮮論　147,154,168
樗牛の感傷主義　106,109
樗牛の個人主義・ニーチェ主義　107,112,114
樗牛の日蓮主義　107
樗牛の日本主義・国家主義　106,110
帝国主義　12,16,17,21,57,66,68,84-87,95,111,119,147,161,164,165,199,208,216,230,231,235,256,260,269
適塾　34,46
デモクラシー　7,147,152,157,158,167
天皇崇拝　16,115,120,250
天皇制（下）　47,49,130-132,136,157,204
「天の説」　57
天賦人権論　61
『東洋経済新報』　21,230,233
東洋的共和制　167,200,206,211,212
都市化　18,24

＜な＞

『七十八日遊記』　90,91
ニーチェ思想　103
日米修好通商条約　38
日米和親条約　7,38
日韓併合（韓国併合）　141
『日支交渉論』　19,150,161,162
日清修好条規　43,52
日清戦争　2,9,10,16,17,22,24,33-35,38-40,42,43,47,51,53,54,64,67,68,82,83,86,87,89,90,94,95,106-111,117,118,120,137,161,166,179,181,199,200,228,233,238,259,260,262-265,272
日露戦争　7,9,10,17,21,33,84,86,87,95,106,129,130,132,137-140,149,150,153,157,202,207,212,228,229,232,233,247,260,269
日清講和条約　83,109,265
日清朝三国合縦策　42
日朝修好条規　10,33
『日本改造法案大綱』　199,201,203,212
日本革命　21,204,212,215
「日本的キリスト教」　265,268,271,272
日本ナショナリズム　80,82,95
「日本の最善」　2,271,272
「日本の天職と学者」　182-184,187
「日本文化の独立」　185
日本論　1,2,7,8,14,16,18,19,24,25,33,36,48,51,59,68,69,80,85,87-89,92,96,106,107,109,111,112,117,121,127,132,136,137,142,147,154,155,162,167,169,177,182,187,192,199,204,222,230,232,238,247,258,259,261,272,282

＜は＞

排日運動　152,236,269,270
半開　13,35,51,54,55,59,67
『非開化論』　57,59
比較文化学的考察　1,282
『氷川清話』　42
「美的生活を論ず」　103,113,114
不羈《ふき》独立　7
不敬事件　247,250,251,268
富国強兵（策）　14,25,33,60,61
「武士道」　253,254,259,261
「武士道と基督教」　253,254,257
武備主義　85
「二つのJ」　22,252,257,261,271
文化　1,2,15,18,20,24,47,62,82,88,93,94,104,105,119,140,151,153-155,157,-159,162,163,168,179,182,184-192,200,214,227,238,263,266,282,283

文化主義　24,227
「分析」的研究　1,282
文明　2,8,9,13,14,16,24,35,40,41,43,44,48-51,53-55,57,59-61,64,67,68,82,83,87,89,91-93,96,117,119,132,153,157-159,163,166168,179,181-186,190,191,227,228,232,257-259,263-265
「文明史上の原則」　227,228
「文明批評家としての文学者」　103,112
『文明論之概略』　9,49,224
「ヘーゲルの法哲学の基礎」　155,169
平民主義　16,18,80,82,85,86,88,94,95,179,199
平和主義　16,85,87,165
「平和の日本」　19,162-165
「北京大学学生騒擾事件に就いて」　164
戊《ぼ》辰《しん》詔書《しょうしょ》　10
ポーツマス条約　10
本能主義　104,105,107,113,114,121

<ま>

「先ず功利主義者たれ」　226,234-235
未開　35,54,55
明星派　129,132,201,214
民権　7,9,20
民権派　14,15,48,60,65,67,68
民権論　17,57,82,85,87,88,94,95
民本主義　18,19,69,147,150-152,154,155,157,158,165,167
「民約論」　35
民友社　82,83,257
無政府主義　130,131,137
「無用なる対支出兵」　226,236
明治維新　9,21,33-36,105,160,167,181,204,232,233,236
明治（時代）　1,27,7,8,9,11,13,17,19-21,25,33-35,39,40,43,47,48,50,81,82,97,103-106,113,121,138,148,153,158,160,166.167,177-179,181,182,204-206,208,211,212,222,224,228,230,232,233,236,238,254,258,266,282,283
明治文化研究　153-155,158
明六社　8,9,13,46,47
蒙古襲来　116,186
『孟子』23,61,63,64,67,223,264,266,268,269

<や>

「痩《やせ》我慢の説」　34,47,49,50
野蛮　9,13,17,35,43,48,51,59,61,62,67,82,83,92,93,259,263,264
有機体的国家観　155
陽明学　23,267,268,272
『吉田松陰』　82,86,91
『呼子と口笛』　129-131

<ら>

乱臣賊子論　202,208
利　13,23,35,50,60,65,67,90,91,114,188,231,237,268
「理想の日本」　246,247,252,256,260,261
立憲主義　17,95
リベルテー・ポリティック　61
リベルテー・モラル　61,63
良知　23,267
「林中書」　132,133,137,142
「類神人」　207
連邦共和制　210
鹿鳴館時代　15,19,47,49,105,111,137,179
ロシア　10,17,38,42,43,46,83,84,87,127,129,137-140,149,163203,250,265
「論外交」57,60,61

【著者紹介】

藤田昌志（ふじた　まさし）

1978年大阪外国語大学（現大阪大学）外国語学部中国語専攻卒業。1981年国立国語研究所日本語教育センター日本語教育長期専門研修生修了。1993年大阪市立大学大学院後期博士課程中国文学専攻単位取得満期退学。専門は日中対照表現論、日中比較文化学、日本論、中国論、日本語教育。現在は三重大学地域人材教育開発機構准教授。

主著に『日中対照表現論　付：中国語を母語とする日本語学習者の誤用について』(2007,白帝社)。『日本語　語彙　表現（上級レベル☆エッセンスⅠ)』(2009,三重大学出版会)。『日本語　語彙　表現（上級レベル☆エッセンスⅡ)』(2009,三重大学出版会)。『日本の中国観－最近在日本出版中国関連書籍報告－(04.9-09.8)』(2010,朋友書店)。『明治・大正の日中文化論』(2011,三重大学出版会)。『日本の東アジア観』(2011,朋友書店)。『日本語と中国語の誤用例研究』(2013,朋友書店)。『日本の中国観Ⅱ－比較文化学的考察－』(2015,晃洋書房) 等がある。

明治《めいじ》・大正《たいしょう》の日本論《にほんろん》・中国論《ちゅうごくろん》

――比較文化学的研究《ひかくぶんかがくてきけんきゅう》――

2016年10月6日　初版発行

著　者　藤田昌志
発行者　池嶋洋次
発行所　勉誠出版株式会社
〒101-0051　東京都千代田区神田神保町 3-10-2
TEL：(03)5215-9021(代)　FAX：(03)5215-9025
〈出版詳細情報〉http://bensei.jp/

印刷　平河工業社
製本　若林製本
装幀　志岐デザイン事務所

ISBN978-4-585-23046-5　C3030

幕末明治
移行期の思想と文化

日本史上、前近代と近代をともに経験した稀有な時代、幕末明治期。明治はそれ以前の日本をどのように背負い、切り捨て、読み換えていったのか。

前田雅之・青山英正・上原麻有子 編・本体八〇〇〇円（＋税）

浄土真宗と近代日本
東アジア・布教・漢学

幕末明治期を中心として、キリスト教徒や薩摩・琉球における禁教政策の為、浄土真宗にとって布教の「最前線」で、対外活動と内部革新、日本近代化の過程を探る。

川邉雄大 編・本体八〇〇〇円（＋税）

勝海舟の蘭学と海軍伝習

勝海舟が学んだ蘭学、海軍伝習とはいかなるものであったのか。新出資料を読み解き、蘭書やオランダ人教官との親交から海外情報・知識を得た。

片桐一男 著・本体四二〇〇円（＋税）

日中韓マナー・慣習基本事典

互いにすれ違う文化・慣習を理解し、円滑なコミュニケーションを取る為に、日本・中国・韓国・台湾など、東アジアを行き来する方々にとって必携の一冊！

佐藤貢悦・斎藤智文・嚴錫仁 編・本体一七〇〇円（＋税）